GRANDES ADMINISTRADORES

Homens e Mulheres Que Mudaram o Mundo dos Negócios

David Clutterbuck
Stuart Crainer

GRANDES ADMINISTRADORES

Homens e Mulheres que Mudaram o Mundo dos Negócios

Tradução:
Octavio Alves Velho

Revisão técnica:
Jaques Kerstenetzky
Professor do Departamento de Economia/UFF

Jorge Zahar Editor
Rio de Janeiro

Título original:
Makers of Management
(Men & women who changed the business world)

Tradução autorizada da primeira edição inglesa
publicada em 1990 por Macmillan London Limited,
de Londres, Inglaterra.

Jorge Zahar Editor Ltda.
rua México 31 sobreloja
20031-144 Rio de Janeiro, RJ
Tel.: (021) 240-0226 - Fax: (021) 262-5123

Editoração eletrônica: TopTextos Edições Gráficas Ltda.

Impressão: Tavares e Tristão Ltda.

ISBN: 0-333-48046-5 (ed. original)
ISBN: 85.7110-273-2 (JZE, RJ)

CIP-Brasil. Catalogação-na-fonte
Sindicato Nacional dos Editores de Livros, RJ.

C579g

Clutterbuck, David
Grandes administradores: homens e mulheres que mudaram o mundo dos negócios / David Clutterbuck, Stuart Crainer; tradução, Octavio Alves Velho; Revisão técnica, Jaques Kerstenetzky. — Rio de Janeiro: Jorge Zahar Ed., 1993.

Tradução de: Makers of management: (men & women who changed the business world)
Apêndices
Bibliografia.
ISBN 85-7110-273-2

1. Administradores de empresas. 2. Administradores de empresas — Entrevistas. 2. Administração. I. Crainer, Stuart. II. Título.

CDD — 658.0092
CDU — 65.01

93-1100

SUMÁRIO

INTRODUÇÃO

Em qualquer área da atividade humana, há alguns gigantes — gente que rompeu o modelo do pensamento convencional para trazer à tona novas descobertas, novos desafios e novos limiares emocionais. Os grandes pensadores e impulsionadores da ciência, engenharia, artes e política — para citar apenas uns poucos — foram todos comentados. Suas causas foram exploradas em profundidade e suas personalidades devidamente examinadas. Parece existir um impulso humano fundamental para entender o que faz com que pessoas extraordinárias sejam assim tão extraordinárias.

Este livro é o resultado de uma fascinação pelas origens das novas idéias acerca da administração. Tenta responder a certo número de indagações, incluindo:

- Quem foram (e são) os gigantes do pensamento administrativo?
- Como suas idéias evoluíram?
- Por que provocaram tamanho impacto?

Para encontrar as respostas, embarcamos em um vultoso exercício de pesquisa. Primeiro, tentando identificar quais foram os principais pensadores no campo da administração. Perguntamos a vários consultores e mestres universitários pelo mundo afora acerca de suas opiniões — um levantamento enviado a mil especialistas na área da administração, com a colaboração da European Foundation for Management Development, foi bastante útil — e, a seguir, pusemo-nos a distinguir os gigantes dos meramente grandes. Nossa seleção dos mais influentes teóricos da administração será inevitavelmente polêmica. Alguns nomes famosos eram considerados por parte dos diversos consultados como defensores do Santo Graal, e por outros como sendo falastrões de uma idéia só. Muitos deles sugeriram seus próprios nomes.

Nosso caminho através desse campo minado inevitavelmente ocasionou algumas baixas. Tentamos reagrupar essa segunda camada de "gurus" da gerência nos capítulos de introdução geral, que tentam rastrear a evolução de alguns dos principais temas da administração através das muitas contribuições para o novo modo de pensar.

Tentamos entrevistar não apenas todos os mais e os menos significativos personagens ainda vivos, como também colegas de trabalho que pudessem proporcionar pistas acerca da natureza dos seus processos de pensamento. Ao fazê-lo, aprendemos que muitos dos gurus de primeira linha eram indivíduos multifacetados — extraordinários em mais de um campo de realização. Também aprendemos que o pensamento inovador em administração provém de uma diversidade de fatores antecedentes. Quiçá o único fator comum seja uma multiplicidade de interesses.

Cremos que qualquer leitor, de algum modo envolvido na prática ou teoria da administração, achará estes perfis interessantes e valiosos. Dizemos isso em parte por experiência — nosso próprio fascínio pelo projeto foi crescendo gradativamente — e em parte devido a uma convicção de que a chave para entender idéias é procurar entender a pessoa que está por trás delas. Idéias mantidas num plano intelectual geralmente — e talvez caracteristicamente — ficam isoladas, tornando-se muito difíceis de serem aplicadas hoje em dia a problemas práticos. Idéias assimiladas emocionalmente, tanto quanto intelectualmente, logo se tornam parte integrante do modelo de pensamento e exercem influência mais rápida e intensa nos problemas. Esperamos que nossos perfis de pensadores da administração proporcionem tal discernimento emocional, assim como um suporte intelectual. Nossa meta foi tornar ambos acessíveis em um único volume.

Grandes administradores assumiu vida própria. Encaramos este projeto como um organismo vivo, uma árvore do saber que periodicamente dará frutos. Por isso, acolheremos prazerosamente comentários, sugestões e acréscimos como fertilizadores para futuras edições.

David Clutterbuck e Stuart Crainer

CAPÍTULO 1

OS PIONEIROS

Rastrear as origens das idéias acerca da administração é como desencavar raízes de uma árvore. Cada vez que se pensa ter chegado ao fim, descobre-se que há uma ramificação indo ainda mais fundo. Em termos práticos, foram necessárias habilidades gerenciais para erguer as pirâmides do Egito e as torres da Babilônia, para organizar uma horda invasora mongol e para construir os navios mercantes que navegaram pelo Mediterrâneo na época dos gregos e dos romanos. No entanto, ninguém falou da administração como uma disciplina por direito próprio, ou como um tema merecedor de estudo. Ou bem se sabia, ou não. Não obstante, embora indefinida, a administração existia. "Todos os grandes empreendedores do mundo dos negócios de que temos conhecimento — desde os Médici da Florença do Renascimento e os fundadores do Banco da Inglaterra no final do século XVII até Thomas Watson da IBM de nossos dias — dispunham de uma clara teoria de gerenciamento dos negócios que inspirava todas as suas ações e decisões", diz Peter Drucker, um dos mais conhecidos de todos os atuais pensadores e autores de administração, em seu *Management* (1977).

Nos primórdios, a ênfase, contudo, recaía sobre o tema de governo ou administração pública, os instrumentos da arte de governar ou da burocracia. Ser um eficiente rei ou governador exigia habilidades definíveis — entre elas capacidade de julgamento, liderança e estratégia. Autores como Niccoló Machiavelli (1491-1527) se utilizaram de aguda observação na identificação de comportamentos e estratégias adequados para manter a segurança e prosperidade do Estado-nação. Essas mesmas técnicas, se bem que requintadas e polidas pela exatidão acadêmica, continuam sendo a principal base para nossas observações sobre uma administração eficiente e ineficiente mesmo cinco séculos depois. Conquanto a interpretação popular do estilo de gerenciamento de Maquiavel fique bem mais próxima de seriados de TV que abordem o mundo dos negócios, como *Dinastia* ou *Dallas*, do que da realidade prática de se persuadir um bando de trabalhadores braçais a produzir cada vez mais melhores automóveis, há muitas lições úteis que os modernos chefões de empresas podem retirar das obras do historiador e político italiano do século XVI.

Foi Maquiavel quem primeiro identificou a fascinante natureza individualista do gerenciamento. Em *O Príncipe*, ele escreveu:

> Creio também que será bem-sucedido quem dirigir suas ações segundo o espírito da época, e aquele cujas ações não concordem com a época não terá sucesso. Porque vemos homens que, em assuntos que conduzam ao fim com que se depara todo homem, qual seja glória e riqueza, chegam lá por vários métodos: um com cautela, outro apressadamente; um pela força, outro pela habilidade; um pela paciência, outro pelo oposto a essa; e cada um obtém sucesso ao alcançar a meta por método diferente.

Contudo, bastou o assunto administração ter se estabelecido como disciplina acadêmica para autores começarem a encarar Maquiavel seriamente como um observador dessa área. Foi Anthony Jay quem pela primeira vez (e não de todo a sério) indicou, em *Management and Macchiavelli* (1970), que o método de observação do estadista italiano do século XVI (que funcionaria como a arte do estadista) antecipou conclusões bastante semelhantes sobre o comportamento bem-sucedido de grandes empresas no século XX. As analogias entre a cidade-Estado de Maquiavel e a grande empresa moderna, no que diz respeito às suas preocupações (manter auxiliares razoavelmente satisfeitos que não aderirão à oposição, defender a fatia do mercado, criar um sentimento de metas unificadas, decidir sobre centralizar ou descentralizar, e assim por diante), podem ser encontradas em grande parte da linguagem que empregamos. Os representantes de vendas têm territórios; os diretores executivos das diversas regiões são muitas vezes citados como barões; os recém-chegados à firma são recrutas.

Maquiavel foi precedido por uma longa série de pensadores da administração. Dois livros em particular, *The History of Management Thought*, de C. S. George, e *The Evolution of Management Thought*, de Daniel Wren, tentaram rastrear as origens das idéias e princípios da administração. O primeiro deles, de há muito esgotado e difícil de encontrar, contém uma extensa árvore genealógica — uma espécie de *pedigree* dos pensadores de administração até 1968, quando o livro foi publicado. Ele concede as primeiras honras aos sumérios, que criaram a manutenção de registros cerca de 5.000 anos antes de Cristo.

Seguiram-se os egípcios, introduzindo conceitos de planejamento e de controle da organização.

Entre os gregos e romanos, Mêncio contribuiu com o primeiro conselho conhecido acerca de sistemas e padrões, e Catão, a quem foi dado o encargo de organizar para Roma a administraçãos provincial da Espanha, redigiu descrições de cargos a fim de assegurar que as pessoas entendessem exatamente o que delas era esperado em funções administrativas. Claro que Sócrates teve uma pontinha a acrescentar. Discutiu a especialização dos cargos, dizendo que "todo trabalho é mais bem-feito quando recebe a atenção exclusiva e não-dividida do trabalhador" e suscitou a questão de saber se os departamentos devem ser organizados em função do trabalho que executam ou das pessoas com que lidam. Muitas companhias ainda hoje formulam a mesma indagação e não estão próximas de encontrar uma resposta aceitável.

O conceito de competição é também outro que vem ocupando as mentes humanas há séculos, geralmente em uma acepção guerreira, embora hoje esteja sendo examinado como entidade independente no mundo dos negócios. Da China do século IV a.C. tivemos Sun Tzu, um general que afirmava: "O supremo ato da guerra é subjugar o inimigo sem lutar." Quatrocentos anos antes, Hesíodo observara: "O oleiro é inimigo do oleiro, e o artífice é o rival do artífice; o vagabundo tem ciúme do vagabundo, e o cantor do cantor."

Na Idade Média, a discussão dos conceitos que hoje amontoamos sob o título genérico de gerência dos negócios, começou a desenvolver-se ao longo de dois ramos principais. O primeiro foi o surto de formas mais eficientes de escrituração mercantil e contabilidade, sobretudo entre os mercadores italianos. Luca Pacioli, um frade franciscano de Veneza, tornou-se célebre por ter introduzido a escrituração mercantil de partidas dobradas no século XV. Francisco di Marco criou as bases da contabilidade de custos e os irmãos Soranzo disseminaram a idéia de lançamentos no livro-razão e no diário.

O segundo ramo foi no plano dos estadistas. Enquanto Maquiavel escrevia *O Príncipe* na Itália, na Inglaterra Sir Thomas More (1478-1535) questionava por que iniciativas comerciais freqüentemente deixavam de funcionar com eficiência e concluía ser o mau gerenciamento a causa. Entre suas soluções, como com Sócrates, figurava a maior especialização das tarefas.

Esse foi um tema que seria resgatado 250 anos mais tarde por Adam Smith (1723-1790), cujos conceitos sobre como controlar organizações de trabalhadores manuais foram absorvidos por sua vez por Eli Whitney apenas trinta anos depois. Smith, amigo íntimo do inventor James Watt, era professor na Universidade de Glasgow. Mais conhecido por suas teorias econômicas (foi um fiel propositor do livre-comércio e das forças do mercado, argumentando que embora os homens de negócios, por quem tinha pouca consideração, agissem comumente por interesse próprio, "uma mão invisível" garantia que os esforços deles em conjunto resultassem na criação de maior riqueza para a sociedade como um todo), também especulou acerca da melhor maneira de lidar com uma empresa.

Smith, conquanto encarado por muitos como defensor da empresa capitalista, pouco confiava em gerentes. Manifestou-se contra as sociedades anônimas: "Dos diretores de tais companhias, os quais são gerentes do dinheiro de outras pessoas e não do deles próprios, não se pode esperar que o vigiem com a mesma atenção com que os sócios em uma sociedade privada freqüentemente o fazem", escreveu Smith. "Negligência e prodigalidade... devem sempre prevalecer mais ou menos na gerência dos assuntos de uma companhia desse porte... Os únicos ramos em que parece possível uma sociedade anônima ter sucesso, sem um privilégio de exclusividade, são aqueles em que todas as operações possam ser reduzidas ao que se denomina uma rotina, ou a uma tal uniformidade de método que admita escassa ou nenhuma variação." Assim, em uma passagem, Smith criticou o que hoje em dia vem a ser a forma convencional de propriedade industrial e lançou as bases do que veio a ser denominado "administração científica".

Nos Estados Unidos, Eli Whitney (1765-1825) foi pioneiro da implementação prática da produção em massa no final da década de 1790. Whitney e seu sócio, Simeon North, fabricante de relógios em Connecticut, foram inspirados pelo exemplo de Oliver Evans, da Filadélfia, que deu início a uma série de experiências com técnicas de produção em massa em sua fábrica de tecidos. Whitney e North aplicaram tais técnicas à fabricação de armas e criaram o conceito de peças intercambiáveis.

Whitney, advogado de formação, adquirira fama anteriormente ao inventar a descaroçadeira de algodão, máquina para retirar fibras de algodão dos caroços em que haviam crescido. Discussões acerca da patente dessa invenção obrigaram-no a procurar sua renda em outra parte. Conseguiu ganhar um contrato de fornecimento de 10.000 armas de fogo para o governo em 1798. Precisou de oito anos para cumprir um contrato de dois anos, que seria renovado em 1812.

Whitney ensinou seus empregados a fazerem peças idênticas usando moldes metálicos, conhecidos como *gigs*. Em conseqüência, as armas podiam ser montadas bem mais depressa do que anteriormente. Há uma lenda de que certa vez Whitney jogou uma série de fuzis desmontados em cima de um funcionário do governo e desafiou-o a criar uma arma utilizável.

Whitney não só inovou métodos de fabricação, como também experimentou diferentes métodos de controle, para ver quantas pessoas poderiam ser dirigidas eficazmente por um supervisor. O conceito de análise do trabalho, visando a melhorar a eficiência, pode ser em grande parte atribuído a ele.

Ao mesmo tempo, na Inglaterra, James Watt (1769-1848) e Matthew Robinson Boulton (1770-1842) criavam novas técnicas de gerenciamento para aproveitar plenamente a obra pioneira de seus mais aclamados pais. Um historiador da Fundição Soho, de ambos, observou: "Combinando uma educação consumada nas atividades dignas de cavalheiros da época com um treinamento inicial como engenheiros praticantes em todos os estágios da produção, eles trouxeram para a tarefa de organização uma perspectiva totalmente inédita."

Planejaram os requerimentos em termos de materiais e componentes e fluxos de produção, estabeleceram especificações minuciosas para uso interno e externo e criaram normas de procedimento operacional, a fim de garantir que os operários produzissem um trabalho de qualidade uniforme. Suas técnicas de controle abrangiam a atualização diária de vinte e dois livros de contabilidade, de sorte a que o lucro exato oriundo de cada máquina pudesse ser calculado. Também criaram gratificações a título de incentivo e deram origem ao que bem pode ter sido o primeiro programa de formação de dirigentes.

Na mesma época, na França, o economista Jean Baptiste Say (1767-1832) começava a dar atenção à capacidade empresarial. Concluiu que um gerente inovador seria capaz de trazer para a empresa uma dimensão a mais. Os ingredientes fundamentais de uma empresa bem-sucedida eram então trabalho, capital e *administração.* Pela primeira vez, a administração seria encarada, por si só, como uma valiosa disciplina.

Antes da Revolução Industrial, quase não havia necessidade de se empregar alguém com um cargo específico de gerente, exceto no caso da administração de vastas propriedades, onde imperava um modelo consagrado que era o de proprietários absenteístas nomearem um mentor a fim de cuidar de seus interesses. (Na prática, isso correspondia ao hábito atual de se nomear um corretor imobiliário para alugar a propriedade enquanto os donos estivessem viajando.) Se bem que o antigo sistema de guildas em grande parte tivesse desaparecido ou perdido a influência, a organização do trabalho ainda baseava-se em grande parte na ocupação profissional. Considere-se a construção de uma catedral. O escriturário da obra (o equivalente ao atual arquiteto) projetava o prédio e contratava um mestre pedreiro que executava o serviço empregando sua própria equipe de artífices e trabalhadores braçais. O mestre pedreiro via seu trabalho como o de um artífice, e não como o de um administrador. Em um plano mais doméstico, as graduações da hierarquia social dentro de uma residência grande eram baseadas em critérios de antiguidade e de *status*. A governanta, ou criada-chefe, realizava grande parte das atribuições de um administrador, mas também se encarregava de serviços bem parecidos com os de empregados menos graduados. Havia exceções à regra. O comandante de um navio podia ser um empregado, ao invés do dono, e, em qualquer caso, seria normalmente treinado em contabilidade e escrituração em nível elementar. Contudo, tal como a governanta, ele não se consideraria um administrador.

As companhias de comércio do século XIX criaram comerciantes, e depois, ao estabelecerem *plantations*, administradores. O modelo empregado foi o do Serviço Público Britânico — então a maior burocracia conhecida pelo mundo desde o Império Romano. A burocracia foi, sob muitos aspectos, um sistema antiadministrativo. Ao criar regras e regulamentos para tudo (em si uma abordagem aprendida do Exército) ela criou uma máquina capaz de substituir uma genuína administração.

Em *Representative Government* (1861), John Stuart Mill (1806-1873) defendeu um gerenciamento adequado para os interesses da nação na Índia:

> Não é demais repetir que em um país como a Índia tudo depende das qualidades e capacidades pessoais dos agentes do governo. Esta verdade é o princípio cardial da administração na Índia. O dia em que se encarar a designação de pessoas para postos de confiança por motivos de conveniência, tão criminosa na Inglaterra desde já, como podendo ser praticada impunemente na Índia, será o começo do declínio e queda de nosso império por lá. Mesmo com uma intenção sincera de preferir o melhor candidato, não dará para se confiar na sorte para encontrarmos pessoas aptas. Temos de dispor de um sistema planejado para formá-las.

Mas o sistema continuou a produzir mecanicamente administradores, mesmo depois de o Império há muito ter desaparecido. Mesmo hoje, o termo *administration* mantém-se em uso. O título de pós-graduação relevante para um gerente não se chama *Master of Management*, mas *Master of Business Administration.**

Os princípios de gerenciamento de homens, tais como os conhecemos, começaram a emergir nos séculos XVIII e XIX, mais como resultante da preocupação de empresários filantropos do que como uma tentativa racional para definir a psicologia da motivação. Um dos primeiro autores sobre o assunto foi Daniel Defoe (1661-1731), cujo rigor moral baseava-se firmemente no trabalho ético e no princípio de que uma mão firme, porém justa e bondosa, é a melhor forma de se obter um bom desempenho por parte dos trabalhadores. Em *Robinson Crusoé*, de Defoe, o "Sexta-feira" é imediatamente adotado no papel de trabalhador. A única diferença entre os escravos negros e os servos brancos era o fato dos últimos poderem eventualmente conquistar a liberdade.

Robert Owen (1771-1858) pôs em prática algumas dessas idéias em expansão nas suas fábricas de New Lanark, na Escócia. O idealista Owen destacou-se dos contemporâneos ao reconhecer a importância da administração de pessoal nos negócios. Sua abordagem contrariou as noções consagradas e a ideologia da classe empregadora. Quando Owen visitou pela primeira vez New Lanark em 1797, comentou: "De todos os lugares que vi, preferia este para experimentar uma idéia que tenho há muito tempo." Na época, New Lanark era a maior fábrica de fiação de algodão da Grã-Bretanha. Quando Owen assumiu a gerência, encontrou "uma sociedade deplorável" onde "vício e imoralidade predominavam em proporção monstruosa". Pôs-se a enfrentar os problemas. Sua filosofia era singela: "O caráter do homem é feito para e não por ele." Acreditava na maleabilidade do caráter humano, especialmente quando jovem, e no infinito poder da sociedade para moldar esse caráter.

Em New Lanark, as horas de trabalho foram reduzidas e a paga aumentada. Proibiu-se a agressão a crianças e aumentaram para dez anos a idade mínima para aceitá-las como empregados. As condições de trabalho na fábrica foram aperfeiçoadas e com isso aumentou a produtividade. Owen, então, pôs-se a realizar melhorias na comunidade. As casas foram ampliadas, as ruas limpas, fornecida boa alimentação e construída uma escola.

---

* Estas observações se referem ao uso dominante, na língua inglesa, da expressão *Management* e à permanência da expressão *Administration*. Em português é comum o uso dos termos Administração e Gerência como tradução para *Management*. (N. do R.T.)

Para controlar o desempenho, Owen atribuía quatros tipos de grau para o trabalho diário de cada superintendente; estes, por sua vez, julgavam todos os trabalhadores sob seu comando. A nota era traduzida pelas cores preta, azul, amarela e branca, em ordem crescente de mérito, pintadas nos quatro lados de um pedaço de madeira montado sobre a máquina e viradas para fora segundo o desempenho do operário. Essas marcas diárias eram registradas em um livro, em caráter permanente, para serem examinadas periodicamente por Owen. Ele conseguiu uma "arrumação ordenada" dos trabalhos. Gerentes eram cuidadosamente escolhidos e treinados de sorte que ele pudesse confiar neles durante a sua ausência. Dirigindo-se aos superintendentes de suas fábricas, Owen escreveu: "Muitos de vocês têm extensa experiência em suas operações fabris acerca das vantagens de maquinaria substancial, bem-concebida e bem-feita. Se, então, o devido cuidado com o estado de suas máquinas inanimadas pode produzir tais resultados benéficos, o que não pode ser esperado se dedicarem igual atenção a suas máquinas vivas, que são muito mais maravilhosamente construídas?"

As teorias e a prática de Owen não foram superadas e, defrontado com a oposição de seus sócios *quakers*, foi afinal obrigado a abandonar a experiência em 1825. Prosseguiu tentando um projeto semelhante em New Harmony, Estado de Indiana, nos Estados Unidos, que foi analogamente malsucedido. Mesmo assim, em seu livro *The Making of Scientific Management* (1946), Lyndall Urwick e o co-autor E.F.L. Brech classificaram Owen como "o pioneiro da gerência de pessoal" e escreveram: "Gerações adiante de sua época, ele pregou e praticou uma concepção de relações industriais que é, ainda agora, aceita em apenas poucos dos mais progressistas empreendimentos." Owen, dizem eles, teve "uma correta compreensão dos princípios da gerência e dos métodos para aplicá-los eficazmente".

De muitas maneiras Owen antecipou o pensamento e a abordagem de Taylor e Gilbreth quase cem anos depois. Disse Owen: "Examinei muito sensatamente os homens em seus respectivos departamentos, conquanto eu nada conhecesse de fato. Observando tudo intensamente, mantive ordem e regularidade em todo o estabelecimento, que prosseguiu em tais circunstâncias bem melhor do que eu previra."

Na Grã-Bretanha, Owen teve suas idéias adotadas por diversos empresários victorianos esclarecidos, dos quais grande parte era formada por *quakers* ou membros de outras igrejas dissidentes (embora as inovações do próprio Owen tivessem encontrado resistência dos *quakers* em New Lanark). Titus Salt (1803-1876) retirou seus operários da fábrica têxtil localizada na poluída Bradford para a comunidade modelo que ainda leva seu nome — Saltaire. Ele acreditava, como Owen, que colocando os empregados em um ambiente melhor influiria positivamente na pontualidade, sobriedade e na vontade de aperfeiçoarem a si próprios. Saltaire, inaugurada em 1853, foi um empreendimento maciço — com quatro quilômetros e meio de maquinaria era a maior fiação da Europa. A comunidade modelo de Salt tinha 850 casas e uma série de comodidades, desde instalação com salas de leitura até uma para treinamento com fuzil. Como Salt era abstêmio, botequim não havia. Ao falecer, 40 mil pessoas compareceram ao seu funeral.

Analogamente, George Palmer (1809-1906), co-fundador dos biscoitos Huntley and Palmer, foi pioneiro da segurança no trabalho, dos centros de autodesenvolvimento dos empregados e do auxílio-doença (o fundo para doença começou com multas aplicadas a empregados que violassem o rigoroso código de conduta da companhia). Ele inventou também modernas abordagens na área das vendas, sendo grandemente responsável pela organização de caixeiros-viajantes com regiões claramente definidas, e foi o pioneiro do conceito de embalagens enfeitadas para bens de consumo.

A Revolução Industrial produziu desafios administrativos impensáveis anteriormente. Avaliando o crescimento da administração entre 1800 e 1850, Urwick e Brech observaram:

> Nos primeiros cinqüenta anos após a virada do século, a complexidade da administração nas indústrias siderúrgica e de maquinaria deve ter crescido enormemente a cada década. O aumento do transporte por canal e rodovia, a expansão dos mercados para motores a vapor no estrangeiro, a chegada das ferrovias e a rápida expansão da rede de transportes ferroviários pelo país afora — tudo isso significou uma mobilização dos recursos dessas indústrias que inevitavelmente originou uma série de novas situações de gerenciamento. Elas criaram uma necessidade imperiosa de uma técnica de controle que possibilitasse aos fabricantes não perder de vista seus recursos e orientar sua produção para alcançar metas predeterminadas, ainda que estas se desdobrassem assistematicamente.

Foram os empresários com visão tecnológica que começaram a combinar conceitos de gerenciamento de pessoal com organização do trabalho. Número notável deles emigrou da Escócia ou Irlanda para os Estados Unidos, dentre eles James Montgomery (1771-1854), que demonstrara nos cotonifícios de Glasgow que uma rigorosa atenção à organização do trabalho entre as máquinas poderia melhorar tanto a qualidade quanto a produtividade. Foi para os Estados Unidos a fim de trabalhar com a York Mills, em Saco, Estado do Maine, e continuou a expor suas teorias administrativas, concentradas em obter contenção de custos e prevenção de problemas por meio da qualidade da supervisão. Entre seus famosos comentários houve o de que um supervisor deve ser "justo e imparcial — firme e incisivo — sempre alerta para prevenir, ao invés de refrear erros após terem ocorrido".

Muitos desses empresários estabeleceram uma ligação de um tipo ou de outro com o crescente sistema ferroviário do Novo Mundo. Douglas Craig McCallum (1815-1878) foi um escocês que renunciou a uma bem-sucedida carreira como arquiteto para ingressar nas ferrovias. Suas tentativas para instilar, no começo da década de 1850, princípios básicos de supervisão eficiente soçobraram ante a intransigência dos trabalhadores que entraram em greve. Seus princípios eram:

1. Uma adequada divisão de responsabilidades.
2. Poder suficiente conferido a fim de possibilitar que tais responsabilidades sejam assumidas plenamente, para que possam ser reais em sua natureza.
3. Proporcionar meios de se saber se tais responsabilidades são corretamente assumidas.
4. Grande presteza em relatar toda negligência no cumprimento do dever, para que os males possam ser prontamente corrigidos.
5. Tais informações serem obtidas mediante uma série de relatórios e verificações diárias, que não atrapalhem os principais dirigentes nem reduzam sua influência junto aos subordinados.
6. A adoção de um sistema, como um todo, que não só possibilite ao superintendente geral detectar os erros imediatamente, mas que também aponte o transgressor.

Se os trabalhadores tivessem ouvido falar do Grande Irmão*, sem dúvida teriam feito a comparação. Entretanto, inadequada como se mostrou a linguagem dos princípios de McCallum, o conceito de transparência do desempenho e a rápida correção de problemas deveriam tornar-se gradativamente parte fundamental da gerência de fábricas. Outrossim, em sua diligência para garantir que todos soubessem o que era esperado deles, McCallum apresentou-nos o brinquedo favorito do burocrata comercial — o organograma.

---

* Referência ao personagem criado por George Orwell em seu romance *1984*. (N.T.)

McCallum desistiu depois de uma greve prolongada por ferroviários que se opunham a seus princípios. Acabou tornando-se general-de-divisão, servindo como substituto de Sherman* durante a Guerra Civil. Todavia, Henry Varnum Poor (1812-1905), editor da revista *American Railroad Journal*, reconheceu o que McCallum tentava fazer e partiu das experiências dele para prenunciar modernas teorias de liderança. A administração superior deve tornar-se "a alma da empresa", declarou ele, ou, como agora poderíamos expressar, tem de proporcionar a visão orientadora da companhia. De sua posição dominante, os gerentes devem dirigir a marcha dos acontecimentos dentro de cada função, de sorte a que cada departamento funcione rumo à mesma visão ou finalidade. O papel deles é de organização, gerenciamento de sistemas e solução de conflitos.

Harrington Emerson (1853-1931) era filho de um ministro presbiteriano. Educado na Bavária, emigrou para os Estados Unidos e terminou trabalhando como engenheiro nas estradas de ferro de Santa Fé. Admirador do exército prussiano, tratou de organizar a ferrovia de forma análoga, dividindo responsabilidades gerenciais e cargos em mão-de-obra e quadros dirigentes. Argumentou que as estradas de ferro norte-americanas poderiam poupar um milhão de dólares por dia se todas se organizassem dessa forma.

Até o crescimento das ferrovias nos Estados Unidos, as tradicionais formas de organização dos negócios permaneceram dominantes, com o gerenciamento geral constituindo-se numa responsabilidade dos proprietários ou de suas famílias. Mas, na década de 1890, as estradas de ferro tornaram-se a maior indústria em expansão do mundo e haviam ultrapassado as técnicas e atitudes convencionais de gerenciamento. As companhias ferroviárias tiveram de recrutar um grande número de administradores hábeis e experimentados, selecionados por sua habilidade gerencial ao invés da riqueza e das ligações de família. A administração de uma empresa distinguia-se de sua propriedade, passando a ser uma capacidade identificável e alcançável.

No início do século XX havia escolas de administração na Filadélfia (Wharton) e em Dartmouth (Amos Tuck), nos Estados Unidos. Alguns países europeus também possuíam instituições acadêmicas com objetivos semelhantes. Obras de peso começaram a ser publicadas na maioria dos países desenvolvidos, repletas de conselhos acerca de como conduzir os negócios, mas ainda falhas em termos

---

* General William Tecumseh Sherman, comandante geral das forças da União na Guerra Civil ou Guerra entre os Estados (1861-1865). (N.T.)

teóricos. Significativamente, a Grã-Bretanha, berço da Revolução Industrial, ainda não começara a ensinar administração como matéria até 1918, quando o Colégio de Tecnologia da Universidade de Manchester criou um departamento de administração industrial. Apenas cinqüenta anos mais tarde, em 1965, a Inglaterra estabeleceu suas primeiras escolas de administração em Londres e Manchester.

As queixas acerca das impropriedades do ensino de administração encheram grande número de relatórios e livros, particularmente na Grã-Bretanha. Muitos dos mesmos temas ocorreram no relatório "Education for Management", de Urwick, em 1947 e nos relatórios de Handy e Constable de 1987. Reg Revans, crítico veemente dos padrões e métodos do ensino de administração, não poupou palavras em seu livro de 1976, *The Theory of Practice in Management*: "Há uma virtual carência, na Grã-Bretanha (talvez no mundo), de qualquer publicação séria do que poderia ser chamado a ideologia do ensino da administração como tal. Nosso entendimento do que precisamos fazer para formar administradores fica aquém de nosso domínio técnico do treinamento de animais para trabalhar no circo, ou mesmo até de como programar um computador não apenas para resolver problemas, mas para aprender como solucioná-los."

Parte do problema tem sido a natureza completamente abrangente da administração. Isto é ressaltado quando se consideram as pessoas incluídas neste livro. Suas especialidades e conhecimentos são desalentadoramente de enorme amplitude. O termo "administração está constantemente evoluindo, tal como a idéia do que um administrador de fato realiza. Com a evolução do pensamento acerca da administração, muito mais habilidades e especializações foram absorvidas pela matéria, desde Estatística até Psicologia. Sua natureza de grande alcance tem derrotado qualquer definição rígida.

Dentre os que exerceram particular impacto nos novos estudos sobre administração na virada do século, tivemos o casal Frank e Lilian Gilbreth. Eles sistematizaram a idéia de estudos de tempos e movimentos (que teve início com Charles Babbage no começo da década de 1830) com vistas a melhorar a eficiência das tarefas individuais. Outro estudioso diligente foi Vilfredo Pareto (1848-1923), economista e sociólogo italiano que se fixou na Universidade de Lausanne. Pareto buscou examinar como as sociedades funcionam. Uma de suas conclusões iniciais foi de que uma sociedade se constitui num sistema de forças que normalmente se mantêm em equilíbrio. A sociedade se rompe quando o equilíbrio é destruído. O conceito foi explorado após a sua morte nas famosas experiências de Hawthorne e nas experiências do Instituto Tavistock entre mineiros de carvão britânicos nas décadas de 1940 e 1950. Como um entusiasta dos quebra-cabeças matemáticos, Pareto é provavelmente mais conhecido entre os administradores pelo princípio de Pareto — de que 20% dos artigos fabricados por uma empresa representam 80% do valor.

Entretanto, os dois gigantes desse período foram sem dúvida Henri Fayol (1841-1925) e Frederick Winslow Taylor (1856-1917), ambos objeto de biografias mais extensas no final deste capítulo. Fayol foi o primeiro a definir uma teoria geral que tentou vincular, de maneira racional, os elementos da administração (o que os administradores fazem) com os princípios da administração (como administrar eficazmente). Embora muitas de suas conclusões agora possam ser discutidas, sua abordagem formou a base para a maioria das posteriores tentativas de contribuição com uma explicação racional para o comportamento dos administradores.

O norte-americano Frederick Winslow Taylor possui uma lápide funerária em Germantown, na Pensilvânia, contendo a inscrição: "O Pai da Administração Científica." Enquanto Robert Owen trabalhara em uma espécie de vácuo, tentando bravamente convencer as pessoas sobre os méritos de seu sistema, Taylor gerou um movimento que teve efeitos de grande alcance. A administração científica envolvia a observação e avaliação sistemática, tanto de como as pessoas trabalhavam quanto de como os administradores as controlavam e utilizavam. Taylor alegou que "a administração científica envolve uma total revolução mental por parte do trabalhador empenhado em qualquer atividade, e inclui uma revolução igualmente completa por parte dos que ficam no setor administrativo". Ao contrário de Owen, Taylor buscava desumanizar o trabalho: "Umas das primeiríssimas exigências para um homem ser capaz de lidar com ferro gusa como ocupação regular é ser tão bronco e tão fleumático que quase se pareça mais com um boi do que com qualquer outro tipo."

A revolução sonhada por Taylor foi de fato grandemente antecipada graças ao trabalho de Charles Babbage (1792-1871), na Grã-Bretanha, cinqüenta anos antes. Babbage estudou fábricas na Grã-Bretanha e na Europa em geral, registrando suas conclusões em *On the Economy of Machinery and Manufactures* (1832) — quiçá o primeiro sucesso de vendas de livro sobre administração, alcançando a marca de mais de dez mil exemplares vendidos. A semelhança entre as concepções de Babbage e Taylor é evidente em seu comentário: "É de grande importância conhecer os gastos exatos de cada processo, bem como do desgaste da maquinaria necessária." Contudo, Taylor não lera a obra de Babbage.

A evolução da administração científica foi acompanhada com entusiasmo pelo mundo afora. Os discípulos de Taylor abrangeram os irmãos Michelin, Henry-Louis Le Chatelier, que ajudou a introduzir as idéias na França, e uma série de outros. No Japão, o livro de Taylor *Principles and Methods of Scientific Management* foi traduzido com o título *Segredos para eliminar trabalho inútil e aumentar a produção*. Nos dez anos seguintes, foram vendidos dez milhões de exemplares dos *Segredos*.

As implicações administrativas do taylorismo foram discutidas por Rosabeth Moss Kanter em seu sucesso de vendas *The Change Masters* (1983). As palavras de Kanter ecoam as de Robert Owen quando este exortou seus supervisores a cuidar dos indivíduos tanto quanto das máquinas. Kanter escreve: "Na teoria de organização da virada do século e em seu legado de 'administração científica', os indivíduos constituíam não trunfos mas causas de erro. A organização ideal era projetada para livrar-se de erro humano ou intervenção humana, funcionando automaticamente para gerar produtos e lucros igualmente previsíveis. A administração estava ali para cuidar de uns poucos acontecimentos inesperados que pudessem ocorrer."

Num caminho análogo, à medida que os efeitos da administração científica começaram a ser sentidos, a cientista política Mary Parker Follett (1868-1933) alertou: "Devemos ter em mente que nunca poderemos separar inteiramente o aspecto humano do mecânico. O estudo das relações humanas e o estudo da técnica de funcionamento estão vinculados."

Embora o taylorismo suscitasse controvérsia, com os administradores se queixando do controle cerrado e os trabalhadores se queixando da exploração, a preocupação mudaria, nos vinte anos a seguir, das complexidades da tarefa do trabalho para as relações humanas. As necessidades psicológicas e sociais dos empregados estavam de volta à agenda, realmente pela primeira vez desde o tempo de Owen.

Entre e durante as duas guerras mundiais, os mais influentes pensadores do assunto foram Chester Barnard (1886-1961), Max Weber (1864-1920), Elton Mayo (1880-1949), Mary Parker Follett e Lyndall Urwick (1891-1983). Os três últimos têm capítulos próprios mais adiante neste livro, porém Barnard e Weber exigem atenção especial.

Chester Barnard foi discípulo de Pareto, Weber e Kurt Lewin. Nascido em uma fazenda em Malden, Estado de Massachusetts, ganhou uma bolsa de estudos de Economia na Universidade de Harvard, mas desistiu, antes de receber o diploma, para ingressar no departamento de estatística da empresa American Telephone and Telegraph. Barnard foi um dos poucos grandes pensadores de administração do século XX a ocupar um posto elevado na hierarquia gerencial, acabando como presidente da companhia telefônica New Jersey Bell. Atuante em numerosas boas causas, viu as organizações empresariais como a melhor maneira de se conseguir progresso social generalizado. As lições da história, explicou em uma série de conferências que acabou sendo publicada sob o título *The Functions of the Executive* (1938), mostraram que tanto o Estado quanto a Igreja haviam falhado em conduzir a mudança social benéfica por haverem priorizado a autoridade em lugar da cooperação.

Lyndall Urwick comentou a respeito de *The Functions of the Executive*: "É duvidoso que qualquer outro livro, desde *Scientific Management*, tenha tido maior influência no pensamento dos verdadeiros homens de negócios acerca da natureza de seu trabalho."

Como parte da sua crença nas implicações mais amplas da organização, Barnard sustentou que as empresas careciam de envolvimento com dirigentes, empregados, investidores, fornecedores e clientes. "Rejeitei o conceito de organização como comprometendo um grupo bastante definido de pessoas cujo comportamento seja coordenado em relação a uma ou algumas metas explícitas", disse Barnard. "Em uma comunidade, todos os atos de indivíduos e de organizações são direta ou indiretamente interligados e interdependentes."

A teoria da organização de Barnard parte do pressuposto de que as pessoas têm motivações individuais. Quando concordam em cooperar com outras visando a objetivos comuns, convertem-se em uma organização. Implícita na noção de cooperação é a comunicação entre elas. Disposição para cooperar não é algo absoluto — variará de uma pessoa para outra e, com o tempo, à medida que mudem as atitudes, estados de ânimo e circunstâncias. A organização tem de estimular a boa vontade graças a incentivos tais como remuneração e condições de trabalho, e incentivando atitudes positivas (ou seja, motivando-as). Os objetivos comuns, a que Barnard denomina *propósito*, freqüentemente diferirão dos objetivos dos membros individualmente. O que importa é as pessoas aceitarem que, ao ajudarem a organização a alcançar seus objetivos, estarão ajudando a si próprias a atingirem os seus objetivos.

O terceiro elemento, comunicação, é o que enlaça entre si pessoas e organizações. Barnard enunciou três princípios fundamentais de comunicação, assim como:

- Certifique-se de que todos conhecem quais são os canais de comunicação.

- Certifique-se de que existe um canal de comunicação explícito para vincular cada membro.
- Torne a linha de comunicação tão direta ou curta quanto possível.

Esses princípios, que Barnard aplicou ativamente à Companhia Telefônica de Nova Jersey, aplicavam-se a todos os tamanhos de organização, alegou. Grandes organizações eram simplesmente compostas de uma porção de pequenas organizações; estas, também, possuíam seus próprios objetivos mas precisavam cooperar e comunicar-se com a organização maior a fim de sobreviver. Pequenos grupos poderiam operar informalmente, mas ao crescerem tinham de estabelecer sistemas regulares para explicitar objetivos e garantir que todos os entendessem e endossassem como válidos. Para Barnard, todas as organizações eram sistemas subordinados a sistemas maiores, tais como a sociedade. "No fundo, a causa de instabilidade e limitada duração de organizações formais encontra-se nas forças externas. Estas tanto fornecem os materiais que são utilizados pelas organizações como lhes limitam a ação."

Dentro dessa definição de organizações, Barnard acreditava que as funções a serem desempenhadas pelos administradores ficavam explícitas. As três funções mais cruciais eram:

- Estabelecer e gerenciar os sistemas de comunicações.
- Motivar indivíduos a empenharem-se em apoio à finalidade da organização.
- Formular o propósito da organização de maneira comunicável.

Barnard também contribuiu para o debate acerca da natureza da autoridade gerencial. Enquanto Follett e outros haviam tentado definir autoridade em função de posição e papel desempenhados, Barnard sustentou que uma autoridade só existia se as pessoas pudessem aceitá-la. Havia, explicou ele, tipos tanto objetivo quanto subjetivo de autoridade. Autoridade objetiva provinha da disposição dos indivíduos de respeitarem seja o próprio patrão seja o seu cargo. Autoridade subjetiva dependia de como os indivíduos interpretassem uma ordem. Eles obedeceriam caso:

- a entendessem;
- a vissem como coerente com as metas da organização na ocasião;
- tivessem possiblidade mental e física de a cumprirem.

A outra contribuição valiosa de Barnard para o pensamento administrativo foi o estabelecimento da diferença entre efetividade e eficiência. Embora empregasse esses nomes de forma especializada, a diferença provou ser um dos mais valiosos critérios de se saber se o esforço e as metas de um determinado departamento ou empregado estão conformes ou não com os da organização como um todo.

Lamentavelmente, a obra de Barnard permanece negligenciada. Talvez isso se explique pela sua afirmação de que *The Functions of the Executive* exigia cinco a dez leituras para ser entendido. Para Barnard, não havia respostas simples: "Por mais desejáveis que sejam clareza e simplicidade nas afirmações, não convém subestimar as dificuldades de observação e experimentação ou as de construir hipóteses que possam mostrar-se úteis", escreveu. Era tal a inteligência de Barnard que um professor da Universidade de Harvard disse que ele possuía "uma capacidade de análise e síntese tão vasta que classifico seu dom como semelhante ao de são Tomás ou ao de Leonardo da Vinci". A revista *Fortune* foi analogamente entusiástica, asseverando em 1948 que Barnard "possivelmente" fosse "o mais inteligente de todos os outros dirigentes de empresas dos Estados Unidos". Uma descrição da época definiu-o em termos mais convencionais como "um homem alto, bem desenvolvido, que parece talhado para o papel de dirigente de empresa competente".

Foi ao "dirigente de empresas competente" que a obra de Barnard visou e suas idéias permanecem relevantes ainda hoje. Um crítico, na revista *New Management* (vol. 2, nº 3, 1985, pág. 60), por exemplo, escreveu: "As teorias de Barnard — baseadas como foram tanto na inteligência quanto na experiência — parecem tão válidas em 1984 como o foram em 1938... É fácil esquecer que Barnard escreveu na década de 1930. Idéias tais como a importância da organização informal, as limitações da autoridade superior e das recompensas financeiras, a natureza sistemática de uma organização, a necessidade de comunicação clara dos fins a serem alcançados e a necessidade de ultrapassar processos exclusivamente racionais, o tornariam um sucesso de vendas nos anos 80."

O cientista social alemão Max Weber adotou uma abordagem diferente, como professor de Direito na Universidade de Freiburg e na de Heidelberg. Sua preocupação fundamental foi com a natureza das burocracias, que encarou como a mais significativa forma de organização, e com o impacto na sociedade da ética do trabalho dos protestantes. Entrentanto, a mais expressiva publicação de Weber foi *A teoria da organização social e econômica* (1947). Uma das primeiras pessoas a tentarem definir diferentes tipos de organização, ele as distingue com base em como empregam a autoridade (onde as pessoas se comportam voluntariamente da maneira desejada) e o poder (onde as pessoas são forçadas a fazer o que lhes é determinado). Essa ênfase no comportamento foi bastante diferente das tentativas anteriores de categorização, que se apoiavam na descrição de diferentes tipos de hierarquia — em outras palavras, encaravam a estrutura formal da organização ao invés do que o que de fato ocorria dentro da organização.

A observação dos comportamentos orientados pelo poder e pela autoridade levou Weber a descrever três tipos de organização. Eles não são mutuamente excludentes — pode-se encontrar todos os três em várias partes da mesma organização, dependendo do estilo individual dos administradores, mas — sustentou Weber — retratam como os administradores conseguem que as coisas sejam feitas. Até certo ponto, esses três tipos representam as etapas de evolução de qualquer empresa. Nos primeiros anos, ela pode ser dirigida por um líder carismático, alguém cujas idéias e entusiasmo inspiram os colegas. As outras pessoas, em uma organização *carismática*, aceitam a visão e as regras do líder, muitas vezes sem perguntas. Movimentos religiosos talvez sejam a forma mais pura dessa espécie de organização.

Aí, o fundador morre, aposenta-se ou simplesmente perde o jeito. Diversas opções então se apresentam. A menos que outro líder de estatura semelhante esteja aguardando a vez, a organização ou se desintegrará com lutas intestinas ou recairá, por desistência, em um dos outros tipos.

Na segunda forma de organização os interesses conflitantes alcançaram certa dose de estabilidade, conforme previu Pareto. As *organizações tradicionais* dão destaque a antecedentes e costumes. As regras são estabelecidas antes como uma forma de ritual do que como uma reação racional à mudança exterior. Nas organizações *racionais legais*, a burocracia assume sua posição. Nessas organizações, cada função e cargo é destinado a preencher determinada finalidade. A legalidade — e, por conseguinte, a autoridade — provém dos regulamentos, que são registrados por escrito e pormenorizadamente, fornecendo a pedra de toque para a tomada de decisões. Os militares, com seus múltiplos regulamentos, constituem um exemplo magistral disso. A racionalidade provém da natureza ordenada da hierarquia, onde cada um conhece seu lugar e sua função.

Se bem que hoje em dia empreguemos o termo burocracia para designar ineficiência codificada, para Weber burocracia era exatamente o oposto — o mais próximo a uma eficiência quase maquinal que uma organização humana poderia alcançar. Os elementos da forma mais pura de burocracia, na descrição de Weber, permanecem notavelmente familiares ainda hoje: tarefas especializadas, regras e procedimentos formais; hierarquia; promoção conforme o mérito ao invés de escolha pessoal arbitrária; recompensas e punições padronizadas; garantia no emprego como recompensa pela dedicação à companhia; e trabalho e lazer claramente separados.

Embora Weber esperasse que a burocracia impessoal acabasse se tornando o tipo mais comum de organização, ele tinha plena consciência do impacto social que isso viria a ter. Escreveu, a certa altura: "É horrível imaginar que o mundo possa um dia estar cheio apenas de dentinhos de engrenagem, com homenzinhos apegados a empreguinhos e ansiando por algo maior... Essa paixão pela burocracia...chega a levar-me ao desespero."

A Segunda Grande Guerra proporcionou um divisor de águas no pensamento administrativo. Até quase o final da década de 1940, os investigadores do comportamento de empregados e gerentes, e de como as organizações funcionam e alcançam metas complexas, haviam sido vozes em grande parte isoladas. Para o ativo homem de negócios, a mistura de sociólogos e filósofos que haviam produzido tantas teorias interessantes do ponto de vista intelectual tornava-se em grande parte irrelevante para a questão prática de como dirigir uma empresa. Os engenheiros que tentavam sistematizar as operações e o comportamento na produção recebiam atenção mais dedicada, porém era relativamente fácil para os administradores garantir a si próprios que nada daquilo afetava a maneira pela qual eles cuidavam de *seus* afazeres.

No capítulo de abertura de seu livro *Managing*, de 1984, o ex-presidente da ITT* Harold Geneen previne: "Não se pode dirigir um negócio, ou qualquer outra coisa, com uma teoria." Baseado em sua experiência, ele escreve: "Nunca topei com um importante executivo que tentasse, para não falar em ter tido sucesso, dirigir sua companhia de acordo com qualquer determinada fórmula, roteiro ou teoria dos negócios." Administrar é amiúde algo intuitivo e altamente individualizado. A seção acerca de Henry Ford I (pág. 37) dá um exemplo perfeito de quanto a administração intuitiva pode ser bem-sucedida e vulnerável. Permanece de pé a eterna pergunta — podem ser aprendidas as normas da boa administração?

Muitos parecem pensar assim. Uma saudável leva de novas idéias, ou de velhas idéias recondicionadas, é produzida a cada ano. Ralph Kilmann, da Universidade de Pittsburgh, e autor do livro

---

* International Telephone and Telegraph. (N.T.)

adequadamente intitulado *Beyond the Quick Fix* de 1984, comenta: "A cada intervalo de uns poucos anos, nova abordagem é apresentada para desencadear o potencial total de esforços organizados. Isso, porém, é como a procura do Santo Graal: cada nova abordagem procura uma única resposta." Todavia, a busca de respostas significou que boa dose de complacência administrativa foi abalada desde 1945. Estudos sobre administração começaram a atrair um surto de inteligências brilhantes, cujo assalto a questões fundamentais gradativamente elevou a credibilidade do tema, tanto na universidade quanto no próprio mundo empresarial. As áreas escolhidas para estudo — particularmente planejamento estratégico — achavam-se no cerne daquilo que os administradores consideravam ser suas tarefas.

Peter Drucker identificou sete bases conceituais no crescente interesse pelo estudo da administração no pós-guerra:

> (1) gerenciamento científico das tarefas como uma solução para a produtividade; (2) descentralização como princípio fundamental de organização; (3) gerenciamento de pessoal como forma ordeira de encaixar indivíduos em estruturas organizacionais (o que abrangia coisas como descrições de cargos, avaliações de desempenho, administração de ordenados e salários, mas também relações humanas); (4) formação de gerentes para prover hoje as necessidades de gerenciamento de amanhã; (5) contabilidade gerencial, isto é, o uso de análise e informação como base para a tomada de decisões da gerência; (6) marketing; (7) finalmente, o planejamento a longo prazo.

A pletora de tendências e de novas idéias a partir de 1945 atesta que o pensamento administrativo se tornou em si mesmo um grande negócio. Consultorias proliferaram e o mercado de livros sobre administração valoriza-se rapidamente. Nos Estados Unidos, as vendas podem alcançar milhões, enquanto no Reino Unido diversos livros sobre administração ultrapassaram 100.000 exemplares vendidos nestes últimos cinco anos. A maioria desses livros agora visam a um público bem mais amplo e menos especializado. Com administradores como John Harvey Jones e Lee Iacocca assumindo estatura superior, estilos individuais de gerenciamento estão bem mais acessíveis do que jamais ocorrera. A administração está cada vez mais sendo encarada como é: uma atividade humana fundamental e indispensável.

Henri Fayol

Nascido na França em 1841
Faleceu em 1925
Administrador

Em seu livro *Corporate Strategy*, Igor Ansoff escreveu: "Um talentoso e profético francês, Henri Fayol, antecipou com imaginação e vigor a maior parte das mais recentes análises da moderna prática dos negócios."

A inspiração de Henri Fayol para suas teorias sobre administração proveio do cenário implausível da indústria de mineração francesa. Aos dezessete anos, Fayol foi para a Escola de Minas, em Saint Étienne, e aos dezenove conseguiu seu primeiro emprego como engenheiro na empresa de mineração francesa Commentry-Fourchamboult-Decazeville (comumente chamada Comamboult). Iria passar o resto de sua carreira nessa companhia, galgando postos até se tornar diretor gerente em 1888, posto que deteve até 1918.

Quando Fayol assumiu a direção da companhia, ela estava "declinando rumo à bancarrota", conforme relataria mais tarde. De 1885 até 1888, ela não pagara dividendos. Pondo suas teorias em prática, Fayol tornou a companhia rentável. Lyndall Urwick escreveu: "Desde o dia em que assumiu, a maré mudou... Quando Fayol se aposentou, a situação financeira da Comamboult era inatacável e seu quadro dirigente de qualidade excepcional." Comamboult posteriormente tornou-se parte do Le Creusot Loire, um dos maiores grupos metalúrgicos da França.

A reviravolta foi conseguida malgrado a crescente concorrência e o fato de Fayol desconhecer metalurgia. Seu sucesso baseou-se no que ficou conhecido como o "princípio funcional". Na prática, Fayol disse que isso implicava:

> Um programa de ação preparado por meio de previsões anuais e decenais.
>
> Um organograma para garantir a ordem e assegurar a cada homem uma posição definida; cuidadoso recrutamento e treinamento técnico, intelectual, moral e administrativo do pessoal de todos os níveis a fim de encontrar o homem certo para cada posição.
>
> Observação dos princípios necessários na execução do comando (isto é, direção).
>
> Reuniões dos chefes de departamentos de cada divisão; conferências dos chefes de divisões presididas pelo diretor administrativo a fim de garantir a coordenação.

Controle universal, baseado em contabilidade com dados claros rapidamente acessíveis.

Ao fomentar o princípio funcional, Fayol criou a primeira abordagem racional para a organização de empresas. O que distinguiu Fayol do estilo de Taylor e, mais tarde, do de Mayo, foi seu interesse no gerenciamento e particularmente no gerenciamento de mais alto nível. Embora tanto Taylor quanto Fayol aceitassem a idéia da divisão de trabalho, diferiam sobre por onde deveriam começar as modificações. Fayol começou por cima; Taylor, por baixo.

A fértil publicação de Fayol intitulada *Administration industrielle et générale* veio à luz em 1916, tardiamente em sua vida, e foi só em 1949 que saiu publicada a tradução inglesa. Ela foi precedida por diversos artigos técnicos sobre engenharia e administração de minas. Em seu prefácio Fayol escreveu: "O gerenciamento desempenha papel muito importante na direção de empreendimentos; de todos — grandes ou pequenos, industriais, comerciais, políticos, religiosos ou outros quaisquer."

Como paladino da administração, Fayol sustentou que a teoria de administração deveria ser ensinada em escolas da mesma forma que outras matérias. Mais tarde, Fayol foi conferencista da Escola Superior de Guerra francesa.

A missão principal do chefe da organização, raciocinava Fayol, era a "prevoyance" — prever e planejar: "Conceber um plano e garantir seu sucesso é uma das mais intensas satisfações que um homem inteligente pode experienciar."

A administração, sustentava Fayol, era um fator importante, mas o gerenciamento constituía-se em muito mais:

> A capacidade administrativa do pessoal é um dos elementos da prosperidade da empresa, mas são tantos outros que variam simultaneamente que seria um erro grosseiro concluir que sucesso seja sempre um sinal de boa administração. O contrário é visto com frequência: prodígios de administração podem ser alcançados na liqüidação de um negócio infeliz; os elementos da prosperidade são tão numerosos e diversos que geralmente é difícil desenredar deles os efeitos da ação administrativa.

Durante sua vasta carreira, Fayol criou quatorze princípios básicos de gerência, a que toda organização deveria recorrer. Eram eles: divisão do trabalho, autoridade, disciplina, unidade de comando, unidade de direção, subordinação do interesse individual ao interesse comum, remuneração, centralização, a cadeia de autoridade, ordem, eqüidade, estabilidade no emprego, iniciativa e moral. Mas deixou claro que poderia haver muito mais regras e que o gerenciamento devia ser flexível. "Nada há... de absoluto em assuntos de gerência. Raramente temos de aplicar o mesmo princípio duas vezes em condições idênticas; tem de se dar margem às diferenças das condições mutáveis."

Aplicação das teorias de Fayol ao atual mundo dos negócios é inevitavelmente limitada, apesar de algumas de suas teorias ainda serem largamente empregadas. É lugar-comum, por exemplo, ter "unidade de direção" (uma cabeça e um plano para cada atividade do negócio) e "unidade de comando" (cada pessoa tendo apenas um chefe ou patrão), assim como a idéia de que a responsabilidade deva ser equivalente à autoridade. Contudo, Peter Drucker exemplificou os defeitos das teorias de Fayol em seu livro *Management*:

> O funcionalismo aplica-se muito bem à espécie de negócio para a qual foi concebido. O modelo para o projeto funcional de Henri Fayol, no princípio deste século, foi a companhia mineradora de carvão por ele dirigida. Era um negócio razoavelmente grande na época, mas hoje em dia teria sido considerado um tanto pequeno. Exceto por uns quantos engenheiros, empregava apenas trabalhadores braçais que faziam todos o mesmo gênero de serviço. Minas de carvão só têm um produto, e variam apenas de tamanho. O carvão não exige tratamento, nada além de simples lavagem e separação. O carvão tinha, ao menos na época, apenas poucos mercados — usinas siderúrgicas, ferrovias e navios a vapor, usinas de força, e residências. Mas nesses mercados detinha praticamente um monopólio, e embora a maquinaria e as ferramentas para mineração do carvão estivessem mudando rapidamente na época de Fayol, o processo propriamente dito em nada mudava. Não havia muito campo para inovação.
>
> A companhia de Fayol é o gênero de negócio a que o princípio do projeto funcional atende bem. Qualquer coisa mais complexa, mais dinâmica, ou mais inovadora, exige capacidade de desempenho que o princípio funcional não possui. Se utilizado para além dos limites do modelo de Fayol, a estrutura funcional rapidamente se torna dispendiosa em termos de tempo e esforço.
>
> Também corre um grande risco de dirigir as energias da organização para se manter ocupada e não para um bom desempenho. Em negócios que ultrapassem o modelo de Fayol em proporção, complexidade ou em intenção inovadora, o projeto funcional somente deve ser usado como um princípio e nunca como o princípio. E mesmo em negócios que caibam no modelo

de Fayol, a concepção e estrutura da administração de cúpula exige um princípio de projeto diferente.

As teorias de Fayol foram postas em prática mais notavelmente por Alfred Sloan, na General Motors.

Frederick Winslow Taylor

Nascido em Germantown, na Pensilvânia, Estados Unidos, em 1856
Faleceu em 1917
Engenheiro e consultor

Em *Shop Management*, Frederick Taylor escreveu que "Boas maneiras, educação e até treinamento especial e habilidade contam menos em um cargo de direção do que resistência, determinação e tenacidade de buldogue que não admite derrota." O *taylorismo*, movimento a que ele deu nome, foi talvez o primeiro movimento verdadeiramente visando a questão do gerenciamento. Entre proeminentes industriais seus entusiásticos seguidores vemos os irmãos Michelin, e até Lenin observaria no jornal *Pravda*: "Devemos experimentar todas as sugestões científicas e progressistas do sistema Taylor."

Frederick Winslow Taylor nasceu em uma abastada família da Filadélfia e distinguiu-se, bem cedo, por seu interesse por mecânica e engenharia. Identificou problemas e tentou criar máquinas para solucioná-los inventando aparelhagens para permitir-lhe dormir adequadamente, e até examinando a base científica do jogo de croquê. Ulteriormente, Taylor desenvolveria interesse pelo jogo de tênis; ganhou o campeonato de duplas dos Estados Unidos em 1881 e, ao fazê-lo, inventou uma rede de tênis aperfeiçoada e uma raquete com a forma de colher. Acabou registrando mais de uma centena de patentes por várias invenções.

Por volta de 1873, Taylor falava em tornar-se engenheiro e no ano seguinte entraria para a Enterprise Hydraulic Works, na Filadélfia, como aprendiz — estranho passo, considerando-se seus antecedentes assaz prósperos. Mais tarde, refletiria que esse período foi um despertar para "a realidade e seriedade da vida".

Em 1878, Taylor encerrou seu aprendizado e ingressou na Midvale Steel Works, que iria lhe proporcionar a primeira oportunidade para experimentar suas teorias. Na Midvale, Taylor começou como operário antes de chegar a escriturário, maquinista e, a seguir, contramestre, seu batismo gerencial. Na década de 1880, continuou a progredir, chegando a engenheiro-chefe, cargo que lhe permitiu entregar-se a seu interesse pelas invenções. Criou uma sérrie de implementos para ajudar a cortar metal e chegou à conclusão de que o progresso científico tem de acompanhar passo a passo a evolução organizacional. Taylor viu que se pudesse aperfeiçoar a forma de trabalho da maquinaria, poderia também analisar e melhorar o funcionamento e a utilização das máquinas.

Taylor pôs-se a aplicar mudanças. As atribuições dos contramestres foram redefinidas e introduziu uma série de procedimentos para alguns dos trabalhos nas máquinas. Foram distribuídos cronômetros aos chefes de turmas, para que Taylor pudesse dividir as funções em elementos distintos. O exame da cronometragem de cada serviço permitiu a Taylor alterar as renumerações. Foi capaz de provar cientificamente que um maquinista podia produzir uma quantidade específica de serviço num dado período de tempo. Taylor reestruturou o sistema de pagamento apoiado em seus cálculos do que as pessoas deveriam ser capazes de produzir, criando uma "taxa diferencial por peça" para cada cargo.

Os maquinistas, como trabalhadores especializados, apresentaram poucos problemas para Taylor e sua atenção voltou-se para os operários. Em *Principles of Scientific Management* (1911), Taylor explicou: "O que esperávamos determinar em última análise era... quantas libras-pé de serviço um homem podia fazer em um dia." Extrair o melhor de cada empregado exigiu obediência de robôs à interpretação por Taylor do que o cargo significava. Taylor acreditava que as pessoas trabalhavam unicamente por dinheiro (ironicamente, ele provavelmente não tinha, como pessoa, necessidade financeira alguma). Nada mais importava exceto que fizessem seu serviço da forma a mais eficiente e científica possível. Em uma conferência na Harvard Business School Taylor sustentou: "A mais grave das ilusões e falsidades que sofrem os trabalhadores, e particularmente os da maioria dos sindicatos, é a de que é de seu interesse limitar a quantidade de serviço que um homem deve fazer por dia."

Taylor captou o espírito da época. Na Europa, conclusões análogas estavam sendo tiradas, e na Grã-Bretanha o livro *The Commercial Organisation of Factories* (1896), de Joseph Slater Lewis, aconselhava: "Cada operação industrial, ou cada conjunto de operações, deve, quando se estiver fazendo uma estimativa, ser dissecada minuciosamente." Lewis (1852-1901) tinha idéias paralelas às de Taylor, apesar de nenhum dos dois saber disso.

Para alcançar o máximo de eficiência, Taylor propôs que os gerentes seguissem um processo de cinco etapas:

> Primeira: Descubra, digamos, dez ou quinze homens diferentes (preferivelmente em muitos locais diferentes e em diferentes

partes do país), que sejam especialmente hábeis na tarefa específica a ser analisada.
Segunda: Estude cada série exata de operações ou movimentos elementares, que cada um desses homens utiliza na realização do trabalho a ser investigado, bem como os implementos que cada um utiliza.
Terceira: Estude com o auxílio de um cronômetro o tempo exigido para fazer cada um dos movimentos elementares e, a seguir, escolha a maneira mais veloz de executar cada elemento do serviço.
Quarta: Elimine todos os movimentos falsos, lentos e inúteis.
Quinta: Após desembaraçar-se de todos os movimentos desnecessários, reúna em uma série os melhores e mais rápidos movimentos assim como os melhores intrumentos ou ferramentas.

Os rudimentos do que se tornaria conhecido como "administração científica" estavam nos devidos lugares ao Taylor sair de Midvale em 1889. O novo empreendimento, em que investiu 45 mil dólares de sua fortuna pessoal, foi com a Manufacturing Investment Company e exigiu uma abordagem inteiramente diversa. Os acionistas queriam lucros a curto prazo e, como administrador, Taylor tinha de atendê-los. Fiel a suas teorias, introduziu taxas por peça diferenciadas, conquanto desta feita sem as complexas cronometragens que realizara em Midvale. Os resultados foram imediatos e notáveis — os custos da mão-de-obra caíram verticalmente, e os operários receberam mais ao produzirem o triplo. Entretanto, Taylor continuou a enfrentar pressão por parte dos investidores da companhia que o criticavam. Em 1893 abandonou a companhia, a despeito dos desapontamentos experimentados, convicto de que suas idéias eram aproveitáveis comercialmente.

A princípio, poucas companhias apresentaram-se para empregar Taylor como consultor, mas a publicação de *A Piece Rate System* (1895) gerou tanta polêmica, o suficiente para mantê-lo ocupado. Recrutou um ex-colega para ajudá-lo a determinar o que constituiria "um dia de trabalho" e notou que "somos quase pioneiros". Seu prestígio difundindo-se lentamente, Taylor foi convocado pela Companhia Johnson, da Pensilvânia, em 1896, para aplicar integralmente suas teorias. O sistema de taxas diferenciais por peça foi introduzido, assim como novos procedimentos contábeis e métodos sistemáticos de aquisição e suprimento. Conquanto bem-sucedido, a maior experiência de Taylor com a administração científica iria ser obstada por falta de recursos. Conseguiu, em alguns casos, reduções de custos drásticas, mas na crise dos idos de 1890 a companhia não dispunha de dinheiro suficiente para apoiar plenamente as idéias de Taylor.

O passo seguinte de Taylor seria em uma companhia que fabricava rolamentos esféricos e onde ele viria a aplicar rigosamente seus métodos. "O trabalho de cada um dos quarenta esmerilhadores era inspecionado quanto à qualidade a cada quinze minutos, pelo menos, de sorte que nenhum operário seria capaz de produzir serviço de má qualidade por mais do que esse intervalo de tempo sem que tivesse a atenção do contramestre atraída para o fato." Os próprios inspetores eram controlados sistematicamente por "assistentes" que registravam seu serviço a cada hora, a fim de garantir que estariam progredindo no ritmo certo. Em tais empresas, com a luta pela sobrevivência e a ansiedade por qualquer solução que Taylor pudesse proporcionar, o ônus do gerenciamento científico racaía nos empregados. A verdade era que, ao se tornarem mais produtivos, menos funcionários eram contratados.

Essas primeiras experiências em administração científica foram levadas a cabo em época de depressão. Quando Taylor ingressou na Companhia Siderúrgica Bethlehem, na Pensilvânia, as coisas eram bem diferentes. A empresa era uma das maiores fornecedoras das forças armadas, bem-sucedida mas atrapalhada por uma série de obstáculos em seus processos de produção. Taylor se propôs a revitalizar a companhia com entusiasmo. Em 1901, convertera parte da fábrica em algo de mais moderno que havia. Sua tarefa organizacional fora suplementada por sua descoberta do aço para ferramentas de alta velocidade (quanto mais quente o metal, tanto mais eficiente ele se torna), invenção que proporcionou a Taylor e a seu assistente 50 mil dólares.

Na Bethlehem, Taylor concentrou-se no serviço dos operários. Poucos conseguiam ater-se à taxa de tempo atribuída à tarefa. Mas, sem embargo, foram rapidamente conseguidas grandes economias no custo. C.H. Buckley, assistente de Taylor, explicou: "Quando ele (o operário) recebe o seu cartão com instruções, dá uma olhada no tempo atribuído a cada operação e no tempo total para acabar a peça. Começa então a fazer um cálculo mental baseado em sua experiência anterior com trabalho semelhante, daí resultando a resposta: 'Impossível!' Um observador bastante obtuso pode prontamente ver isso estampado no rosto dele." Diante disso, Taylor defrontava-se com o homem na manhã seguinte, este de posse de um cronômetro, após ter passado um dia tentando atender às suas especificações. O cronômetro revelava que as operações poderiam ser concluídas. Instigado pela idéia de uma gratificação extra, o operário acharia as instruções recebidas bem razoáveis e exeqüíveis.

No sistema de Taylor constatava-se um elemento vigoroso de desumanização da força de trabalho. Lyndall Urwick tomaria consciência disso mais tarde, e impediria o taylorismo de ser plenamente aplicado na Grã-Bretanha, onde os trabalhadores achavam-se bem mais organizados. Tratava-se de um elemento que havia sido identificado bem antes por Adam Smith, o qual escreveu: "Um homem que passa a vida executando um pequeno número de operações bastante simples, com talvez os mesmos resultados, não tem oportunidade para desenvolver a imaginação de maneira a procurar meios de superar dificuldades que nunca ocorrem. Por conseguinte, ele vai perdendo naturalmente o hábito de utilizar essas faculdades e, em geral, fica tão burro e ignorante quanto é possível a um homem se tornar." As organizações trabalhistas foram vitriólicas em sua condenação aos métodos de Taylor. Um sindicato norte-americano afirmou: "Nenhum tirano ou feitor de escravos, no êxtase de seu mais delirante sonho, jamais visou a impor a abjetos servos uma situação tão repugnante!"

Em 1901, Taylor foi despedido da Bethlehem e decidiu disseminar suas idéias. Como consultor na década de 1890, cobrava 35 dólares por dia, e mais despesas, havendo acumulado considerável fortuna. A mais bem-sucedida impulsão para sua carreira no passado fora a publicação de *A Piece Rate System*. O aparecimento de *Shop Management*, em 1903, também foi saudado com entusiasmo (conquanto regurgitasse parte do que havia escrito em seu livro anterior).

A obra de Taylor em Midvale e em Bethlehem introduzira uma espécie inédita de gerenciamento científico. Apesar de suas idéias não terem sido experimentadas inteiramente em nenhum desses lugares, muito do que Taylor introduziu ficaria reservado para o futuro. Cada vez mais, ele se tornaria uma fonte de informação, enquanto seus muitos discípulos realizavam o trabalho. Para apresentar essas idéias de forma mais acessível, Taylor produziu *The Principles of Scientific Management* (1911). Sob essa forma mais popular, Taylor sustentou que métodos científicos deveriam substituir meios indiscriminados de avaliação e trabalho, os indivíduos deveriam ser cientificamente selecionados e treinados, e o serviço deveria ser igualmente dividido entre administradores e trabalhadores. A falha nessa abordagem simplista e populista foi o fato de o foco da argumentação ter sido colocado no plano pessoal, em vez de na engenharia ou na mecânica, onde Taylor era um expoente. O livro foi publicado em capítulos na revista *The American Magazine* e a popularidade de Taylor expandiu-se rapidamente. Posteriormente, ele viajou pela Europa, onde seus ensinamentos haviam conseguido boa repercussão, e fez inúmeras conferências nos Estados Unidos.

Avaliando a contribuição de Taylor para o pensamento administrativo, Peter Drucker escreve em *Management*:

> Está na moda hoje em dia desprezar Taylor por sua psicologia ultrapassada, porém ele foi o primeiro homem na história que não apenas deu valor ao trabalho, como o encarou e estudou. Sua abordagem ao trabalho é, ainda hoje, fundamental. E, embora Taylor, em sua visão do trabalhador, tenha sido claramente um homem do século XIX, partiu de objetivos sociais em vez de técnicos ou de lucro. O que levou Taylor à sua obra, e proporcionou-lhe motivação permanente, foi primeiramente o desejo de libertar o trabalhador do fardo da lida pesada, destruidora do corpo e da alma. E, a seguir, a esperança de poder proporcionar ao trabalhador um estilo de vida decente, melhorando a produtividade do serviço.

O legado de Taylor ainda sobrevive até certo ponto. Recentemente, em 1975, foi escrito um livro sobre aplicação dos métodos de Taylor para incrementar a produtividade no governo e no setor de serviços. Foi também publicado pelos japoneses, tal como a obra original de Taylor.

Com louvável simplicidade, Taylor contribuiu com um breve enunciado dos objetivos da administração: "O principal objetivo de uma administração deve ser garantir o máximo de prosperidade para o empregador, vinculado ao máximo de prosperidade para cada empregado." Malgrado não conseguisse alcançar todas as suas metas, ele por certo explorou território até então não mapeado.

Henry Ford I

Nascido em Michigan, em 1863
Faleceu em 1947
Fabricante de automóveis

As proezas de Henry Ford I são muito debatidas, mas raramente há acordo a respeito delas. Theodore Levitt, em seu livro *The Marketing Imagination*, rejeita uma avaliação comum da obra de Ford, e apresenta outra:

> A contribuição singular de Henry Ford não foi ter inventado, ou sequer reinventado, a linha de montagem. Não o fez. Meramente redescobriu-a enquanto assistia ao funcionamento do armazém

de vendas pelo reembolso postal da Sears Roebuck, em Chicago, onde caixeiros andando dum lado para o outro apanhavam mercadorias das prateleiras para atender às encomendas. A perspicácia original de Ford foi que o problema real do comprador em potencial era conseguir arranjar dinheiro suficiente para comprar um automóvel, e tratou de solucionar esse problema encontrando um modo de baratear os carros.

Em sua autobiografia, o ex-presidente da Ford, Lee Iacocca, contribui com outra percepção da maior realização de Ford:

> Onde o velho tornou-se verdadeiramente inovador foi ao ter a idéia da diária de 5 dólares em 1914. Cinco "paus" era mais que o dobro do que os operários vinham ganhando, e a publicidade decorrente desse anúncio foi esmagadora.

O que o público nem sempre percebia foi que Ford não fez sua oferta aos operários movido por qualquer generosidade ou compaixão. Não era com o padrão de vida deles que se preocupava. Henry Ford nunca escondeu seu verdadeiro motivo para a diária de 5 dólares: queria que os operários ganhassem o suficiente para poder um dia comprar seus próprios automóveis. Em outras palavras, Henry Ford criou com isso uma classe média.

Alfred P. Sloan, que ulteriormente se tornaria grande concorrente na General Motors, escreveu em seu livro *My Years With General Motors*:

> A linha de montagem do Sr. Ford para produção de automóveis, o elevado salário mínimo e o carro de baixo preço foram revolucionários e figuram entre as maiores contribuições para nossa cultura industrial. Sua concepção fundamental de um carro em um modelo utilitário, a preço cada vez mais reduzido, era o de que o mercado, especialmente o mercado rural, mais precisava na época.

O que pode ser dito com alguma certeza é que Ford começou com pouco mais do que nada em 1905. Em 1920, ele controlava a maior e mais lucrativa empresa industrial do mundo. A Companhia Ford Motor quase detinha o monopólio do mercado automobilístico norte-americano e liderava na maioria dos outros importantes mercados automobilísticos do mundo. Tinha reservas financeiras de aproximadamente um bilhão de dólares.

Esse sucesso não foi construído com base numa administração esclarecida. De fato, Henry Ford pouco tinha a dizer sobre o assunto.

O gerenciamento de tudo foi deixado, quase sempre, nas mãos do seu assistente James Couzens, enquanto Ford concentrava-se nos automóveis e em vender tantos deles quanto possível. Atribuía seu êxito a "palpites".

Seu mais decantado "palpite" foi o Modelo T, o primeiro carro a ser feito utilizando técnicas de linha de produção. O Modelo T foi uma notável façanha de comercialização. Segundo Theodore Levitt observa, em seu *Innovation in Marketing* (1962):

> Geralmente celebramos [Ford] pelo motivo errado, pelo seu talento para a produção. Seu verdadeiro talento foi na comercialização. Cremos ter sido ele capaz de reduzir seu preço de venda e, por isso, vender milhões de automóveis de 500 dólares, porque sua invenção da linha de montagem reduzira os custos. De fato, ele inventou a linha de montagem por ter concluído que a 500 dólares poderia vender milhões de carros. A produção em massa foi o resultado, não a causa dos preços baixos.

O interesse inicial de Ford havia sido por carros velozes. Ele próprio um corredor bem-sucedido, era citado como estando na "*pole position* dos motoristas americanos". Posteriormente criaria o 999, um grande carro vermelho, caracterizado, um tanto preocupantemente, por chamas que saíam do motor. Ford não quis arriscar a vida dirigindo o 999 e contratou um campeão de corridas de bicicleta para fazer isso por ele, obtendo considerável sucesso. Em 1904, o próprio Ford dirigiu o carro e estabeleceu um novo recorde para a milha no gelo, no Lago Saint Clair.

A companhia Ford começou acompanhando a tendência para carros velozes e luxuosos. Durante os primeiros cinco anos teve oito modelos, cada um com uma diferente letra do alfabeto. Na temporada de 1905-6, realizou um esforço concentrado no mercado de carros de luxo com o Ford mais barato sendo vendido por mil dólares, e o mais caro por dois mil. Os lucros caíram por dois terços. Ford reagiu baixando os preços e as vendas dispararam.

O sonho de Ford, contudo, era criar um "carro universal". Tinha pouco tempo para fazer experiências com carros de luxo e atribui-se a ele o comentário: "Não tenho o que fazer com um motor que tenha mais velas de ignição do que uma vaca tem tetas." Sonhava com um carro que pudesse ser usado por fazendeiros para irem ao mercado e, na volta, fosse usado para serrar madeira, puxar água com a bomba e acionar máquinas. Antecipava que tal carro "universal" seria fabricado como "alfinetes ou fósforos".

A produção em massa, Ford percebeu acertadamente, era a chave para conseguir produtos uniformes. Acreditava em poder proporcionar ao mercado o que este queria — um carro prático e acessível. Ao Modelo T, projetado por Ford e C.H. Wills, foi inicialmente atribuído o preço de 850 dólares, apesar de seu menor custo ser de 260. Seus anúncios exortavam o Modelo T como "A máquina mais confiável do mundo. Um carro de dois cilindros com força suficiente para vencer as subidas mais íngremes e as estradas mais enlameadas, feito para suportar as mais severas solicitações. O mesmo gênio que concebeu o quebrador de recordes do mundo — o 999 — possibilitou a produção de um carro perfeitamente prático e a preço moderado."

O gerente de vendas de Ford classificou o Modelo T "como praticamente um carro para fazendeiros" e o sonho de Ford de colocá-lo em uso na fazenda mostrou-se mais verdadeiro do que ele antecipara — um "acessório Ford" que foi mais tarde colocado à venda era capaz de ser engatado no Modelo T para acionar com uma correia a maquinaria agrícola.

O idealismo de Ford foi afinal, em grande parte, transformado em realidade. Sua orientação era ficar repetindo o que era considerado impossível e depois tentar realizá-lo. Quando os automóveis custavam mais do que casas, Ford dava a volta em torno de sua fábrica dizendo aos operários que dentro em breve poderiam comprar um deles. Quando levava dias para fazer um carro, Ford falava acerca de produzir um por minuto (proeza que concretizaria em 1920).

Um exemplo do ponto de vista de Ford surgiu em um processo no tribunal. Ao ser interrogado, Ford disse que ganhar dinheiro era incidental à construção de fábricas, criação de empregos e venda de carros. Solicitado a explicar-se, disse: Negócios são um serviço, não uma mina."

Em certas ocasiões, contudo, o serviço de abastecimento significou uma mina para os fregueses de Ford. Em 1914, ele prometeu que se as pessoas comprassem mais de 300.000 Modelos T, devolveria 50 dólares a cada comprador. As vendas alcançaram 308.000 e Ford distribuiu 15 milhões de dólares. Conseguiu também uma dimensão internacional em sua comercialização. "Havia um carro Ford na Grã-Bretanha já em 1903 e a Ford foi a primeira companhia a iniciar a venda de carros em muitos outros países.

Em seu livro *Minha vida e minha obra*, publicado em 1923, Ford explicou:

> Nossa política é reduzir o preço, ampliar as operações e melhorar o artigo. Notarão que a redução de preço vem primeiro. Jamais

> consideramos quaisquer custos como fixos. Portanto, primeiro reduzimos o preço até o ponto em que acreditamos que produzirá mais vendas. Então vamos em frente e tentamos formar os preços. Não nos preocupamos com custos. O preço novo força os custos para baixo. A forma mais costumeira é tomar os custos e aí determinar o preço, e embora esse método possa ser científico numa acepção restrita, não o é na acepção ampla, porque de quê interessa, bolas!, saber o custo se este lhe diz que você não pode fabricar a um preço ao qual o carro possa ser vendido? Porém, mais objetivo é o fato de que, embora se possa calcular o custo — e é claro que todos os nossos custos são cuidadosamente calculados —, ninguém sabe qual deveria ser o preço. Uma das maneiras de descobrir... é estabelecer um preço tão baixo que todo mundo na empresa alcance o ponto máximo de eficiência. O preço baixo faz toda gente cavar procurando lucros. Fazemos mais descobertas a respeito de fabricação e venda com este método compulsório do que por qualquer outro método de investigação despreocupada.

Sua falta de fé na administração foi quase tão lendária quanto seu sucesso. Sobre a questão de comunicações internas, por exemplo, Ford disse: "Não é necessário a qualquer departamento saber o que um outro esteja fazendo... Compete a quem planeja o serviço todo verificar que todos os departamentos estejam trabalhando... para o mesmo fim."

No final da década de 1920, o império de Ford estava desmoronando em torno dele. Relegado ao terceiro lugar entre os fabricantes de automóveis dos Estados Unidos, perdia imensas somas de dinheiro. Foi só em 1944, quando Henry Ford II assumiu o controle, que a companhia ressuscitou. Ao analisar o que ocorreu de mal na Ford, Peter Drucker denomina "uma experiência controlada de mau gerenciamento", e no seu livro *Management* prossegue dizendo:

> O primeiro Ford falhou devido à sua crença firme de que uma empresa não precisava de gerentes e de gerência. Tudo de que precisava, achava ele, era o dono-empresário com seus "ajudantes". A única diferença entre Ford e a maioria dos negociantes contemporâneos seus era que, em tudo que fazia, Henry Ford apegava-se intransigentemente a suas convicções. Aplicava-as rigorosamente, despedindo ou pondo de lado qualquer um de seus "ajudantes", não importa quão capaz fosse, que ousasse agir como "gerente", tomar uma decisão ou atuar sem ordens diretas de Ford. A maneira pela qual aplicava sua teoria só pode

ser descrita como um teste, teste aliás que terminou reprovando de todo a teoria de Ford.

Frank Gilbreth

Nascido em Fairfield, Estado do Maine, em 1868
Faleceu em 1924
Empreiteiro e consultor de construtora imobiliária

Lilian Gilbreth

Nascida em Oakland, Estado da Califórnia, em 1878
Faleceu em 1972
Psicóloga industrial

Frank e Lilian Gilbreth formaram uma equipe formidável de marido e mulher. Frank foi um bem-sucedido homem de negócios; Lilian, uma eminente psicóloga industrial citada por muitos como a "mãe da administração".

Apesar de considerado apto a ir para o MIT — Instituto Tecnológico de Massachusetts —, Frank Gilbreth resolveu tornar-se um aprendiz no ramo da construção civil. Após esse aprendizado, estabeleceu sua própria firma empreiteira em Boston. Durante sua carreira comercial, ele, como Frederick Taylor, patenteou muitas invenções incluindo um projeto de um novo andaime, assim como novos métodos para impermeabilizar porões e de construção com concreto. Sua firma foi tão bem-sucedida que mais tarde ele abriria filiais em Nova York e Londres.

Em 1912, aos 44 anos de idade, Gilbreth virou consultor. Para um homem de sua idade, com uma firma próspera já acreditada, foi uma iniciativa arriscada, mas Gilbreth, convertido à administração científica, estava propenso a expandir suas teorias novatas sobre o que denominou "estudo de movimentos". Junto com Lilian, Gilbreth dedicou-se a promover as teorias de Taylor sobre administração científica. Simplificando, Gilbreth queria descobrir o meio para o melhor desempenho de cada parte de uma tarefa, de modo a ela ser realizada mais eficazmente. Isso exigiu análise meticulosa de cada elemento e Gilbreth foi o pioneiro no emprego de câmaras para filmar e registrar como as pessoas executavam o seu trabalho.

"Uma regra geral de economia de movimentos é executar os menores movimentos possíveis", escreveu Gilbreth em seu *Motion Study* (publicado em 1911). "Eliminando distâncias desnecessárias que as mãos e os braços do trabalhador tenham de percorrer, eliminar-se-ão quilômetros de movimento por cabeça a cada dia de trabalho, em comparação com a praxe habitual." Em sua obra, Gilbreth estudou aceleração, até que ponto os movimentos eram automáticos, como estes se combinavam em seqüência, e os custos de um movimento. "Cada movimento deve ser feito de maneira a ser o mais econômico possível, combinado com o movimento seguinte, tal como faz o jogador de bilhar que procura a melhor posição."

Com efeito, os Gilbreth aproveitaram-se do fenômeno descrito por Charles Babbage: "Se o observador fica com um relógio na mão, diante de um trabalhador que forma a cabeça de alfinetes, este quase certamente aumentará a velocidade e a avaliação será demasiadamente grande. Média bem melhor resultará de se indagar que quantidade é considerada como produto razoável de um dia de trabalho."

A experiência de Gilbreth no ramo de construção imobiliária estimulou-o a usar seus métodos no assentamento de tijolos — durante a Primeira Guerra Mundial — para treinar soldados e reabilitar os incapacitados. Com assentadores de tijolos, Gilbreth pôde aumentar a produção individual de 1.000 para 2.700 tijolos por dia. Pesquisa extensa permitiu-lhe classificar os elementos dos movimentos humanos, chamando-os de *therbligs* — quase que Gilbreth soletrado de trás para frente. Ele registrou dezessete elementos básicos e concebeu um quadro que registrava uma série de elementos incluídos em uma atividade complexa tal como o manejo de uma máquina-ferramenta.

Os Gilbreth adotaram uma maneira de ver mais abrangente do que a de Taylor, ao argumentarem que "nenhuma organização pode esperar reter seus membros se não considerar apenas o sucesso da organização como um todo, mas também o dos indivíduos componentes dessa organização". Na Companhia Butt da Nova Inglaterra, em Providence, Gilbreth aplicou amplamente os princípios de Taylor, mas a diferença foi que os empregados não eram autômatos despersonalizados. Para alcançar o mais elevado nível de eficiência era mister a atenção de ampla variedade de especialistas. Gilbreth escreveu:

> A determinação do caminho que terá como resultado a máxima economia de movimento e o maior incremento de produção é tema para uma investigação extremamente cerrada e a mais científica determinação. Somente após serem acumulados dados por observadores treinados podem ser adotados caminhos padro-

nizados. As leis fundamentais da física, fisiologia e psicologia têm de ser levadas em conta e respeitadas. Entretanto, a mera aplicação dos resultados da observação reduzirá movimentos e custos e aumentará a produção em grau espantoso.

Quando da morte de Frank Gilbreth, em 1924, Lilian, professora tanto quanto psicóloga, tornou-se presidente da Gilbreth S.A., que possuía clientes na Alemanha e Holanda tanto quanto entre as maiores empresas norte-americanas, incluindo Eastman Kodak e Lever. A princípio, Lilian havia sido relegada a um papel secundário. Quando o livro deles, *Primer of Scientific Management*, foi publicado, seu nome não estava incluído, já que o editor não achava que o nome de uma autora fosse adequado. Contudo, a dedicação de Lilian Gilbreth era tal que partiu para a Europa dois dias após a morte do marido para fazer uma conferência que ele havia planejado. Explicando seus atos, falou: "Estou apenas aderindo aos princípios de meu marido, ou seja, a eliminação dos movimentos supérfluos."

Explicando a gênese da obra de ambos, Lilian Gilbreth escreveu:

> O Sr. Gilbreth achava que o campo menos desenvolvido na indústria residia na descoberta e utilização de melhores métodos, e formulou, ainda jovem, a idéia de descobrir "a melhor maneira para se fazer um serviço". Isso exigia descobrir o melhor trabalhador, os melhores ambientes, equipamento e ferramentas, e o melhor método. O trabalho prosseguiu, então, seguindo duas direções. Primeira, uma investigação do operário sob todos os pontos de vista possíveis, o fisiológico e assim por diante, averiguando suas possibilidades, aptidões, aspirações e seu desejo de fazer algum tipo especial de serviço. Como se pode imaginar, isso levou-nos a todas as ciências humanas com especial destaque para os progressos da educação, da nova psicologia e da psiquiatria em suas inúmeras áreas.

Enquanto criava a família de doze filhos, Lilian Gilbreth percorreu o mundo promovendo as teorias do casal. Sua obra coletiva de modo geral foi ultrapassada, mas foram os Gilbreth que conceberam a primeira indicação do que viria a se tornar a formação de administradores. Seu "quadro mestre de promoção", baseado na idéia de que "nenhum trabalhador que seja constitucionalmente apto para se tornar membro permanente de uma organização desejará mudar se ele ou ela estiver recebendo remuneração adequada e tenha ampla oportunidade para progredir", preparou o caminho para uma série de teorias de motivação e desenvolvimento que viriam a seguir.

Os Gilbreth também aplicaram suas teorias em casa. O lar era dividido em áreas, centros e movimentos de trabalho com quadros e um sistema de acompanhamento. A um filho cabia comprar todos os presentes de aniversário para a família a fim de poupar tempo. Posteriormente, dois dos filhos do casal escreveram o que veio a se tornar um grande sucesso de vendas, *Cheaper by the Dozen*, uma referência aos doze filhos e à organização da sua família.

Mary Parker Follett

Nascida em Quincy, Estado de Massachusetts, em 1868
Faleceu em 1933
Cientista política

"Antes de Mary Parker Follett aplicar sua vasta inteligência à administração, esta havia sido propriedade intelectual de homens voltados para a eficiência", escreve Sir Peter Parker em seu prefácio a um recente livro acerca das teorias de administração de Follett. Tom Horton, da American Management Association acrescenta simplesmente: "Ela possuía aquele agudo poder de observação e fazia seus deveres de casa."

A bostoniana Follett permanece, em grande parte, desconhecida no mundo ocidental da administração e dos negócios. No Japão, contudo, há uma Sociedade Follett que propaga suas opiniões, achando-as tão relevantes no final do século XX quanto anteriormente. As teorias e obras de Follett em grande parte transcendem as preocupações da época em que surgiram. O campo restrito de pensamento e pesquisa de pessoas como Taylor não era para Follett (malgrado ela fosse membro da Sociedade Taylor em certa época). Seus interesses e opiniões possuíam enorme abrangência e ela mostrava-se interessada em bem mais do que na mera tarefa do trabalho.

Em seu estudo de 1987 (*Dynamic Managing — the Follett Way*), Pauline Graham mostra que Follett se dedicou a cinco questões fundamentais que ela assim identifica:

- Como podemos nos organizar e administrar como indivíduos de modo a conseguirmos levar uma vida mais plena e fecunda?
- O que queremos que as pessoas façam?
- Como podemos controlar e orientar o comportamento dos indivíduos no trabalho e em relações sociais?
- Como podemos contribuir para o sucesso dos grupos de que participamos?

- Como podemos criar unidade de ação, em plena diversidade de nossos interesses e instituições, para conduzir-nos a uma sociedade mais bem ordenada e produtiva?

Follett começou a proporcionar respostas com seu primeiro livro, *The Speaker of the House of the Representatives*, publicado em 1896. Theodore Roosevelt classificou-o como leitura indispensável. O livro revelou meticulosamente os métodos empregados por presidentes da Câmara que se mostraram enérgicos no exercício de sua influência e poder. Tal conhecimento do processo legislativo, especialmente por parte de uma mulher, conquistou admiração generalizada e foi o começo de uma carreira que em breve ultrapassaria a ciência política.

Em uma frase assaz citada, Follett disse certa vez: "Idealismo e realismo encontram-se no plano concreto." O interesse dela em como as duas coisas se combinavam nos fornece uma linha de comportamento ao longo da sua carreira. Em particular, ela mergulhou nas relações humanas. Ao contrário de Elton Mayo e dos experimentadores de Hawthorne, a obra de Follett baseou-se não somente em anos de dispendiosa pesquisa, mas também em uma compreensão da humanidade desenvolvida num período de serviço social que alimentaria durante a vida inteira. Lyndall Urwick, um defensor de Follett, observou: "O intenso interesse dela por seres humanos, aliado ao talento para relacionar a experiência humana individual, por mais humilde e obscura que fosse a pessoa, a princípios gerais, tornaram-na por todos os títulos uma excepcional pesquisadora."

Follett apresentava sua visão sob a bandeira da humanidade. "Creio não devermos departamentalizar nosso pensamento com referência a cada problema com que nos deparamos. Não creio termos de lidar com problemas psicológicos, econômicos e éticos. Temos problemas *humanos*, com aspectos psicológicos, éticos e econômicos, e tantos outros mais como se queira", escreveu em *Dynamic Administration*. Essa crença a distinguia nitidamente dos seguidores de Taylor e da administração científica. Sempre fazia observações acerca dos perigos que esta representava. "Devemos lembrar-nos de que nunca se pode separar inteiramente o aspecto humano do mecânico", observou. "O estudo das relações humanas nos negócios e o estudo da técnica de como conduzi-los estão intimamente entrelaçados... o gerente industrial que desejar colher frutos da administração científica tem de primeiro entender o intrincado funcionamento de um grupo."

Follett revelou profundo interesse pelas relações entre grupos e pela dinâmica de grupo. Se bem que seu trabalho partisse, até certo ponto, do trabalho pioneiro de Robert Owen no século XIX, Follett esteve entre os primeiros a dar-se conta da importância dos grupos e de seu funcionamento. "Responsabilidade é a grande fomentadora do desenvolvimento dos homens", escreveu Follett — um comentário que contrastava agudamente com a diminuição de responsabilidade inerente às teorias de administração científica. O trabalho em grupo era, para Follett, indispensável ponto de partida para qualquer organização no desenvolvimento de tal senso de responsabilidade. "Parece-me que o primeiro teste da administração, da organização dos negócios, deve consistir em saber se se tem um negócio com todas suas partes coordenadas e conjugadas em suas atividades intimamente ajustadas, entrelaçadas, inter-relacionadas, de modo a formarem uma unidade eficaz, um conjunto funcional. Este princípio se aplica às relações das pessoas, dos serviços e dos departamentos."

Ela viraria de cabeça para baixo a terminologia científica, ao sustentar que "O que desejamos é a coordenação de baixo para cima e ao longo de toda a extensão. Isto é engenharia de organização bem-sucedida." Os indivíduos não deveriam permanecer isolados, se concentrando em uma única tarefa, mas sim integrados em uma organização do conjunto. (A crença na integração seria mais tarde desenvolvida por homens como Russ Ackoff.)

Follett foi capaz de ver através do mito, em grande parte propagado pela teoria da administração científica, de que administradores e trabalhadores são fundamentalmente diferentes. Ela não aceitou a diferenciação entre indivíduos que usavam seus braços para ganharem a vida e os que usavam os cérebros. Administradores, disse Follett, precisam conhecer um pouco de trabalho braçal para poderem desempenhar adequadamente suas tarefas.

A crença na integração, levada a suas conclusões lógicas, foi claramente um desafio aos administradores do início do século XX. As idéias de Follett foram sintetizadas em *The New State: Group Organization — the Solution of Popular Government* (1918). Este apresentava teorias sobre política e governo de fato revolucionárias. As instituições da burocracia oficial, sugeriu Follett, deviam ser substituídas por grupos locais trabalhando juntos para resolverem seus problemas. Isso foi, e ainda é, um desafio direto ao predominante senso de hierarquia. "A autoridade deve vir acompanhada de saber e experiência; é aí que se deve obediência, não importa se para cima ou para baixo", escreveu Follett.

Ao invés de encarar conflito como uma força inteiramente negativa no local de trabalho, Follett viu seu aspecto positivo como "um processo normal pelo qual diferenças socialmente válidas se registram para o enriquecimento de todos". Sir Peter Parker escreve:

"A opinião dela, de fora para dentro, salvou-a de teorias grandiosas. Ela insistia na lógica da situação. Problemas eram inevitáveis, mas mesmo assim também abriam uma oportunidade: sua resolução era provavelmente mais garantida se nenhum dos lados predominasse, nem se enredasse em conciliações embaralhadas. Um problema podia ser construtivo se tornado mais explícito pela lógica da situação e assim criando uma nova abordagem integrada."

Essa lógica e concepção de integração também foi levada a influenciar a conhecida questão da liderança. Em *Freedom and Coordination* (1949), ela escreveu: "Os elementos essenciais da liderança: — a capacidade para apreender uma situação em seu todo: fatos, reais e potenciais, objetivos e finalidades, e homens. O líder tem de ter uma visão de conjunto. Tem de ver a relação entre todos os diversos fatores de uma situação." Com efeito, Follett reconheceu plenamente a necessidade de um líder possuir, em terminologia moderna, visão. Em *Dynamic Administration* ela escreveu: "O líder mais bem-sucedido de todos é aquele capaz de ver outro quadro ainda não concretizado. Vê as coisas que pertencem ao quadro atual mas que ainda não se acham ali... Acima de tudo, tem de fazer seus colegas de trabalho perceberem que não é o objetivo dele que tem de ser alcançado, mas uma finalidade comum, nascida dos desejos e das atividades do grupo." Mesmo assim, ela não perdia tempo com o culto da personalidade entre líderes.

A biógrafa de Follett, Pauline Graham, colabora com esta apreciação da contribuição de Follett:

> Sua contribuição foi ter criado uma filosofia da administração incrustada na complexidade total da natureza humana. Certamente dissecou a função da administração e o processo de gerenciamento, mas sua finalidade ao fazê-lo não foi extrair um hipotético elemento principal e empregá-lo para erigir uma teoria simplista e mecanicista; foi para entender todos eles em suas intrincadas interações dinâmicas, ou melhor, para integrá-los e unificá-los dentro do mais eficiente conjunto operacional. Tantos outros, a partir de Taylor, viram e ainda vêem a administração como uma série de funções isoladas, cada qual podendo ser mais importante do que as demais, as quais têm de se manter subordinadas a ela. Follett viu as coisas diferentemente.

"Ninguém contribuiu mais para levar o trabalho a assumir proporções humanas do que essa simples senhora bostoniana", disse Sir Peter Parker. Urwick e Brech chegaram a conclusões analogamente entusiásticas. "Ela se via preocupada exclusivamente em esclarecer as emoções e forças humanas básicas latentes no processo de organização — o aspecto dinâmico em oposição ao estático ou estrutural do tema. Mas no decurso desse trabalho de esclarecimento, analisou os fundamentos de toda a ciência da administração." Talvez sua façanha mais evidente foi ter plena consciência de que a administração era, por si mesma, um tema de estudo tão vibrante quanto qualquer outro. "Gosto de pensar naquilo que esteja mais vivo. A administração, não banqueiros ou acionistas, constitui o elemento fundamental da indústria. É o bom gerenciamento que atrai crédito, trabalhadores, clientes. Sejam quais forem as mudanças que venham a ocorrer, quer a indústria seja de propriedade de capitalistas, do Estado ou dos empregados, ela sempre terá de ser gerenciada. A gerência é a função permanente do negócio."

Elton Mayo

Nascido em Adelaide, na Austrália, em 1880
Faleceu em 1949
Psicólogo social

Elton Mayo é o único australiano a figurar no catálogo dos grandes pensadores e autores sobre administração. Todavia, sua obra mais importante foi realizada nos Estados Unidos, na Universidade de Harvard.

Formado pela Universidade de Adelaide, Mayo também estudou Medicina em Edinburgo e em Londres, onde trabalhou com psicopatologia. Em 1903, foi para a África e depois regressou para escrever e ensinar em Londres. Sua carreira sofreu nova reviravolta quando Mayo entrou como sócio de uma firma impressora de Adelaide em 1905. Após receber outro diploma, em 1911, tornou-se conferencista de filosofia mental e moral na nova Universidade de Queensland. Permaneceu lá, tornando-se professor titular em 1919, até partir para os Estados Unidos em 1923. Passou três anos na Universidade da Pensilvânia, examinando a rotatividade de mão-de-obra em uma fábrica de tecidos, antes de ingressar em Harvard como professor-adjunto de pesquisa industrial em 1926. Entre 1929 e 1947, Mayo trabalhou como professor titular em Harvard.

Os alicerces de grande parte do trabalho ulterior de Mayo foram lançados na Austrália. Fez conferências para a Associação de Educação de Trabalhadores e estudou a natureza dos colapsos nervosos durante a Primeira Guerra Mundial. Influenciados por Freud, Jung e Pierre

Janet, Mayo e um médico de Brisbane foram os pioneiros do tratamento psicanalítico de vítimas de choques provocados por bombardeios. Enquanto na Austrália, Mayo publicou seu primeiro livro, *Democracia e liberdade*. O livro não foi um desvio radical, como o título talvez insinue, da obra em que estivera interessado. Ao invés, Mayo aplicou seus estudos de problemas nervosos provocados pela guerra às discórdias na indústria. Sustentou que a saúde mental e o moral dos trabalhadores se relacionavam com os aspectos sociais de seu trabalho. Não se tratava de um tratado político, porém de uma invocação por maior conscientização social por parte da administração.

A importância de Mayo reside em sua pesquisa acerca do valor da satisfação não-econômica na produtividade do empregado (tema que iria ser desenvolvido na década de 1950 por Argyris, Herzberg e Maslow). A motivação financeira, tão cara a Taylor, foi relegada a uma posição de relativa desimportância na perspectiva de Mayo. Explicando suas opiniões sobre Taylor, ele escreveu: "Como um sistema, o taylorismo influi muito no tocante à economia de mão-de-obra; seu defeito capital é que os trabalhadores não são chamados a colaborar na consecução de tal economia; é concebido um método sem seu conhecimento e, em seguida, a eles imposto. Não é de admirar que os trabalhadores se mostrem desconfiados de tais inovações. Enquanto o comércio se especializar em métodos de negócios que não levem em conta a natureza humana e as motivações sociais, temos que contar com greves e sabotagem como conseqüência natural da indústria."

Mayo argumentou que os maciços avanços industriais e tecnológicos do século XIX não haviam sido acompanhados por alterações correspondentes nos modelos ou métodos de trabalho. Essa fé em comungar a natureza da mudança à força de trabalho iria ser novamente adotada, cinqüenta anos depois, por Peters e Waterman. A observação de Mayo de que "vivemos em um fluxo constante de associações pessoais, assim como de procedimentos técnicos" também ecoa em sua obra mais recente acerca da adaptação a mudanças (Mayo também empregou a palavra, agora na moda, "adaptável", para descrever sua sociedade ideal).

Mayo empregou a investigação científica para provar que o fato de se levar em consideração as atitudes dos trabalhadores compensava em termos comerciais. Estudou o relacionamento entre pessoas que trabalham juntas, mas, ao contrário de Taylor, prestou pouca atenção ao trabalho em si.

O extenso projeto de pesquisa a que aderiu, e depois dirigiu, foi rotulado como Investigações Hawthorne. Tratava-se de um projeto de pesquisa decenal da Companhia Western Electric na Usina Hawthorne, em Chicago. Iniciado em 1927, contou com uma equipe mista de biólogos e cientistas sociais da Universidade de Harvard. As investigações abrangeram cerca de vinte mil funcionários da Usina Hawthorne e entre setenta e cinco e cem pesquisadores.

A companhia propriamente dita era, na opinião de Mayo, um exemplo excepcional. Estava "decididamente dedicada à justiça e à humanidade em sua conduta para com os trabalhadores, preocupando-se em garantir o moral elevado de todos". Proeminente na equipe foi Fritz Roethlisberger (1898-1974), que entrara para Harvard (onde iria passar toda sua carreira) em 1927, quando teve início a pesquisa Hawthorne. Ele estivera antes trabalhando como conselheiro de estudantes com problemas psicológicos.

A pesquisa abrangeu estudos diretos do comportamento real de pequenos grupos de trabalho. Roethlisberger observou, esclarecedoramente: "O administrador não administra homens ou trabalho... ele se acha administrando um sistema social." À medida que a pesquisa prosseguiu, o grupo ficou cada vez mais interessado nesse sistema social. Roethlisberger, por exemplo, escreveu:

> Os pesquisadores de Hawthorne mostravam-se cada vez mais interessados nos grupos informais de empregados, que tendem a surgir dentro da organização formal da companhia, e que provavelmente não figuram no organograma. Interessaram-se pelas crenças e credos cujo efeito é fazer com que cada indivíduo sinta-se parte integrante do grupo, fazendo com que o grupo apareça como uma unidade única, nos códigos e normas sociais de conduta, graças aos quais os empregados trabalham automaticamente em um grupo sem qualquer necessidade de escolha consciente sobre se desejam cooperar ou não. Estudaram as importantes funções sociais que tais grupos desempenham para seus integrantes, os históricos desses grupos de trabalho informais, como surgem espontaneamente, como tendem a se perpetuar, multiplicar e desaparecer, como se acham constantemente ameaçados por mudanças técnicas, e, por conseqüência, como tendem a resistir a inovações.

Mayo contribuiu com um discernimento análogo:

> É pelo menos evidente que o pressuposto dos economistas de que a autopreservação seja a razão, e a lógica, o instrumento, não é característico dos fatos industriais encontrados comumente. O desejo de ficar bem com os companheiros, o chamado instinto

humano de associação, facilmente supera o interesse meramente individual e a lógica do raciocínio em que se baseiam tantos princípios espúrios de administração.

Para Mayo, por conseguinte, a individualidade do trabalhador estava subjugada ao esforço grupal controlado pela administração. O trabalhador, para executar sua tarefa com todo seu potencial, precisa estar cônscio das implicações mais abrangentes de seu trabalho para a sociedade — não é a tarefa propriamente dita que é importante, mas sim a interação entre tarefa, trabalhador, administrador e sociedade.

Em *The Social Problems of an Industrial Civilization*, Mayo fez o levantamento dos constantes desafios à sociedade:

> Todo grupo social, em qualquer nível de cultura, tem de se defrontar com e definir claramente dois problemas perpétuos e repetitivos de administração. Ele tem de garantir para seus indivíduos e grupos:
> 1. A satisfação das necessidades materiais e econômicas.
> 2. A manutenção de cooperação espontânea dentro de toda a organização.

Lyndall Urwick comentou a respeito das Investigações Hawthorne: "Elas ressaltaram, como nunca antes, a influência predominante do clima de opinião e emoção social do grupo como determinante do desempenho econômico." Para Mayo, o pensamento lógico e o interesse próprio eram o último recurso "quando a associação social tenha falhado". O principal objetivo da administração, sustentou ele, deveria ser encorajar a cooperação e o trabalho da equipe entre os empregados.

Contudo, Mayo, assim como Taylor, acreditava que a administração tinha de se assentar em bases científicas. Sua pesquisa foi exaustiva e apoiada em uma fé no conhecimento de base empírica (tema mais tarde desenvolvido por Reg Revans). Em *The Social Problems of Industrial Civilization*, Mayo escreveu: "Observação — perícia — experimentação e lógica — estas têm de ser vistas como as três etapas do avanço."

Numa conferência em 1962, recapitulando seu trabalho com as Investigações Hawthorne, Roethlisberger indicou outro elemento importante do trabalho — a idéia da organização e seu relacionamento com a sociedade como um todo:

> Organizações deveriam ser concebidas fundamentalmente como unidades sociais naturais, mas diferiram em um aspecto importante de outras espécies de grupamentos e organizações sociais que surgem sempre que homens vivem juntos e que os sociólogos

> geralmente procuram explicar. Foram diferentes na acepção de serem unidades sociais estabelecidas com a finalidade explícita de atingir determinadas metas. Embutidas nelas as metas a serem alcançadas e os meios pelos quais deveriam ser conseguidas, havia certas relações prescritas e planejadas e não emergidas espontaneamente no decurso da interação social.

A organização corporativa foi identificada como uma entidade individual, vinculada à sociedade mas com seu próprio *modus operandi*.

O sistema social foi mais tarde assaz criticado. Daniel Bell escreveu que Mayo e seus colegas "adotaram acriticamente a concepção própria da indústria a respeito dos trabalhadores como meios a serem manipulados ou ajustados a fins impessoais. A crença no homem como um fim em si mesmo foi pulverizada pela máquina, e a ciência social dos pesquisadores de fábrica não é uma ciência do homem, mas uma sociologia de gado". Outro crítico comentou: "É provável que o industrial acredite que as conclusões de Mayo são verdadeiras mas irrelevantes; que o psicólogo social ache que elas são verídicas porém óbvias; que o sociólogo pense que são verdadeiras mas não vão suficientemente longe."

Mayo, descrito por um autor como "um homem baixo, que fumava demais e sofria de hipertensão crônica", morreu na Inglaterra. Posteriormente, uma escola de administração de Adelaide recebeu seu nome.

Lyndall F. Urwick

Nascido em Malvern, Inglaterra, 1891
Faleceu em 1983
Consultor

Após a morte de Urwick em dezembro de 1983, a revista *Management Today* imprimiu longos trechos de sua obra assinalando que seu pensamento era tão relevante em 1980 quanto o fora quarenta anos antes. Rotulou-o como "o único inglês ao nível dos grandes pioneiros do estudo da administração".

O ideário de Urwick sobre administração baseava-se em sua experiência inicial com uma firma de fabricantes de luvas de propriedade da família e com o serviço militar. Tendo se diplomado em História pela Universidade de Oxford em 1913, a obra de Urwick foi interrompida pela Primeira Guerra Mundial. Duas experiências de guerra mostraram-se essenciais à formação de suas teorias. Leu *Scientific Management*, de Frederick Taylor, enquanto nas trincheiras da Bélgica. Em conseqüência, iniciou um devotamento aos fundamentos da administração científica que duraria a vida inteira, malgrado acreditasse que os princípios de Taylor não se adequavam à situação das relações industriais britânicas. A organização do Exército também inspirou Urwick. Como oficial administrativo do estado-maior, Urwick deu-se conta da idéia militar de "estado-maior e tropa", que iria mais tarde adaptar à organização comercial.

Nos anos do pós-guerra, Urwick trabalhou para Rowntree em York, enquanto arranjava tempo para fazer palestras na Oxford Management Conferences, um fórum para pensadores do assunto. Em 1928, tornou-se diretor do International Management Institute em Genebra. Foi o primeiro órgão internacional com a meta de proporcionar informações sobre administração científica. Urwick viajou intensamente, trocando opiniões com destacados pensadores da área da administração, como Mary Parker Follett e Elton Mayo.

Regressando para Londres em 1934, Urwick fundou uma empresa de consultoria em administração — Urwick, Orr and Partners — lançada com menos de mil libras de capital. Em 1939, contava com mais de trinta consultores. Orr, um engenheiro escocês, permaneceu até 1945; Urwick foi sócio-gerente de 1945 a 1951 e presidente até 1961. Suas idéias proféticas se acham por trás da criação de uma das mais eminentes empresas de consultoria em administração do mundo inteiro. "Tal como Shelley foi o poeta dos poetas, ele me parece ser o consultor dos consultores", disse Lilian Gilbreth.

Urwick foi sócio-fundador do British Institute of Management e sustentou que o governo deveria inserir "boa administração" como prioridade de sua agenda. Sua mensagem era vigorosamente direta: "Se não estiver preparado para inserir a boa administração como prioridade na máquina do governo e a estimular seus servidores a atribuírem maior destaque à capacidade executiva ao contrário das virtudes políticas, descobrirá que as melhores intenções são contrariadas por sua incapacidade para fazer funcionar mais depressa uma máquina projetada para uma época mais folgada."

O "Urwick Report on Education for Management" de 1947 marcou uma das primeiras investigações britânicas de verdade sobre educação para o gerenciamento. Nele, Urwick sustentou: "O estudo teórico não pode formar por si só um gerente", e definiu gerenciamento como "todas as atividades implicando responsabilidade pelo trabalho de outros. Isso abarca uma amplitude bastante extensa. As exigências educacionais para os diferentes níveis de responsabilidade variam enormemente. Mas cremos haver certos princípios comuns de gerenciamento, seja qual for o grau de responsabilidade em jogo".

Ele antecipou as exigências para melhorar a formação de gerentes que, ainda agora, continuam a ser regularmente divulgadas. "Nada em gerenciamento toca mais de perto nas perspectivas da sociedade industrial do que o problema de treinamento e de seleção dos que administrarão os negócios. Desta solução depende não apenas a cooperação no presente, como também a aceitação definitiva pela humanidade da tecnologia da máquina como um meio de vida", escreveu Urwick.

Juntamente com E. F. L. Brech, produziu os três volumes *The Making of Scientific Management* (1946), obra que contribuiu com uma minuciosa introdução às obras de alguns dos primeiros pensadores acerca da administração.

Analisando o trabalho de Urwick, Philip Sadler, do Ashridge Management College, escreve: "Os princípios que Urwick coligiu... tornaram-se conhecidos como os princípios 'clássicos' de administração. Baseiam-se em uma combinação de experiência e filosofia, mais do que em rigorosa pesquisa, e por isso têm sido largamente criticados. Atraíram restrições também baseadas em outros motivos. Primeiro, o suposto básico de sua obra — de haver um conjunto comum de princípios aplicável à administração em todos os tipos de situação — tem sido freqüentemente contestado. Segundo, sua obra é criticada (quiçá injustamente) sob o pretexto de que o mundo em que ele viveu e as experiências por que passou não mais existem e que os princípios extraídos de tais experiências têm escassa ou nenhuma validade para a organização contemporânea que funciona no ambiente de negócios moderno."

Mesmo assim, a obra de Urwick continua significativa — ele foi um dos primeiros na Grã-Bretanha a dar-se conta da importância para a administração da necessidade de uma extensa preparação de administradores.

CAPÍTULO 2

OS HOMENS DA ORGANIZAÇÃO E DOS SISTEMAS

A idéia de que a maneira pela qual eram estruturadas as organizações podia fazer diferença significativa em sua eficiência levou muito tempo para despontar. Havia apenas dois modelos racionais — o militar e o burocrático — e, na prática, as diferenças entre ambos eram relativamente mínimas. A idéia de se pagar a um consultor milhões de dólares para que este aconselhasse sobre como reestruturar os setores de uma companhia parecia ridícula até poucas décadas atrás. Na prática, contudo, tornou-se gradativamente claro que não poderiam todas as empresas ser organizadas e dirigidas de maneira idêntica. Poderia, pois, a maneira pela qual essas companhias se estruturassem afetar sua lucratividade a longo prazo?

Os homens ligados à organização e aos sistemas puseram-se a avaliar de que maneira eram montadas as empresas e que mecanismos eram necessários para que tudo funcionasse. Max Weber, cujas idéias examinamos no capítulo anterior, definiu os tipos de organização segundo sua estrutura de poder ou autoridade. Foi sucedido por uma porção de outros acadêmicos, adotando uma diversidade de abordagens. Neste capítulo, examinaremos algumas dessas pessoas e como suas idéias evoluíram.

Luther Gulick (nascido em 1892) preocupou-se primordialmente com a maneira pela qual os administradores conseguem fazer com que as coisas funcionem. Gulick ocupou uma diversidade de cargos no governo e na educação, exercendo grande influência como membro da Comissão sobre Gerenciamento Administrativo do Presidente Roosevelt (de 1936 a 1938). Junto com Louis Brownlow e Charles Marriam, os planos de Gulick constituíram a base da reorganização do governo federal pelo Presidente Roosevelt. Gulick alegou: "A eficiência real tem de ser introduzida na estrutura do governo tal como o é em uma peça de maquinaria." De fato, desde o início da década de 1930 ele advogara uma reavaliação da organização do governo. "O Governo está se tornando, e aparentemente está destinado a ficar sendo pelo menos até certo ponto, uma superempresa controladora da vida econômica da nação. A nova função fundamental que o governo assume neste processo é urdir e impor um coerente plano-mestre da vida nacional. Isso exigirá uma nova divisão do trabalho concreto e, portanto, uma nova teoria da divisão de poderes."

A comissão presidencial sustentou a necessidade de boas práticas gerenciais em todas as áreas da sociedade e, em particular, do governo. "Um governo sem uma boa administração é uma casa construída na areia", observou Roosevelt. O relatório classificou o gerenciamento como matéria de primordial importância nacional. "Daqui para a frente a marcha da democracia nos Estados Unidos, a esta altura de nossa história, depende mais de uma administração eficaz do que de qualquer outro fator isolado", concluíram. Com efeito, tais idéias foram mais prontamente adotadas pelos japoneses do que pelos norte-americanos (ironicamente, Gulick nasceu no Japão).

Gulick apoiou-se nas teorias de Fayol ao procurar analisar tarefas executivas e propôs o hoje famoso acrônimo PODECRO, que representa:

- Planejar: enunciar, de forma ampla, o que tem de ser feito e como consegui-lo.
- Organizar: criar estruturas de gerenciamento explícito.
- Dirigir: desempenhar o papel de líder — tomar decisões, dar ordens e certificar-se destas serem cumpridas.
- Equipar com pessoal: recrutar, selecionar e treinar gente para dar conta do trabalho.
- Coordenar: harmonizar o trabalho de elementos díspares empenhados na tarefa, de sorte a todos apoiarem os mesmos objetivos.
- Relatar: por meio de registros, medições e monitoramento, acompanhar a marcha dos acontecimentos de modo a proporcionar relevantes informações para si mesmo, seus superiores e subordinados.
- Orçar: exercer o controle, particularmente o financeiro.

Esses são os elementos funcionais da administração, na definição de Gulick. Foram expostos em seu mais influente livro *Papers on the Science of Administration* (organizado com Lyndall Urwick e republicado em 1987).

De múltiplas maneiras, Gulick foi um dos últimos da velha guarda de autores voltados para o tema da administração. A idéia de existir uma única receita geral para um gerenciamento bem-sucedido estava sendo rapidamente solapada por estudos centrados em pesquisas, os quais alvitraram não ser a administração tão simples assim. Contudo, a influência de Gulick não deve ser subestimada.

No Reino Unido, na mesma época, também um trabalho de pesquisa estava sendo realizado por Joan Woodward (1916-71). Grande parte dessa pesquisa sobre organizações foi levada a cabo no Southeast Sussex Technical College e, subseqüentemente, no Imperial College, em Londres. Os estudos vitais tiveram lugar, entre 1953 e 1957, em uma centena de empresas industriais britânicas, de vários portes, desde médias até grandes. Joan e seus pesquisadores constataram haver amplas diferenças entre as firmas, em características tais como no número de níveis de hierarquia gerencial, como eram definidas a autoridade e a responsabilidade, até que ponto a tarefa era dividida entre especialistas, e quantas pessoas se reportavam a cada supervisor.

Após extensa análise, pareceu que o fator crítico era o gênero de tecnologia de produção utilizado pela empresa. Este, por sua vez, dependia dos produtos que ela fazia e dos mercados a que atendia. Woodward identificou três categorias principais de tecnologia, de complexidade crescente — produção unitária ou por lote pequeno; produção em massa ou por lote grande; e produção contínua. Cada uma destas possuía suas próprias subcategorias. Cada uma também apresentava estrutura e métodos típicos de feitura. Os fabricantes de unidade ou lote pequeno contavam com poucos postos em sua hierarquia; os de produção contínua tendiam a ter bem mais. Ambos os tipos de organização tipicamente têm pequena "amplitude de controle" (número de pessoas ligado a um supervisor) — no primeiro caso porque a tecnologia exige supervisão mais cerrada; no último porque a mão-de-obra tende a ser de nível mais elevado e porque a tecnologia exige menos gente em cada posto de trabalho. Mas as organizações de produção em massa caracteristicamente têm grande amplitude de controle (às vezes até oitenta pessoas ligadas a um supervisor), porque a tecnologia exige que cada tarefa seja definida e especializada rigorosamente.

Num trabalho posterior, Woodward e seus assistentes exploraram o método de controle das firmas sobre suas operações. Constataram que sistemas de controle se desenvolviam ao redor de duas dimensões: pessoal-impessoal e fragmentada-coesiva. A dimensão pessoal-impessoal varia desde a supervisão quiçá idiossincrática de um empresário no próprio local de trabalho, que estabelece as regras e arbitra em caso de qualquer conflito (típico em muitas companhias pequenas), passando por sistemas impessoais que se baseiam em normas administrativas (típico de companhias e burocracias maiores) até os controles automáticos. Quanto mais próxima a companhia estiver do final do espectro de opções, tanto maior a separação entre o planejar e o fazer.

A segunda dimensão do controle varia de companhias onde cada setor tem seus próprios métodos de controle, até aquelas em que todos os sistemas de controle estão integrados e reconciliados pela autoridade central. A primeira tende a cair em conflitos de objetivos e na duplicação de esforços; a última, se levada a extremos, pode apresentar uma prejudicial rigidez do funcionamento. A localização das companhias entre essas dimensões variará, pelo menos em parte, segundo o tipo de produção, diz Woodward.

Avaliando a contribuição de Woodward para a teoria da administração *Writers on Organizations*, publicado em 1981, conclui:

> O estudo de Woodward foi pioneiro tanto na investigação empírica quanto no estabelecimento de um inédito modo de pensar. Anteriormente, as opiniões acerca de organização dependiam das declarações adequadas mas extremamente genéricas de gerentes experientes e de estudos de casos de determinadas firmas. Woodward revelou as possibilidades de comparações de grande número de firmas, de forma que as generalizações pudessem ser baseadas com segurança e seus limites percebidos.

É claro que Woodward baseou seu trabalho solidamente na produção manufatureira. Aplicar suas conclusões a organizações prestadoras de serviços é difícil.

Durante esse período, um dos primeiros impactos do que agora chamamos ciência da computação deu-se sobre a teoria da administração. A fim de criar sistemas de computação, foi mister entender como os sistemas funcionavam no mundo real. Matemáticos e sociólogos encontraram uma causa comum na investigação de como as organizações comerciais funcionavam como sistemas. Ludwig von Bertalanffy (1901-1972) introduziu o nome "teoria geral de sistemas" para descrever as características principais de organizações como sistemas, pouco antes da Segunda Guerra Mundial. As mais importantes dessas características foram que:

- organismos (ou organizações) eram compostos por sistemas;
- todos os sistemas tendem a encontrar o equilíbrio;
- e todas as organizações são sistemas "abertos" pelo fato de afetarem e serem afetados pelo meio ambiente.

A primeira figura importante a desenvolver estas idéias foi Norbert Wiener (1894-1964). Matemático e integrante do Massachusetts Institute of Technology, durante mais de quarenta anos, foi o autor de *Cybernetics*, publicado em 1949. Esse nome provém do grego, indicando timoneiro, e o livro de Wiener estuda "controle e comunicação no animal e na máquina". "O exemplo típico é o limitador de velocidade de uma máquina a vapor, que sente mecanicamente quando o motor está andando depressa demais e reduz o fornecimento de vapor."

Wiener foi profundamente influenciado por sua pesquisa no MIT durante o tempo da guerra, trabalhando na criação de mísseis dirigidos. A partir daí, ele manifestou interesse pela "manipulação de informações". Tratando de assuntos complexos como computadores e radar, Wiener detectou uma analogia entre essas máquinas e o cérebro e sistema nervoso do homem.

Wiener foi relativamente pouco noticiado. Coube a um excêntrico inglês, Anthony Stafford Beer (nascido em 1926), transformar a Cibernética em instrumento prático da administração. Beer passou seus primeiros anos na Índia como militar, depois seguiu uma carreira variada como cientista, diretor-editor e acabou se tornando professor-visitante de Cibernética na Universidade de Manchester e professor-adjunto de Estatística na Escola Wharton, na Pensilvânia. Criou sua própria firma de consultoria SIGMA (Science in General Management), que amigos imediatamente decidiram ser um acrônimo de *Stafford Is Going Mad Again**, e pôs em prática muitas de suas idéias no Chile, sob o malfadado governo Allende, nos primeiros anos da década de 1970.

Beer define Cibernética como a ciência da organização eficaz, e sua tese fundamental, segundo explicado em *Brain of the Firm* (1972), é que organizações são como pessoas. Elas têm, por exemplo, um cérebro e um sistema nervoso central. Ele atribui muitos dos problemas que firmas (e países) sofrem à incompreensão clara de como o sistema funciona. Diz ele: "Nossas instituições estão falhando por desobedecerem a leis fundamentais da organização real que seus administradores desconhecem." Por exemplo: "Quando um governo age, está forçosamente reagindo a uma situação em que a defasagem estatística freqüentemente acontece ser metade de um ciclo do aumento e queda da prosperidade, de maneira que o governo pode se ver fazendo exatamente a coisa errada a maior parte do tempo."

---

* "Stafford Está Enlouquecendo Outra Vez." (N.T.)

A raiz do problema está na maneira pela qual os sistemas se criam dentro das organizações. Sua função principal, ele crê, é freqüentemente escorar o edifício, ao invés de auxiliar a alcançar determinadas metas. A melhor maneira de entender como uma organização funciona, sustenta ele, é ignorar o organograma oficial — que simplesmente diz teoricamente o que deveria acontecer — e mapear como cada parte da organização reage realmente face às outras. Desta maneira, os efeitos de quaisquer mudanças no sistema podem ser previstos de antemão.

A originalidade e as deficiências da abordagem de Beer foram resumidas por Philip Sadler, diretor do Ashridge Management College: "O mundo da administração descrito por Beer, e por outros escrevendo no mesmo veio, possui uma linguagem própria — familiar talvez para especialistas em engenharia de controle ou para neurologistas consultores, mas alheia aos generalistas e aos especialistas em marketing e pessoal, para quem termos como 'heurística', 'negentropia' e 'retículo' pouco ou nada querem dizer. Ao mesmo tempo, é um mundo em que problemas de relações trabalhistas, emoções, atitudes, conflitos irracionais e política organizacional não encontram lugar."

Nos Estados Unidos, a área da dinâmica de sistemas foi criada por Jay Forrester (nascido em 1918), professor da Sloan Scholl of Management do MIT. "Todos falam de sistemas: sistemas de computação, sistemas de controle do tráfego aéreo, sistemas econômicos e sistemas sociais. Poucos se dão conta de quão difusos são os sistemas na criação de mais dificuldades que nos perturbam", diz Forrester. "Nos últimos trinta anos estive criando um campo denominado Dinâmica dos Sistemas. A dinâmica dos sistemas combina a teoria, os métodos e a filosofia necessários à análise do comportamento de sistemas, não apenas na administração, mas também em alterações ambientais, política, comportamento econômico, medicina, engenharia, e outros campos. A dinâmica dos sistemas oferece uma base comum que pode ser aplicada aonde quer que queiramos compreender e influenciar a mudança das coisas com o passar do tempo."

"O processo da dinâmica de sistemas parte de um problema a ser resolvido — um comportamento indesejável a ser corrigido ou evitado. O primeiro passo é extrair a riqueza de informações que as pessoas possuem em suas mentes. A base de dados mental é fértil fonte de informação acerca das partes de um sistema, das informações disponíveis em diferentes pontos desse sistema, e a respeito das orientações que vêm sendo adotadas na tomada de decisões. As ciências do gerenciamento e sociais no passado restringiram-se indevidamente a medir dados, negligenciando o cada vez mais abundante e informativo campo existente no conhecimento e experiência dos que pertencem ao mundo ativo e atuante."

Uma abordagem mais histórica a organizações e sistemas foi adotada por Alfred Chandler (nascido em 1918). Historiador da atividade empresarial,* e vencedor do prêmio Pulitzer, foi uma figura influente tanto na estratégia (que examinaremos no Capítulo 4) quanto na estrutura dos negócios. É professor de História da atividade empresarial em Harvard desde 1971.

Chandler tira da História suas conclusões acerca da forma mais eficiente de organizar uma empresa de grande porte, em particular do que denomina "os anos formativos do capitalismo moderno" — meados do século XIX até o final da Primeira Guerra Mundial. Nesse período, a típica empresa familiar deu lugar a organizações maiores, abrangendo múltiplas unidades. Novas formas de gerenciamento tornaram-se necessárias pois o proprietário-administrador não podia estar simultaneamente em toda parte. Ademais, uma nova estirpe de gerentes impôs-se para agir nesse ambiente — o profissional assalariado.

Na análise de Chandler, a organização eficiente agora distingue a estratégia das operações do quotidiano. Estratégia passa a ser responsabilidade da direção central, deixando os gerentes de setor concentrarem-se no aqui e agora em unidades descentralizadas. Com efeito, ele aconselhou que se criasse uma gerência de linha que executaria planos elaborados por uma função administrativa superior.

Outra abordagem provém de Paul Lawrence e Jay Lorsch, da Harvard Business Scholl, discípulos de Chester Barnard. Eles sustentam que toda organização se compõe de múltiplos paradoxos. De um lado, cada departamento ou unidade possui seus próprios objetivos e ambiente. Reage a eles à sua maneira, em função de como se estrutura, dos prazos adotados, da formalidade ou informalidade com que lida com suas tarefas, e assim sucessivamente. Todos esses fatores contribuem para o que eles denominam *diferenciação*. Ao mesmo tempo, cada unidade precisa trabalhar com outras visando a objetivos comuns. Isso impõe uma certa dose de *integração*, a fim de garantir estarem trabalhando umas com as outras e não umas contra as demais. Em seus estudos de firmas norte-americanas, numa variedade de atividades, constataram que companhias com elevado nível de diferenciação

---

* *Business History*, aqui traduzida por História da atividade empresarial, é um campo de estudos bastante desenvolvido internacionalmente. No Brasil, onde já começa a se desenvolver, é também conhecido por História de empresas. (N. do R.T.)

podiam também apresentar um alto nível de integração. A razão era simples: quanto maior a diferenciação, tanto maior o potencial de conflito entre departamentos e, por conseguinte, maior a necessidade de mecanismos para auxiliá-los a funcionarem em conjunto.

Lawrence inicialmente agiu como orientador de tese de Lorsch, antes de escreverem juntos *Organization and the Environment* (1967). O fascínio de Lorsch pelo comportamento das organizações tem raízes em seu tempo de serviço no Exército. Ali ficou interessado nas razões pelas quais as pessoas não faziam o que deveriam fazer. Esse interesse foi aguçado quando Lorsch estudou com Fritz Roethlisberger em Harvard. Desde então, Lorsch produziu mais de uma dúzia de livros sobre organização (*Developing Organizations*, de 1969, foi a seqüência de *Organization and the Environment*) e tomada de decisões (incluindo *Decision Making at the Top*, de 1983).

Tom Burns é um discípulo de Weber. Professor de Sociologia na Universidade de Edinburgo até aposentar-se em 1981, estudou como organizações reagem e lidam com a mudança. Trabalhando com empresas de eletrônica escocesas na década de 1960, concluiu que a capacidade para lidar com as mudanças depende em grande parte do ponto em que a companhia se acha em um continuum, cujas extremidades são praticamente imagens espelhadas uma da outra, fruto da forma pela qual são gerenciadas.

Em uma das extremidades acha-se um tipo de organização que ele denomina mecanicista. Semelhante à organização racional-legal de Weber, ela possui níveis de responsabilidade nitidamente definidos assim como distribuição de tarefas. O controle e a coordenação são exercidos firmemente pela cúpula; a comunicação é primordialmente vertical, com comunicação horizontal raramente estimulada (se se quiser algo de outro departamento, passa-se a mensagem para cima e não para o lado, e aguarda-se que ela chegue ao nível adequado e depois desça de novo); as regras são rigorosamente aplicadas e conta-se com elevado grau de conformismo.

Na outra extremidade está o modelo orgânico, onde as responsabilidades podem mudar rapidamente e onde os quadradinhos do organograma (se houver) não são fixos. A comunicação ocorre em todos os níveis e é estimulado e incentivado o relacionamento entre departamentos. A estrutura e a forma pela qual se comportam as pessoas são concebidas de modo a assegurar a máxima flexibilidade. É interessante verificar ser esta descrição muito parecida com a organização idealmente adaptada de Tom Peters em seu livro *Thriving on Chaos*, em 1987, quase vinte anos depois.

A maior parte das organizações se enquadra entre esses dois extremos, que são, se assim se preferir, a diferença entre o dinossauro e o camaleão. O interesse de Burns concentra-se em organizações mais próximas do dinossauro desse continuum (pelo menos porque eram escassas as organizações na outra extremidade). Ao avaliar como as mesmas lidaram com mudanças no mundo exterior, ele descobriu que não havia um único conjunto de sistemas, mas três ou mais. O mais evidente era o da hierarquia formal, com normas escritas e formas prescritas de se realizarem as coisas. Mas também havia dois outros conjuntos de sistemas — sistemas de carreira e sistemas políticos. Quando surge no horizonte uma possível mudança, as pessoas não a avaliam unicamente de acordo com as metas da organização; também encaram o impacto que poderá ter sobre suas próprias carreiras. Se acham que terá efeito negativo, fazem todo o possível para obstruir a mudança, mesmo que aparentem apoiá-la em reuniões do sistema formal. (Rosabeth Moss Kanter expõe magnificamente esse tema em seu livro de 1983, *The Change Masters*.) Os sistemas políticos tratam do poder. Mesmo que a mudança não afete diretamente as perspectivas de avanço na carreira de um dirigente, poderá alterar o equilíbrio de forças face a seus colegas. Além do mais, ele utilizará redes e técnicas de obstrução informais para sustar a mudança ou adaptá-la em prol de sua posição.

Alvin Gouldner (1920-1980) foi outro discípulo de Weber. Embora aceitasse a idéia da burocracia como um sistema eficaz de gerenciamento, formulou a pergunta fundamental: "Como os administradores, em uma burocracia, levam as pessoas a fazer o que lhes é mandado?" Não se tratava de uma pergunta de que Weber tivesse tratado com qualquer profundidade. O que constatou, aliás, pôs em dúvida muitas das conclusões de Weber, por mostrar que a burocracia freqüentemente reduzia a eficiência e agravava o conflito.

A origem da crítica de Gouldner reside em sua identificação de três formas de comportamento adotadas pelos indivíduos em burocracias. Nas burocracias típicas, as pessoas aceitam que o conhecimento e a perícia sejam bases racionais para as regras e as tomadas de decisões. Pelo fato de as regras tenderem a apoiar valores fortemente sustentados pelos responsáveis pela organização, há relativamente escasso conflito, desde que aqueles que estabelecem as regras sejam considerados autênticos especialistas. O conformismo com as regras é fonte de elogios e estima. Indivíduos que não se apegam às regras são vistos como seres imaturos e transgressores que não assimilaram adequadamente os valores.

Nas burocracias fundamentadas em punições, o não-conformismo torna-se um pecado. O comportamento "correto", segundo fixado nos regulamentos, é imposto coercitivamente. A coerção pode provir do sistema administrativo ou do sindicato. Se, como é comum, há dois ou mais conjuntos de regras firmemente defendidas (por exemplo, o da administração e o do sindicato), então o conflito tende a crescer em espiral. Se a situação for solucionada, será antes pela força do que por discussão ou conciliação.

A terceira forma de comportamento é a da pseudoburocracia. Nela, todos encaram os regulamentos como sendo impostos de fora (por exemplo, de uma matriz no além-mar). Devido ao fato de as pessoas com autoridade de dentro da organização claramente não se sentirem donas das regras ou devotadas às mesmas, todos simplesmente simulam obedecê-las, se é que lhes dão alguma atenção. Com efeito, podem até deliberadamente infringi-las, com isso demonstrando sua independência em relação ao órgão de onde elas vieram. Um bocado de engenhosidade é aplicado em subverter ou desbordar as regras — pelo menos por ser esse o único jeito de as pessoas poderem prosseguir cuidando do que encaram como sua verdadeira tarefa.

A contribuição de Gouldner para a teoria gerencial foi promover a discussão da organização "ideal" em termos mais realistas. Ele demonstrou que qualquer organização será deturpada pelas pessoas, a menos que elas estejam acordes completamente sobre seus valores e metas e cônscios de quão complexos podem ser sistemas integrados por gente.

Outro importante pensador desse tema é Herbert Simon, cientista social que conquistou o Prêmio Nobel em Economia no ano de 1978. Durante muitos anos, ele e seus colegas na Universidade Carnegie-Mellon de Pittsburgh, onde leciona computação e psicologia, vêm estudando como as pessoas são capazes de tomar decisões. Desse trabalho, utilizando computadores para simular o raciocínio, definiu os três passos necessários à tomada de uma decisão. O primeiro é *inteligência* — identificar uma situação que exige decisão. O segundo é *deliberação* — conceber e formular alternativas de ação, e avaliar suas conseqüências. O terceiro é *escolha* — selecionar a alternativa a seguir.

Simon também diferencia entre decisões programadas e não-programadas. As programadas são aquelas em que o processo de lidar com as mesmas já está bastante consagrado, de sorte a haver pouca meditação ou análise a fazer. Comumente, estas implicarão em situações com as quais já nos defrontamos ou para as quais há um conjunto de regras. Decisões não-programadas são aquelas para as quais não há maneira preestabelecida de conduta. Quase sempre serão situações inteiramente novas, ou combinações mais complexas de situações já conhecidas. Na prática, muitas decisões serão uma combinação desses casos extremos.

O problema que se verifica nesta concisa descrição do processo de tomada de decisões é que, apesar de as máquinas poderem funcionar dessa maneira, parece que os dirigentes não podem. Como demonstraram outros teóricos, tal como Henry Mintzberg (ver adiante), na vida real os dirigentes passam para a terceira fase — escolha — enquanto ainda se acham trabalhando para conceber e formular a solução.

Também na Universidade Carnegie-Mellon há dois importantes pensadores acerca do processo de tomada de decisões, Richard Cyert (nascido em 1921) e James March (nascido em 1918). Eles têm uma visão bem mais minuciosa de que a de Burns sobre os sistemas que funcionam dentro de uma empresa e tendem a apoiar o ponto de vista de Mintzberg acerca da tomada de decisões. Encaram uma empresa como uma coligação de interesses, com a natureza destes definida em grande parte pelas funções dos vários departamentos e de suas subdivisões. Cada unidade funcional coloca em primeiro plano suas próprias metas (por exemplo, produção para manter o volume de produção, vendas para manter o volume de vendas), e em segundo plano as metas da organização como um todo. A administração superior tem de solucionar tais conflitos.

Cyert e March examinam com maior profundidade a maneira como as decisões são deveras tomadas e concluem que na maior parte do tempo os processos de decisão estão "divorciados" das decisões de fato tomadas — por outras palavras, as decisões adotadas não são comumente as que teriam sido tomadas em um mundo inteiramente racional. Há diversas razões para tanto, afirmam eles. Particularmente:

- A maneira pela qual são resolvidos os conflitos internos tendem a obstar o surto de uma visão global da organização. Naquilo que eles descrevem como quase-resolução de conflito, ou bem:
  - — cada pequena subunidade da companhia toma suas próprias decisões isoladamente e que raios partam o resto da organização
  - — a organização impõe um nível conciliatório de coerência, que todos possam subscrever mas que realmente não atende às necessidades globais da organização
  - — a organização pega cada problema após o outro e trata de cada um isoladamente.

- A forma pela qual as organizações evitam lidar com incertezas. Ou bem tentam adquirir estabilidade com contratos a longo prazo, ou simplesmente concentram-se no previsível curto prazo e adiam decisões quando não estejam confiantes quanto ao ambiente predominante.
- A forma pela qual as organizações buscam soluções alternativas. A busca não é contínua nem sistemática, mas *ad hoc*, motivada segundo cada acontecimento ou fato em particular. Quando é adotada ação, a busca pára — ainda que a ação possa não ter produzido uma solução duradoura — até não poder mais ser ignorada a necessidade de nova ação. Além disso, a busca é geralmente limitada a soluções tão próximas quanto possível das antigas. Uma vez que ao departamento que é "dono" do problema é atribuído escolher, haverá escassa oportunidade para adotar perspectivas novas. O problema ainda piora porque o modo de pensar das pessoas a respeito dele terá sido adestrado para abordá-lo da forma aprovada. Por conseguinte, não é de surpreender que a nova solução seja mera adaptação da antiga.
- A maneira em que o insucesso na identificação de soluções praticáveis não leve a novas formas de busca mas a novas metas. Como as pessoas na organização aprendem quais os tipos de problema que podem ou não resolver com facilidade, a organização como um todo gradativamente aprende a concentrar a atenção em diferentes problemas. O problema original continua a existir, mas já é relegada sua importância.
- O fato de que, em muitos casos, a decisão concreta seja irrelevante para as pessoas envolvidas. Elas têm outras prioridades ligadas ao processo de tomada de decisões — por exemplo, retribuir ou colecionar favores, ou levar uma vantagenzinha na luta pelo poder.
- O fato de as pessoas nem sempre terem tempo para participar adequadamente. Sempre têm outras prioridades e raramente participam de todas as etapas da tomada de uma determinada decisão.

A linguagem empregada por Cyert e March — de "as latas de lixo de opções" para "anarquias organizadas" — indica a natureza sarcástica de seu ataque às teorias simplistas sobre o processo de tomadas de decisões. Seu remédio é basicamente permitir maior criatividade na tomada de decisões, por exemplo experimentando ou recorrendo ao que denominam uma "tecnologia da insensatez". No mundo do irracional, o evidentemente lunático talvez seja a única pessoa sadia presente.

Charles Lindblom, professor de Economia e Ciência Política na Universidade de Yale, é outro teórico do processo de tomada de decisões cujo trabalho causou impacto na década de 1960. Como Cyert e March, ele inicia com o ponto de vista de que simples teorias de etapas seqüenciais e racionais da tomada de decisões não refletem a realidade — ao menos porque os administradores não possam fazer face ao volume e complexidade das informações em jogo. Outrossim, uma abordagem racional ficaria abrindo cada vez mais opções e alternativas, tornando os problemas menos, em vez de mais, solucionáveis. Ao invés, sustenta ele que os administradores operam graças à "incrementação desarticulada" — múltiplas comparações em pequena escala que não seguem obrigatoriamente etapas lógicas.

Lindblom denomina tal abordagem "a ciência de conseguir um objetivo de qualquer jeito". Com efeito, é mais do que isso. Os verdadeiros administradores tendem a trabalhar controlando sua exposição a riscos. É bem mais fácil fazer isso dando pequenos passos, ao invés de correr grandes e espetaculares riscos. O processo, de acordo com Lindblom, inclui quatro elementos principais, todos ou nenhum dos quais pode estar em marcha em qualquer dado momento. O primeiro envolve a redução da amplitude de resultados de mudanças. Ele despreza as circunstâncias que poderiam implicar em mudança radical, porque estas são em geral menos prováveis e mais difíceis de entender. Em segundo lugar, reduz as alternativas ao que seja evidentemente prático. Terceiro, conforme Cyert e March descobriram, ao topar com dificuldades, ele muda os fins para atender aos meios, em vez do oposto. E quarto, ele reavalia, redefine e reconstrói o problema à medida que persiste. Tudo isso quer dizer, de fato, que para muitos problemas não existe solução, mas apenas um jeitinho de aparar arestas intermitentemente, enquanto se trabalha na dificuldade.

Ao trabalharem juntos na RAND Corporation, Charles H. Kepner e Benjamin Tregoe interessaram-se em saber como administradores enfrentavam problemas e tomavam decisões. Kepner, psicólogo, e Tregoe, sociólogo (uma das muitas equipes interdisciplinares que produziram idéias inovadoras na década de 1950), criaram a firma de consultoria internacional Kepner-Tregoe and Associates em 1958, a fim de explorar o que haviam descoberto e aplicado na RAND.

Mostravam-se menos interessados na teoria de resolução de problemas do que em encontrar meios práticos de auxiliar administradores a lidarem com problemas de forma mais racional e eficaz. Ao invés de encorajar ou aceitar a mistura comum de análise e tomada de decisões, queriam separar as duas atividades. A solução, concluíram, tratava-se de um processo passo a passo que obrigava os administradores a pensar sobre os problemas de forma racional. Parte da razão pela qual sua receita se tornou amplamente empregada é a simplicidade. Ela acarreta três etapas: analisar o problema; decidir entre alternativas; e reanalisar para certificar-se de que a solução não cria por sua vez outros problemas. Dentro de cada etapa existem subetapas, cada uma das quais o administrador deve levar em conta antes de passar à seguinte.

De impacto igual e até possivelmente maior do que a concepção de Kepner-Tregoe foi a Administração por Objetivos (MBO), inicialmente esboçada por Peter Drucker. Ele alegou que a MBO era praticada pelas empresas de grande porte, tais como a General Electric — e de fato era. Porém ele a observou e encapsulou-a de molde a outros poderem expandi-la.

A Administração por Objetivos foi convertida em um conjunto de métodos práticos por John Humble (nascido em 1925). Ele a definiu como "um sistema dinâmico que visa a integrar a necessidade da empresa para esclarecer e alcançar suas metas de lucro e de crescimento com a necessidade do administrador de contribuir e desenvolver-se a si mesmo".

Na época, a Administração por Objetivos foi revolucionária para a maior parte das empresas. Humble reuniu suas teorias em parte pela observação do que as empresas britânicas faziam de errado — particularmente ao tratar de sua formação de gerentes, sistemas de planejamento e sistemas de controle como atividades separadas — e em parte observando os métodos mais eficientes empregados nos Estados Unidos, utilizando-se de uma subvenção da Fundação Ford para três meses de estudo. O que viu nos Estados Unidos convenceu-o das três atividades poderem ser integradas e ele passou a lidar com os processos necessários à sua viabilização.

Hoje em dia, o MBO é parte tão integrante do comportamento gerencial quotidiano normal que o termo é raramente utilizado. No final dos anos 60, Humble voltou sua atenção a questões que começavam a surgir, tais como a integração da tecnologia de informática com a estratégia empresarial (só agora tornando-se tema de interesse para administradores dos altos escalões). Nos anos 70, concentrou-se na responsabilidade social da empresa; sua controvertida tese sobre "A Multinacional Responsável" foi altamente creditada por trazer a racionalidade de volta aos debates acerca do papel de companhias multinacionais nos países do Terceiro Mundo. Seus interesses no momento concentram-se em "uma obsessão com a administração de serviços".

Nos Estados Unidos, George Odiorne, outro discípulo de Drucker, também desenvolvia o conceito de Administração por Objetivos. Odiorne realçou aquilo a que deu o nome de "a armadilha da atividade". Comentando o conceito em seu livro *MBO II*, publicado em 1979, explicou que:

- as pessoas ficam tão enroladas na atividade ou problema do momento que se esquecem de quais eram seus objetivos;
- em conseqüência, sua capacidade para atender a seus compromissos se reduz, mesmo enquanto o ritmo de atividade cresce e os problemas amiúde ficam piores em vez de melhorar;
- a origem da armadilha da atividade está sempre no nível mais elevado, o qual está sendo afetado; as pessoas em níveis inferiores freqüentemente ficam desmotivadas por não mais perceberem claramente para que estão trabalhando;
- administradores enredados na armadilha da atividade fazem enormes esforços para evitar enfrentar a realidade da situação; o trabalho propriamente dito torna-se um meio de desviar a atenção da desagradável realidade.

O pesquisador social Rensis Likert (1903-1981) foi outro norte-americano cuja obra e idéias exerceram profundo efeito na teoria da organização. É provavelmente mais conhecido por seu livro *New Patterns of Management* (1961), uma síntese de grande parte de sua obra. Nele, argumentava que a administração organizacional podia ser seriada num continuum a partir do sistema 1 (um sistema autoritário explorador), passando por 2 (autoritário benevolente), 3 (consultivo) e 4 (participativo). O sistema 2, disse Likert, era o mais comum naquela época. Posteriormente, acrescentou o sistema 0, onde uma companhia apresentava um sistema de gerência subdesenvolvido.

Em seu livro *The Rational Manager* (1965), Kepner e Tregoe escrevem acerca de *New Patterns of Management* de Likert:

> Likert faz a suposição simplória de ser o gerenciamento participativo o melhor tipo de gerenciamento, e, por conseguinte, a missão da administração é garantir a participação sob todos os aspectos. As discussões em grupo, sustenta, tornam-se o melhor e único meio válido para chegar a uma boa decisão. A seu ver, a solução de problemas é a coleta coordenada de dados e a integração destes no grupo; a tomada de decisão é a escolha de uma ação por aclamação. Conseqüentemente, não existem técnicas de solução de problemas ou de decisão propriamente dita, mas apenas meios mais adequados de se trabalhar como membros do grupo.

Eles concluem que gerentes e administradores "acharão isso difícil e distante da realidade prática com que têm de lidar quotidianamente".

Likert recebeu um diploma de doutor em Psicologia pela Universidade Columbia em 1932. Sua obra foi posteriormente publicada como *A Technique for the Measurement of Attitudes*. Tornou-se, então, diretor de pesquisas do Departamento de Pesquisa de Vendas de Seguros de Vida em Hartford, Estado de Connecticut. Foi ali que deu início ao trabalho sobre métodos de gerenciamento de que resultou o livro *Morale and Agency Management*. Em 1939, tornou-se diretor responsável pelo exame de programas do Ministério da Agricultura dos Estados Unidos em Washington, DC. Lá criou suas técnicas de questionário antes de entrar para o Instituto de Pesquisa Social da Universidade de Michigan em 1946, que dirigiu até ampliar seus interesses pela administração e comportamento das organizações em 1970.

Foi nesse instituto que Likert criou a pesquisa de liderança situacional. Seu objetivo era descobrir correlações com determinados estilos de liderança (isto é, comportamento e atitudes) e o desempenho dos negócios. Sua abordagem consistiu na realização de uma série de perguntas a empregados de empresas dos Estados Unidos acerca de seus supervisores — por exemplo, seu supervisor confiava neles? Utilizou os resultados obtidos para traçar um perfil de como cada supervisor era encarado pelos que trabalhavam com ele. Desses perfis, foi capaz de estabelecer tipos gerais de estilo de gerência, que categorizou como:

- Autoritário explosivo ou sistema 1: esses gerentes acreditam em dizer às pessoas o que fazer e em usar coação se estas não obedecem; absolutamente não compartilham a tomada de decisões;
- Autoritário benevolente ou sistema 2: esses gerentes ainda dizem às pessoas o que fazer, mas preferem usar a cenoura ao invés da vara de marmelo para ver as coisas funcionarem; tomam a maior parte das decisões, porém estão prontos a delegar decisões menos importantes quando lhes pareça adequado;
- Consultiva ou sistema 3: esses gerentes discutirão problemas com subordinados, ainda que continuem a tomar as decisões importantes; empregam tanto recompensas quanto punições, conforme o caso;
- Participante ou sistema 4: os gerentes apóiam seus subordinados, estimulam-nos a tomar decisões em conjunto, dão-lhes

metas desafiadoras e trabalham lado a lado, de modo a certificar-se de que as atingirão.

Likert observa que as companhias onde predomina o último estilo de liderança tendem a ser as mais bem-sucedidas a longo prazo.

Ele também foi responsável pelo conceito útil de "pinos de conexão". Em uma organização bem-sucedida, alega ele, cada grupo de trabalho precisa estar conectado à organização de certa forma coerente. A conexão mais eficaz provém de alguém que seja membro de mais de um grupo. Na maioria dos casos, o pino de conexão, que é o elo primário de ligação dentro da organização, será o líder de equipe ou gerente de departamento que seja ao mesmo tempo participante da equipe e membro do grupo de gerência.

Mas os verdadeiros gigantes da teoria organizacional foram Peter Drucker (nascido em 1909) e Henry Mintzberg (nascido em 1939) — ambos os quais mereceram capítulos próprios neste livro. A obra de Drucker, a despeito de agora já ter abarcado praticamente toda a área do pensamento administrativo, tem suas raízes na teoria organizacional. Seu estudo da organização da General Motors, *The Concept of Corporation* (1946), permanece como uma das mais agudas análises do comportamento organizacional.

Alfred P. Sloan

Nascido em New Haven em 1875
Faleceu em 1966
Empresário

Lee Iacocca escreveu em sua biografia: "Eu me via como o novo Alfred Sloan, o homem que reorganizou a General Motors entre as duas grandes guerras — e, em minha opinião, o maior gênio jamais aparecido no ramo automobilístico." Charles Forte afirmou que Sloan foi "uma das mais brilhantes personalidades de uma organização que sempre as teve em abundância".

Em sua autobiografia, que se tornou um *best-seller*, *My Years with General Motors*, Sloan escreveu: "Administrar tem sido minha especialização." Na General Motors, Sloan pôde forjar muitos dos conceitos modernos da organização empresarial. Quiçá sua mais notável realização tenha sido a criação da companhia multidivisional. Sloan gerenciou a imensa companhia que criou com serena aceitação. "Não encaro o tamanho como um obstáculo. Para mim isso é apenas uma questão de administração", afirmou.

Sloan encarava a organização em termos bem mais amplos do que os da linha de produção da Ford. Via uma organização como um sistema para alcançar objetivos e estratégias empresariais com sucesso. Formado em engenharia, Sloan estudou no Instituto de Tecnologia de Massachusetts (posteriormente, o MIT deu o nome dele à sua escola de administração) antes de tornar-se gerente-geral da Hyatt Roller Bearing Company, aos vinte e quatro anos de idade. Pouco depois, esta fundiu-se à United Motors de que Sloan tornou-se presidente. Em 1917, acompanhando a tendência de fusões da indústria automobilística, a United tornou-se parte da General Motors. Sloan permaneceu na empresa até se aposentar, forjando-a como *a* força dominadora da indústria automobilística. Inicialmente diretor e vice-presidente, Sloan passou a diretor-presidente em 1923, presidente do Conselho em 1946 e presidente perpétuo honorário de 1956 até falecer.

Considerada sua transformação na maior fabricante de carros e numa das mais bem-sucedidas empresas do mundo, é fácil subestimar o pouco fôlego da General Motors no início da década de 1920. A intensa concorrência da Ford fez muitas companhias fundirem-se com a GM. Ao adquiri-las, a GM ofereceu escasso apoio. Era extremamente limitado seu vigor financeiro, carecia de carros que liderassem o mercado e estava sufocada por mau gerenciamento — as companhias adquiridas puderam conservar os mesmos gerentes ineficazes de que dispunham antes. Mesmo asism, em 1920 a GM valia pelo menos 170 milhões de dólares e produziu 17% dos automóveis e caminhões vendidos nos Estados Unidos.

A organização e o estilo administrativo da GM foram estabelecidos por seu fundador William Durant. Antes um criador do que um administrador profissional ("Durant foi um grande homem com uma enorme fraqueza — sabia criar mas não administrar", disse Sloan), Durant foi posteriormente derrubado por um complicado escândalo na bolsa de valores envolvendo ações da GM. Uma comissão executiva tríplice, dirigida por Pierre du Pont e incluindo Sloan, substituiu-o. Quando du Pont se aposentou em 1923, Sloan passou a presidente da GM.

Avaliando a situação da companhia e a contribuição de seu fundador, Sloan mais tarde escreveu: "Graças sobretudo a Durant, a General Motors tinha então as potencialidades de uma grande empresa. Mas estava fisicamente mal integrada e descoordenada quanto ao aspecto administrativo; os gastos com novas companhias, instalações industriais e estoques eram terríveis — e sem retorno por muito tempo, se é que algum dia haveria o retorno — e, ao crescerem, o dinheiro diminuiu. A General Motors rumava para uma crise, da qual surgiria a moderna General Motors Corporation."

Ele também recordou: "O problema para a General Motors, conforme percebi em 1922, era beneficiar-se das vantagens de um grande volume de compras com contratos globais de artigos como pneus, aço, material de escritório, baterias, blocos, acetileno, abrasivos, e coisas semelhantes, e ao mesmo tempo permitir às suas divisões controlar os próprios negócios."

O grande responsável pelo sucesso de Sloan foi seu "Estudo de Organização" que, segundo uma testemunha, pareceu "ter saltado inteirinho da cabeça dele em 1919 e 1920". O plano foi inicialmente colocado defronte de Durant que, recordou Sloan, "pareceu aceitá-lo favoravelmente, embora nada fizesse a respeito". Agora, as origens do plano Sloan para a reorganização da GM são geralmente atribuídas a idéias semelhantes acerca da questão da descentralização que surgiram da DuPont na mesma época. Porém, segundo Sloan assinalou, as maneiras de abordar o problema foram significativamente diferentes — a DuPont encontrava-se maciçamente centralizada, enquanto a GM estava demasiadamente descentralizada com escasso poder por parte da direção central. O jeitinho, percebeu Sloan, era preservar os méritos da descentralização com uma abordagem mais coordenada.

Ser necessária tal modificação estava bastante claro para Sloan, que apelidou os métodos anteriores da GM de "gerenciamento pelos cupinchas, com as divisões funcionando na base da troca de figurinhas". O plano preparado por Sloan foi rotulado "descentralização federal". Tratou a coleção de companhias da GM como "divisões operacionais, responsáveis por todas suas operações comerciais, mas supervisionadas por uma administração central responsável pela política global e pelas finanças". Cada divisão possuía seus próprios departamentos de engenharia, produção e vendas. Para simplificar o processo, Sloan explicou-o como "coordenado na política e descentralizado administrativamente".

Sloan baseou sua filosofia em dois princípios fundamentais que descreveu em seu livro *My Years with General Motors*:

1. A responsabilidade vinculada ao dirigente de cada operação não será de forma alguma limitada. Cada um desses setores, encabeçado por seu dirigente, será completo em todas as funções necessárias e habilitado a exercer plena iniciativa e desenvolvimento lógico.
2. Certas funções da organização central são absolutamente indispensáveis ao desenvolvimento lógico e controle adequado das atividades da empresa.

Com efeito, as idéias dele se aproveitaram da abordagem funcional de Fayol. Ele acreditava que os cargos tinham de ser impessoais e concebidos com base na tarefa. Avaliando o impacto do plano de organização, Sloan escreveu: "Aumenta o moral da organização colocar-se cada operação sobre suas próprias bases, fazendo-a sentir-se parte da empresa, assumindo sua própria responsabilidade e contribuindo com sua parecela para o resultado final."

Na área financeira, Sloan esclareceu os benefícios como: "Desenvolve corretamente a estatística, refletindo a relação entre o rendimento líquido e o capital investido em cada divisão operacional — a real medida da eficiência — de forma independente da contribuição de outras divisões do capital nelas empregado".

E em termos de investimento estratégico, Sloan escreveu: "Isso possibilita à empresa dirigir o investimento de capital adicional para onde produza maior benefício para a empresa como um todo."

Sloan dava a impressão de onipresença. Pessoalmente escolhia todos os dirigentes da GM, desde gerentes e controladores de fabricação até chefe de turmas. Criou, em suas próprias palavras, "um grupo de gerenciamento composto de indivíduos bastante competentes". Sloan também criou uma "política de produto" de forma que, em 1925, a GM mudava seus modelos anualmente e foi capaz de ultrapassar a Ford e seu já envelhecido modelo T.*

O papel do executivo isolado e único era minimizado. "Acho que todos tendemos a exagerar o que um diretor pode contribuir para qualquer empresa", ele escreveu em uma carta para Pierre du Pont. Sua crença na organização em lugar do gerenciamento pessoal continua a causar aborrecimento aos teóricos da administração.

James O'Toole, professor de Administração e editor da revista *New Management*, apresentou uma opinião pessoal acerca do livro de Sloan na revista *Inc.*** de fevereiro de 1988:

> De todas as biografias que li em minha vida, nenhuma me afetou tão profundamente quanto a autobiografia de Sloan. O que acho fascinante no livro é ser tão coerente internamente, tão bem sustentado, tão convincente, que se tornou o modelo de como os administradores devem pensar — com efeito, o modelo para grande parte da formação do administrador. E o que intriga é estar tudo errado. Por exemplo: nas primeiras 300 páginas mais

---

* Conhecido no Brasil como "Ford bigode". (N.T.)

** Corresponde, em português, a "S.A.", ou seja, "Sociedade Anônima". (N.T.)

ou menos, Sloan parece não tomar conhecimento do fato de haver empregados na companhia. No final do livro, quando enfim examina a "mão-de-obra", ele se concentra no relacionamento adverso entre a companhia e o sindicato. Mesmo aí, não menciona nominalmente Walter Reuther, o grande líder da United Auto Workers.

Isso, em poucas palavras, ajuda-me a entender o que há de errado com o gerenciamento das grandes companhias dos Estados Unidos. Ajuda-me a lidar com meus alunos, a maioria dos quais deseja tornar-se empresários e dirigir pequenas firmas. Ao lerem este livro, aprendem quais as praxes gerenciais a evitar.

Todavia, ainda que bastante rivalizado, na reestruturação da GM Sloan pôs em prática o que eram conceitos, princípios e perspectivas básicas. A ênfase no pensamento de Sloan como organizador pode depreciar sua robusta e pragmática perspicácia. "A tarefa da administração não é aplicar uma fórmula mas decidir problemas de caso a caso. Nenhuma regra fixa, inflexível, poderá jamais ser sucedâneo de uma aplicação de sólido julgamento empresarial no processo de tomada de decisões", escreveu ele.

Assaz modestamente, Sloan explicou o estilo de sua liderança: "Simplesmente exerci... poder com discrição; obtive melhores resultados ao vender minhas idéias em vez de dizer às pessoas o que fazer. No entanto, o poder para agir tem de estar centralizado no executivo encarregado". Em uma reunião de uma comissão de alto nível da GM, diz-se que Sloan falou: "Cavalheiros, admito que todos aqui estamos de acordo sobre a decisão." Todos em volta da mesa acenaram afirmativamente com a cabeça. "Então", prosseguiu Sloan, "proponho que adiemos maior discussão do assunto até nossa próxima reunião, para termos tempo de gerar desacordo e, quiçá, conseguir alguma compreensão sobre o de que trata esta decisão."

Para Sloan, a organização proporcionava a estrutura; as pessoas tomavam as decisões. "Da descentralização conseguimos iniciativa, responsabilidade, formação do pessoal, decisões ao pé dos acontecimentos, flexibilidade — em suma, todas as qualidades necessárias para que uma organização adapte-se a novas condições. Da coordenação, obtemos eficiência e economia." Assim provou ser o caso da GM. Comercialização sagaz significava poder atender a seu lema "Um carro para cada bolsa e finalidade", enquanto Ford persistia com o lema um carro para cada bolsa.

A proeza de Sloan é clara: a empresa multidivisional está firmemente consagrada como a estrutura básica para os grandes negócios modernos.

Peter Drucker

Nascido em Viena, Áustria, em 1909
Escritor

Peter Ferdinand Drucker, jornalista, grande conhecedor de arte e entusiasta de Jane Austen,* é visto por muitos como o mentor da administração. Com efeito, há um livro a seu respeito que leva este título. Desde a publicação de seu primeiro livro, *The End of Economic Man*, em 1939, seu impacto no pensamento e na prática da administração tem sido considerável.

Sua brilhante inteligência foi amplamente examinada. A revista *Business Week* recentemente rotulou-o "o mais lido, mais escutado, mais considerado guru da administração". Tom Peters disse: "O saber é cumulativo. Nossa dívida para com Peter Drucker não conhece limites." James O'Toole, professor de Administração na Universidade da Califórnia do Sul, também é pródigo em elogios. Em uma comemoração da obra de Drucker promovida pela revista *New Management*, ele disse: "Tanto quanto Keynes refundiu os moldes nos quais a Economia passaria a ser analisada, Peter F. Drucker quebrou os moldes da antiga forma de gerenciar e forjou um novo. As principais idéias sobre a organização dos atualmente mais destacados administradores, dos especialistas do mundo dos negócios, consultores e jornalistas foram quase todas criadas no cadinho da produtiva mente de Peter Drucker."

O'Toole avalia algumas das realizações de Drucker:

- Ele foi o primeiro a definir o papel dos administradores de alto escalão como guardiães da cultura empresarial, o primeiro a dizer que o sucesso depende da visão articulada do presidente da empresa.
- Foi o primeiro a mostrar que a estrutura decorre da estratégia.

---

* Jane Austen (1775-1817), romancista inglesa, conhecida por suas descrições delicadamente satíricas dos nobres rurais da época. Seus livros mais conhecidos são *Orgulho e preconceito* (1813), já convertido em filme, *Emma, Mansfield Park* e *Persuasion*. (N.T.)

- Foi o primeiro a sustentar que o sucesso provém do apego aos elementos essenciais, o primeiro a dizer que tudo afinal se resume à sensibilidade do consumidor e à comercialização de produtos inovadores.
- Foi o primeiro a alvitrar ser a qualidade uma medida da produtividade.
- Foi o primeiro a prever a chegada da pós-industrialização (isto é, a iminência dos computadores e de trabalhadores com elevado nível de instrução) e o primeiro a sugerir que tanto os novos trabalhadores quanto as novas máquinas necessitariam de praxes gerenciais reformuladas.
- Foi o primeiro a defender o aconselhamento, o planejamento de carreira e a formação de executivos como tarefas da administração superior.

Filho de um destacado funcionário público austríaco (lembrado por Drucker por suas tentativas de controle da inflação no país e seu envolvimento na fundação do festival de Salzburgo), Drucker conquistou um diploma de Direito e trabalhou como jornalista. Passou, então, três anos trabalhando como banqueiro no setor de investimentos em Londres, entre 1933 e 1936. "Por hipótese eu era o economista. Isso significa que fiz de tudo, arrumava tudo à moda deles." Mais tarde, comentou: "Se quisesse ser rico, eu teria ficado lá, mas me chateava a ponto de chorar."

Ao invés, Drucker tratou de seguir seu cada vez mais amplo campo de interesses. Em 1937, emigrou para os Estados Unidos. C. Northcote Parkinson descreveu a gênese do pensamento de Drucker quanto à administração: "Constatando que os americanos estavam principalmente interessados em negócios, começou a estudar com seriedade tipicamente alemã, procurando descobrir ali uma filosofia da administração. Não a descobrindo, teve de inventá-la." Drucker lembra-se diversamente disso. "Não havia uma filosofia", diz ele. "Mas eu não estava nem um pouco interessado em administração ao chegar aos Estados Unidos."

Quanto às idéias acerca do tema, em fins da década de 1930, diz Drucker: "Nada fora ainda reunido. Era como um quebra-cabeça. Indaguei o que estava faltando: por que, diabos, fazemos todas estas coisas; com que finalidade?" Poucas pessoas haviam sequer pensado nestas perguntas fundamentais. "A preocupação era com o que se passava na fábrica. Ninguém fizera a pergunta — o que vem a ser administração? Inventei o nome administração superior e não me orgulho disso. É ruinzinho, mas não existia outro. Acabou pegando."

E citando um provérbio alemão "A quem Deus dá o cargo, também dá a sabedoria necessária", conclui dizendo não ser isso bem verdade.

Inicialmente, as desafiadoras indagações de Drucker encontraram resposta mais vigorosa no Japão. "Uma das grandes diferenças entre japoneses, europeus e norte-americanos é que eles não tomam como dada sua missão. Partem perguntando o que estamos tentando fazer? E não 'como fazer isso'?"

Ele assinala que a administração é tão velha quanto a humanidade. "Há um livro a meu respeito intitulado *Drucker: o homem que inventou a administração.* Isso é tolice. O diretor-presidente da Pirâmides S.A., que construiu a pirâmide de Quéops 6.000 anos atrás por certo conhecia mais sobre administração do que qualquer diretor-presidente de hoje. E assim também quem quer que haja concebido, planejado e gerenciado a construção da gruta de Ajanta, na Índia (que obedeceu a um plano-mestre durante 600 anos sem um único erro) ou, bem antes, quem quer que tenha projetado e gerenciado as pinturas em grutas pré-históricas na Espanha e no Vale Dordogne na França. Quiçá seja mais próximo da verdade chamar-me 'o homem que descobriu a administração' — embora eu seja na melhor das hipóteses um co-descobridor e o menos graduado."

Outros não estão tão certos disso. Tom Peters alega: "Uma verdadeira 'disciplina da administração' realmente não existia antes de Drucker. Sem dúvida alguma Drucker modificou a fisionomia da América Industrial. Ele nos trouxe a descentralização, o gerenciamento por objetivos e a idéia das estratégias empresariais que afirmam que o cliente vem em primeiro lugar. Todas são sólidas, variedades comuns de prática em 1984 (mesmo que nem sempre utilizadas com eficiência). Mas todas as três eram realmente novidades quando Drucker começou a escrever a respeito. A General Motors a a DuPont eram modelos de descentralização a partir da década de 1920, mas Drucker foi o primeiro a dar nome aos bois, e merece grande parcela do crédito da mudança de 75 ou 80% dos 500 maiores indicados pela revista *Fortune* em direção à descentralização radical."

The End of Economic Man assinalou o início da extensa e prolífica carreira de Drucker. "Eu sabia em 1933 como Hitler terminaria, e então comecei meu primeiro livro, *The End of Economic Man*, que não pôde ser publicado antes de 1939 porque nenhum editor estava disposto a aceitar antevisões tão horrorosas. Estava bem claro para mim que Hitler acabaria matando os judeus. E também estava bem claro que ele terminaria assinando um tratado com Stalin", ele escreveu mais tarde.

The End of Economic Man foi seguido por *The Future of Industrial Man*, em 1942, que Drucker ainda considera "um livro bastante radical". Este foi encarado, na época, como combinando uma gama demasiado ampla de assuntos, incluindo, como realmente o fez, Ciência Política e Economia. Drucker foi alertado: "Você tem uma carreira acadêmica muito promissora — este livro a destruirá." Mais de quarenta anos depois, ele recorda essas experiências iniciais com prazer. "Meu editor só publicou meu segundo livro por achar que devia isso a um autor. Estava convencido de não haver possibilidade de qualquer interesse por parte do público leitor por um livro cujo tema era a administração."

Drucker decidiu, então, examinar de perto uma companhia isolada. Tarefa na qual não teve sucesso de início, explica ele: "Acontece que eu tinha boas relações com o presidente de uma grande companhia cujo escritório ficava acima do meu, no mesmo prédio. Ele era bastante delicado comigo, mas quando o procurei e disse que poderia estudar a sua empresa, pôs-me para fora e deu ordens severas ao porteiro para não me deixar entrar nunca mais — eu era evidentemente um bolchevista." Uma mudança na sorte, contudo, estava iminente. "Eu tinha desistido, aluguei um apartamento em Nova York para passar o inverno e decidi escrever e fazer uma derradeira tentativa. Então, certo dia, recebi um telefonema do vice-presidente da General Motors." Era a primeira tarefa de Drucker como consultor. Em 1942, a General Motors era a maior empresa do mundo. Na ocasião, Drucker era totalmente inexperiente no mundo dos negócios e nos problemas de organização por este apresentados. "O mais perto que eu chegara dos negócios fora como sócio minoritário de um banco comercial bem pequeno em Londres, que mal se poderia considerar como um modelo de organização." Seu trabalho na GM teve como resultado o livro *The Concept of the Corporation*, em 1946. Visava a mostrar no que se constitui uma organização moderna e o que deveriam fazer os seus administradores. Uma vez mais, os críticos debateram-se para chegar a um acordo com Drucker. Um deles comentou: "É de se esperar que este jovem e promissor estudioso se dedique de novo a assuntos sérios." A GM também ficou longe de se mostrar bem impressionada: "Ninguém jamais assumiu ter sido quem me convidou", diz Drucker. "Se um gerente da GM fosse descoberto, a carreira dele estaria liquidada!"

Os métodos de Drucker continuaram diretos e, para alguns dirigentes, perturbadores. Quando se tornou consultor, um outro consultor aconselhou-o a fazer às pessoas a seguinte pergunta: "O que você faz que explique o motivo de seu nome constar na folha de pagamento?" É uma pergunta que Drucker ainda faz; as boas respostas permanecem raras. Em um típico aforismo, ele avaliou seu próprio estilo: "A maioria das empresas considera-me um sujeito asperamente crítico. Meus clientes não me consideram um consultor de gerência mas sim um insultador de gerentes."

Seu crescente trabalho como consultor e o sucesso do livro *The Practice of Management* proporcionaram a plataforma de lançamento para o movimento de "Administração por Objetivos" (MBO) do final da década de 1950 e início da de 60, em que Drucker tornou-se a figura principal.

The Practice of Management foi publicado em 1954, mas sua mensagem permanece verdadeira trinta anos depois. Nele, Drucker identificou as sete tarefas do administrador de amanhã. Ele ou ela:

1. Deve administrar por objetivos.
2. Deve correr mais riscos e por um período mais longo. E as decisões que impliquem risco terão de ser tomadas em níveis mais inferiores da organização.
3. Tem de ser capaz de tomar decisões estratégicas.
4. Tem de ser capaz de formar uma equipe integrada, na qual cada membro esteja apto a administrar, assim como a avaliar seu próprio desempenho e seus resultados com relação aos objetivos comuns.
5. Terá de ser capaz de comunicar informações rápida e claramente. Terá de ser capaz de motivar pessoas. Terá de ser capaz de obter a participação responsável de outros administradores, dos profissionais especializados, e de todos os demais trabalhadores.
6. Terá de ser capaz de ver o negócio como um todo e de nele integrar sua própria função.
7. Terá de ser capaz de relacionar o produto e a indústria com o ambiente total, descobrir o que é significativo nele e o que levar em conta em suas decisões e ações. E, cada vez mais, o campo de visão do administrador do amanhã terá de levar em consideração acontecimentos fora de seu próprio mercado e país. Cada vez mais terá de aprender a ver os acontecimentos econômicos, políticos e sociais em escala mundial e de integrar tendências mundiais em suas próprias decisões.

George Odiorne, autor de *Management by Objectives* (1965), considerou Drucker como uma inspiração. Disse na reunião da International Management em junho de 1983: "A primeira vez em que ouvi a explicação do conceito de Administração por Objetivos foi quando estudava para meu mestrado com Drucker na Universidade de

Nova York. Ele havia sido uma voz de sanidade nos cursos de pós-graduação. Professores ainda continuam a recorrer a modelos matemáticos e a medir a distância entre os globos oculares dos administradores, mas Drucker sempre concentrou-se no que os administrados de fato fazem, a prática da administração".

Drucker adota uma visão bastante pragmática de tudo isso. "A Administração por Objetivos é apenas uma outra ferramenta. Não se trata da grande cura para a ineficiência gerencial", afirmou. "A Administração por Objetivos funciona se se conhecem os objetivos. Em noventa por cento dos casos não se conhece. As únicas coisas que evoluem por si mesmas em uma organização vêm a ser desordem, atrito e mau desempenho." Drucker aborda ainda os programas de governo nos últimos cinqüenta anos e sustenta que todos, excetuando a guerra, conseguiram exatamente o oposto do que pretendiam.

A tendência para Administração por Objetivos desencadeada por Drucker pode desviar-se de princípios fundamentais da sua obra. Ele argumenta, e tem feito isso durante quase um século, que a administração é de uma importância total e capital. "Estamos começando a perceber que a administração por si mesma é a instituição central de nossa sociedade atual, e que há muito poucas, e na maioria mínimas, diferenças entre administrar um negócio, uma diocese, um hospital, uma universidade, um laboratório de pesquisa, um sindicato de trabalhadores, ou um órgão do governo. Todo o tempo, provar isso tem sido o principal esforço de minha obra, e aquilo que a distingue de praticamente todos os contemporâneos que atuam no nosso campo." Nos últimos anos, Drucker passou mais tempo trabalhando para organizações como hospitais e igrejas do que para empresas.

Para Drucker, a administração é uma força universal. Rosabeth Moss Kanter descreveu essa fé que ele demonstra na força da administração (na revista *New Management*, 1985):

> Uma boa administração, segundo Drucker, é a administração responsável. Bons administradores são límpidos em sua finalidade principal de servir ao cliente, e de que podem conseguir o melhor tratando os trabalhadores com recursos capazes de contribuição contínua e valorizada. No modo de ver de Drucker, prestação de serviços ao cliente em vez de lucro deveria ser predominante para o administrador. Com efeito, lucro não é um fim mas sim um meio. Lucro só é o que permite a inovação, ou o desenvolvimento de novos bens de serviços, porque a continuação do investimento depende de lucros. E investimento em novidades melhora a qualidade de vida.

Um bom gerenciamento é também nossa melhor esperança de paz mundial. Na perspectiva de Drucker, imperativos por crescimento empurram as organizações para além das fronteiras nacionais em busca de novos mercados. O mundo se torna interligado por uma série de relações comerciais cruzadas nas quais os interesses dos administradores na sobrevivência de suas empresas multinacionais superam os interesses dos políticos.

Qualidade de vida, progresso tecnológico e paz mundial, pois, são todos produtos de uma boa administração. Não é de admirar que Drucker ache que o "gerenciamento" desempenha papel tão central em nossas vidas. No fundo, Drucker é um utopista da administração, descendente de Robert Owen tanto quanto Max Weber.

Drucker francamente admite: "Estou mais interessado em gente do que em idéias, mas sou melhor com idéias." Relações humanas talvez não lhe interessem, mas os seres humanos dentro das organizações sim. "Cheguei à conclusão de que a mudança decisiva subjacente à melhoria das organizações é a mudança na maneira de ver o trabalhador como um centro de custos, passando a vê-lo como um 'recurso' ", disse ele recentemente.

A administração, para Drucker, pertence ao estudo das humanidades. Não é uma disciplina restrita com especializações veneradas, mas uma base ampla para a existência humana: "Um conhecimento de Dante ou da história da tecnologia é tão importante quanto um conhecimento de análise de regressão." Desenvolvendo isto, Drucker sustenta: "Meu tema principal, diria, é que a organização é um fenômeno humano, social, de fato moral. Para mim era bastante evidente que o novo fenômeno, a nova organização — ou seja, a grande empresa — tinha de ser encarada e estudada como um fenômeno social e político em vez de meramente 'econômico'. E, contrariando a abordagem ao estudo da organização política e social que tem predominado no Ocidente desde Maquiavel, salientei o tempo todo que organização não lida com poder mas com responsabilidade. Esta é a idéia fundamental de minha obra, que permaneceu constante por mais de 40 anos."

A administração, Drucker sustenta, exige simplificação, não livros prolixos escritos por acadêmicos extraterrenos (e "donos" de cátedras). Parte do sucesso de Drucker em transmitir esta mensagem profunda e desconcertante reside na clareza de seu pensamento e linguagem. Seus livros, mais de vinte foram publicados e milhões de exemplares vendidos, são individualistas, alguns diriam idiossincrásicos. Drucker sente-se à vontade falando sobre Trollope ou Jane Austen ("um curso de atualização na arte de escrever") tanto quanto sobre administração. "Não leio livros sobre administração. Eu dou uma olhada neles", admite.

Seu estilo permanece firmemente radicado em seu passado como jornalista. Seu lema, afirma, é "Eu percebo, logo existo." Como seu amigo Warren Bennis, Drucker alega permanecer no fundo um jornalista: "Tenho uma memória retentiva para trivialidades, como papel pega-moscas, a par do senso do jornalista para saber o que faz sentido e o que não." Tom Peters descreve o estilo de Drucker escrever como "não-erudito no sentido tradicional. É impressionista, anedótico, e toca as raias do dogmático".

Drucker permaneceu firmemente desvinculado da vida acadêmica. "Amo ensinar e escrever. Mas não sou um erudito e sempre vivi a maior parte de minha vida fora da universidade. Uma universidade grã-fina me requisitou, mas não sem limitações. Queriam ter certeza de que meus escritos fossem de nível acadêmico e que eu não atendesse a consultas mais do que um dia por semana. Respondi: 'Consultoria é meu laboratório.' Isso não significou nada para eles, que afirmaram: 'Talvez você não pertença à universidade... certamente não a uma escola de administração.' "

Na década de 1940, a Universidade de Harvard desejou-o em seu corpo docente, mas para ensinar relações humanas e não administração. Drucker recusou a oferta pois: "Harvard, para mim, combina o pior da arrogância alemã com o mau hábito americano de seminários teológicos." As grandes universidades britânicas são vistas de modo parecido por Drucker. "Nunca fui muito fã de Oxbridge", diz ele. "Se você combina com o modelo, é estimulado. Se não, não é autorizado a ser quem é." Os economistas, diz ele ainda, nunca tiveram de preocupar-se para saber de onde viria a próxima refeição e o corpo docente das universidades está cheio de "pessoas que nunca descobriram acerca da brilhante estratégia de comercialização que não funciona porque o consumidor não se comporta do modo que se acha que deveria fazê-lo".

Quanto às escolas de administração, Drucker recomenda que ninguém deve freqüentá-las antes dos trinta anos. "Escolas de administração sofrem de sucesso prematuro. Agora estão aperfeiçoando um pouquinho o ontem. O pior é melhorar o que nunca deveria absolutamente ser melhorado", afirmou, antes de predizer o declínio dessas escolas.

Drucker distingue-se clara e deliberadamente da tendência predominante nos pensadores de administração. Não escreve livros encomendados e recusou-se a virar uma celebridade. Ao invés, trabalha sozinho, livre de equipes de jovens pesquisadores entusiastas e pendentes de suas palavras sábias. Conforme diz: "Neste país, se se diz às pessoas que se está escrevendo um livro, pode-se fazer qualquer coisa." Ele também permaneceu propositadamente distante da prática concreta da administração. Em uma entrevista, admitiu: "Sempre fui um lobo solitário. Trabalho melhor ficando de fora. É onde me sinto mais eficiente. Eu seria um mau administrador. Sem esperanças. E um emprego numa companhia me mataria de tédio. Gosto de ser um estranho." Com efeito, sua obra autobiográfica intitula-se *Adventures of a Bystander* ("Aventuras de um espectador"). Permanece sendo o favorito dos muitos livros dele.

A influência de Drucker talvez não esteja plenamente apreciada — ele, afinal de contas, não é um pregador ambulante do modelo Tom Peters. Livros populares sobre administração freqüentemente expõem idéias de que ele falou há dezenas de anos. *Megatrends* (1983), de John Naisbitt, pode ser comparado à *The Age of Discontinuity* (1969) de Drucker; o *Theory* Z (1981), de William Ouchi, cobre parte do terreno tratado em *Men, Ideas and Politics* (1971) e o grande sucesso de vendas *In Search of Excellence* (1982) recondiciona algumas das idéias críticas do livro de 1954, de Drucker, intitulado *The Practice of Management.*

Rosabeth Moss Kanter afirmou que o idealismo de Drucker é uma falha: "Não há mal no mundo que Drucker nos mostre, apenas ignorância. Não há poder, nem política, nem cobiça. Tampouco existe fragilidade humana que interfira na implementação da prática ideal. Não existem complexidades ou deficiências no conceito de empresa que derrubem aqueles administradores ansiosos por implementar os ensinamentos de Drucker." Drucker se dá conta de ser inalcançável a utopia da administração. "Não acredito haver algo como uma companhia bem administrada por não existirem gênios universais. O único que houve foi Leonardo da Vinci — e não há registro dele ter jamais tocado flauta!" Mas, sem um ideal a visar, poderia nunca ocorrer mudança alguma. Durante sua carreira, Drucker observou e precipitou mudanças. "Achamo-nos no ponto onde novos conceitos estão emergindo. Ocorreu uma tremenda percepção de que a sociedade toda se compõe de organizações."

Sua obra atual está tão preocupada com o futuro como sempre. Artigos recentes têm focalizado as prováveis mudanças na administração da mesma forma que os livros de Drucker prediziam mudanças drásticas trinta anos atrás. Na *Harvard Business Review* (1988), Drucker escreveu:

> Daqui a 20 anos, o típico grande negócio terá menos da metade dos níveis administrativos de sua réplica atual, e não mais de um terço do número de administradores. Em sua estrutura, e em seus problemas e preocupações administrativos, pouco se parecerá com a típica empresa fabril dos anos 50 que nossos compêndios ainda consideram como norma. Ao invés disso, é mais provável que se assemelhem a organizações a quem nem o administrador atuante ou o acâdêmico prestem muita atenção hoje em dia: o hospital, a universidade, a orquestra sinfônica. Porque, tal como eles, o negócio típico será baseado no saber, uma organização composta em grande parte de especialistas que dirigem e disciplinam seu próprio desempenho, graças ao retorno de informações dadas por colegas, clientes e a direção central. Por tal razão, ela será o que denomino uma organização baseada na informação.

Drucker lamenta: "Somos aprendizes por demais vagarosos." Suas idéias consistentemente têm marchado bem à frente da sabedoria convencional. Quando estavam na moda os conglomerados, alertou sobre os problemas das fusões e aquisições irresponsáveis. No auge da popularidade deles, ele pôs em dúvida a "descentralização federal" da General Motors. Ela era, afirmou, insensível à mudança externa. Posteriormente, iria atacar quadros de executivos numerosos, estimular a tolerância da dissensão nas organizações e apelar por um maior sentimento de responsabilidade, quando administradores pareciam por demais egoístas e gananciosos. "Nunca ofereci panacéia fácil aos administradores. Sempre solicitei-lhes que pensassem, decidissem e assumissem responsabilidades. Permitam-me dizer assaz rudemente — e com considerável presunção — que isso explica por que ainda ando por aí depois de mais de quarenta anos. Os artistas de um único acerto conseguem resultados imediatos; mas, ao chegar a manhã de segunda-feira, todos os seus convertidos redescobertos já estão recuando e tomando o primeiro gole."

Ao avaliar sua contribuição para as idéias e a prática da administração, Drucker é tipicamente franco: "Fui o primeiro a ver o processo decisório como central, o primeiro a perceber que a estrutura tem de obedecer à estratégia, e o primeiro a ver, ou no mínimo o primeiro a dizer, que a administração tem de ser administração por objetivos e autocontrole."

Um crítico apresentou outro ponto de vista acerca da contribuição de Drucker: "Ele fez por várias gerações de administradores o que o Dr. Benjamin Spock fez pelas jovens mães — orientou e tranqüilizou-as.

Ele ensinou como cuidar e alimentar a empresa. E, mais importante, os administradores deram-lhe ouvidos e aprenderam."

Thomas Watson Senior (1874-1956) e Thomas Watson Junior (nascido em 1914)

Empresários

Em *The Frontiers of Management* (1986), Peter Drucker põe a sabedoria convencional da história da IBM de cabeça para baixo: "Todos sabem que Thomas Watson Senior fez da IBM uma grande empresa de computadores e foi um líder do mundo dos negócios. Mas 'todos' estão errados. Thomas Watson Senior não construiu a IBM que conhecemos; seu filho, Tom Watson Junior, fez isso após ter entrado para a alta administração da empresa em 1946, apenas com trinta e dois anos de idade." Ele chega ao ponto de mostrar que sob a direção de Watson Senior a IBM era uma companhia de porte médio; seu filho transformou-a em um gigante industrial. O que torna interessante e relevante para este livro a história de Watson Junior é que muitos dos princípios de administração que formulou despontaram como fundamentos da "moderna" teoria da administração nesta última década.

As frias estatísticas do sucesso de Thomas Watson Junior são assombrosas. Quando entrou para a IBM em 1946, a receita da companhia era de 119 milhões de dólares. Quando se aposentou, a renda bruta da IBM era de mais de 7 bilhões de dólares e a companhia se incluía entre as maiores não apenas dos Estados Unidos como do mundo. Com efeito, a moderna IBM tem o tamanho de um país moderadamente grande. Em 1987, seu volume de negócios foi de 54 bilhões, enquanto o produto nacional bruto da Grécia só alcançou 40 bilhões de dólares.

Partindo de um início restrito, Watson Senior foi também um homem de negócios imensamente bem-sucedido. A National Cash Register, companhia para a qual trabalhou quando jovem, era dirigida por John Patterson, que manifestou a opinião de que "A melhor maneira de matar um cão é cortando-lhe a cabeça". Isso, disse, explicava a maneira pela qual tratava seus concorrentes. O sucesso da NCR se deveu muito a uma estratégia de vendas eficaz e a sua tática de marketing agressiva de que resultou ela vir a ser a primeira vítima das leis antitruste de 1912. Escapando por pouco a uma sentença de um ano de cadeia, Watson Senior tornou-se gerente-geral da Computer Tabulating Recorder Company sediada em Nova York. Foi em 1914, ano de nascimento de Watson Junior, que Watson Senior, aos 40 anos de idade, resolveu fazer crescer uma companhia que se tornaria maior e mais bem-sucedida do que a NCR.

Sua meta de ultrapassar a NCR foi atingida. A receita da CTRC dobrou de 4,2 milhões de dólares em 1914 para 8,3 milhões em 1917. Em 1924, a companhia mudou de nome — bastante ambicioso, pareceu — para International Business Machines. "Não se pode ser bem-sucedido em qualquer negócio sem acreditar que é o maior negócio do mundo", afirmou Watson Senior. O nome camuflava claramente que os produtos dela incluíam balanças de açougueiro, cortadores de carne, moedores de café, relógios de ponto e máquinas tabuladoras à base de cartões perfurados. Na década de 1930, enquanto o resto da indústria norte-americana porfiava, a IBM detinha 90% do mercado de máquinas tabuladoras e se achava altamente próspera. Em 1934, Watson era visto como o mais bem pago executivo dos Estados Unidos com um salário de 364.432 dólares. Em 1946, a companhia crescera trinta e oito vezes e pôde realmente aceitar empregados durante a depressão.

O sucesso de Watson Senior derivou de muitas das lições que ele aprendera na NCR. Arrendava, em vez de vender máquinas, e insistia para os clientes usarem apenas os cartões perfurados de sua companhia. Mas a venda era encarada como um fator importantíssimo e Watson viu-se em meio a grandes esforços para elevar a posição de sua equipe de vendas. "Quero que meus vendedores da IBM sejam pessoas que possam ser olhadas com respeito por suas esposas e filhos. Não quero que suas mães tenham de desculpar-se por eles ou tenham de disfarçar quando lhes perguntarem em que os filhos trabalham" — disse ele.

A IBM diferenciou-se mais ainda de outras companhias por sua filosofia empresarial. Havia até uma canção da empresa para estimular o moral: "Com o Sr. Watson na liderança, chegaremos a grandes alturas e manteremos a IBM respeitada por todos." Watson Senior resumiu sua perspectiva ao dizer: "É melhor visar à perfeição e errar do que visar à imperfeição e acertar." Os empregados da IBM eram bem remunerados e tinham maior segurança no emprego do que em qualquer outro lugar. Enganos não eram punidos com demissão imediata. O conselho assaz repetido de Watson a vendedores era simples: "Faça certo!"

Para Thomas Watson Junior, a IBM foi uma força em sua vida desde bem cedo na infância. "Em certo sentido, cresci na companhia", diria mais tarde. Fez seu primeiro discurso em uma reunião de vendas da IBM aos doze anos de idade e, quando diplomado em Geologia pela Universidade de Brown, tornou-se vendedor da IBM no centro comercial de Nova York. Após pilotar aviões de bombardeio B-24 durante a guerra, Watson retornou para a IBM e afinal emergiu da formidável sombra do pai em 1956 ao tornar-se diretor-gerente. Mais tarde, iria tornar-se principal diretor, presidente e, em 1989, presidente emérito. Sua carreira na IBM só fora interrompida por um breve período como embaixador dos Estados Unidos na União Soviética, na época da invasão do Afeganistão.

Quando Watson Junior ingressou na IBM, imediatamente após a guerra, a empresa contava com 22.492 empregados. Em 1952, inaugurou seu primeiro computador, o modelo 701 para cientistas. Em 1956, ao se tornar seu principal diretor, ela empregava 72.504 pessoas. No ano seguinte, a IBM virou uma empresa de um bilhão de dólares. Em 1961, Watson Junior tornou-se presidente; dez anos depois, quando passou a presidente do Conselho Executivo, a IBM empregava 265.493. Quando da aposentadoria de Watson Junior, em 1984, havia 490.000 empregados na IBM.

Watson Junior ampliou e continuou com muito do que seu pai pusera em prática. A filosofia da IBM para com empregados e clientes tornara-se identificada internacionalmente. Em seu livro *A Business and Its Beliefs*, Watson Junior escreveu:

> Creio firmemente que qualquer organização, a fim de sobreviver e alcançar sucesso, tem de ter um bom conjunto de crenças em que baseie todas suas normas e ações.
>
> A seguir, creio que o mais importante fator isolado no sucesso empresarial é a adesão fiel a tais crenças.
>
> E, por fim, creio que para uma organização atender aos desafios de um mundo em mutação, tem de estar preparada para modificar tudo a seu próprio respeito, exceto essas crenças que acionam a vida empresarial.
>
> Por outras palavras, a filosofia, espírito e impulsão básica de uma organização também têm mais a ver com seu desempenho do que recursos tecnológicos ou econômicos, estrutura organizacional, inovações e senso de oportunidade.

As bases da filosofia da IBM criada pelos Watson são:

- O indivíduo tem de ser respeitado.
- O cliente tem de receber o melhor atendimento possível.
- Deve-se buscar a excelência e superioridade no desempenho.

A IBM tem cinco metas comerciais:

- Incrementar a participação acionária dos clientes.
- Ser líder nos produtos e nos serviços, sobressaindo em qualidade e inovação.
- Crescer com a indústria.
- Ser os mais eficientes em tudo que fizermos.
- Sustentar nossa lucratividade que é a base de nosso crescimento.

Quando Peters e Waterman procuraram companhias "excelentes" para seu livro *In Search of Excellence*, a IBM foi provavelmente o nome menos surpreendente da relação. Seu devotamento à excelência é freqüentemente proclamado e oriundo de resultados durante a maior parte do século. Watson Junior diz em seu livro: "Cremos que uma organização deve realizar todas suas tarefas com a idéia de poderem ser levadas a cabo de forma superior. A IBM espera e exige desempenho superior por parte de seus funcionários em seja lá o que for que fizerem."

A aplicação disso na prática assumiu diversas formas durante o período de Watson Junior à testa da empresa. Em 1958, por exemplo, a IBM tornou-se a primeira grande empresa a conceder salários semanais a operários pagos por hora e foi uma das primeiras a remunerar os feriados. Seu empenho em nunca deixar seus trabalhadores se tornarem supérfluos permanece intacto. "Passamos mais tempo preocupando-nos com recursos humanos e com tipos humanos de procedimento do que com eletrônica ou normas de venda nestas duas últimas décadas", comenta Watson Junior posteriormente.

Com efeito, o explosivo sucesso da IBM se deveu muito à capacidade de Watson Junior para escolher as pessoas certas. "Tom nunca foi um técnico", disse um colega ao aposentar-se, "mas tinha a imaginação e a visão para perceber o que tinha de ser feito, e encontrar as pessoas que pudessem fazê-lo." Watson Junior explica: "Creio que uma contínua disposição para reestruturar, mudar e promover foi provavelmente minha maior contribuição." E prossegue: "Constatamos que uma compreensão profunda das crenças da IBM, bem mais do que perícia técnica, possibilitou à nossa gente tornar a companhia bem-sucedida."

Claro, a IBM tem lutado há décadas sobre bases excepcionalmente robustas. Seus riscos, até certo ponto, foram superados pelo tamanho. Com efeito, a companhia tem sido regularmente acusada de adotar práticas monopolistas (o recente livro *Big Blue* descreve este lado da história da IBM). "Uma vez que temos funcionado em uma posição afortunada durante toda nossa história tecnológica, comparada com nossos concorrentes, geralmente temos sido capazes de adotar medidas conservadoras, e nossa percentagem de vitórias tem sido excepcionalmente elevada", diz Watson. Mesmo assim, ele correu grandes riscos enquanto à testa da IBM. O vigor atual da empresa, por exemplo, deve muito à família de computadores do Sistema 360, lançada na década de 1960. "Apostamos tudo da companhia nisso", diz Watson. O Sistema 360 custou a soma colossal de 5 bilhões de dólares para ser criado — mais do que a bomba atômica.

A reorganização da empresa no final dos anos 50 também revelou Watson Junior como capaz de assumir riscos. Recordando, ele escreveu: "No final de 1956, após vários meses de planejamento, convocamos as cento e poucas principais figuras da empresa para um encontro de três dias em Williamsburg, na Virgínia. Começamos essa reunião como uma companhia monolítica, de cabeça enorme e pesadona, e dela saímos descentralizados."

Tom Horton, da American Management Association e ex-empregado da IBM, dá uma visão do estilo de administrar de Watson Junior:

> Indaguei de uma série de dirigentes máximos quais as contribuições originais que podem partir de um dirigente de alto nível e de mais ninguém. Enviei-lhe um resumo de cinco páginas dos resultados; ele escreveu à margem: "Contribuí com medo."
>
> Sabia igualmente recompensar e estimular. Uma vez estive em seu gabinete com um cientista que discutiu com ele a propósito de um pormenor técnico. Intervi em favor do cientista e ganhei o debate. Ele me chamou a uma sala ao lado e disse: "Uma grande companhia é como uma orquestra sinfônica." Em seguida, comparou todos os outros dirigentes com instrumentos. "Que instrumento você acha que é? Creio que você é um violino. Sabe afinar um violino? Se afinar demais, uma torção lhe quebrará o braço. Gostaria que eu o afinasse para você?" Claro, respondi. A partir daí, ele me chamava e dizia: "Acabo de ler um recado que você mandou. Eu o teria dado assim..." A certa altura, ele decidiu que eu estava afinado. Chamou-me e perguntou: "Quanto lhe pagamos?" Disse-lhe a quantia. "Não, não é isso" — retrucou. "É XYX". Isso representou um aumento de 10 mil dólares.

Esse estilo individualista de administração era sustentado por uma dedicação ampla ao marketing. A boa reputação auferida pelo marketing da IBM foi forjada desde cedo na sua história e a perícia revelada nesse setor serviu de modelo a inúmeras multinacionais japonesas após a guerra. (A IBM do Japão é o maior e mais antigo investimento estrangeiro do país, tendo sido estabelecida antes mesmo da Segunda Guerra Mundial.) Buck Rodgers, ex-presidente de marketing da IBM, descreveu os pontos fortes do marketing da companhia em seu sucesso de vendas *The IBM Way*. "Na IBM todo mundo vende! Cada empregado foi treinado para pensar que o cliente vem em primeiro lugar — todos, desde o dirigente máximo, aos funcionários do departamento financeiro, aos recepcionistas, aos que trabalham na fabricação. O mercado e as vendas acham-se tão estreitamente entrelaçados nos sucessos passados, presentes e futuros da IBM que são inseparáveis."

O respeito com os clientes foi encarado como prioridade máxima por Watson Junior. "Queremos dar o melhor serviço de atendimento ao cliente, mais do que qualquer outra empresa no mundo", disse. Acreditava que o *slogan* "IBM Significa Serviço" foi o melhor da empresa. "Em seu devotamento à atenção ao cliente, a IBM aprendeu que a melhor maneira de atender a um candidato a cliente era proporcionar equipamento adaptado às necessidades dele, em vez de pedir-lhe que alterasse seu negócio a fim de se adequar a nossas máquinas." Peter Drucker assinala isso em seu livro *Management*, dizendo que a orientação da IBM face aos cleintes está disseminada por toda a organização:

> Uma das razões de a IBM ter tido tanto sucesso na área dos computadores foi o fato de ter percebido que muitas são as pessoas em uma empresa que terão de comprar um computador para que haja uma venda. Os usuários de computador (que em grande parte significa gente dos departamentos financeiro e de contabilidade) têm de comprá-lo. Mas a alta direção também tem. E assim ocorre com as pessoas que terão de utilizar o computador como ferramenta de informação, isto é, os gerentes de operações. Desde o início, a IBM vendeu a todos esses grupos e pensou acerca do que cada um deles está buscando, do que precisa e o que considera valioso, e como cada um deles pode ser alcançado.

O poder de realização de Watson Junior pode ser visto na continuação de muitas das idéias suas e de seu pai na IBM de hoje. Nos anos 80, a IBM experienciou a pior queda de sua história, mas permaneceu leal ao princípio de não dispensar pessoal. Sua orientação de marketing permanece forte. O atual presidente, John Akers, oriundo do setor de marketing, afirma: "Os princípios fundamentais com que Tom Watson Senior construiu o seu negócio: busca da excelência, serviço de qualidade superior, respeito pelas pessoas... estão tão vivos e vigorosos quanto jamais o foram." E hoje, em toda economia de mercado, exceto o Japão, a IBM domina o fornecimento de Sistemas Computacionais de grande porte.

Charles Handy

Nascido em Dublin em 1932
Educador

Charles Handy começou a vida na Irlanda, filho de um pároco. Educado em uma escola pública inglesa, para a qual conquistara uma bolsa de estudo, Handy foi para a Universidade de Oxford. Em seu primeiro dia no Oriel College, ele e seus compatriotas foram alertados pelo superintendente: "Vocês podem fazer tudo na vida duas vezes, exceto morrer e receber um diploma de Oxford." Suas experiências ali influíram profundamente seu modo de pensar e abordagem acerca de organizações. "Passei quatro anos lá", diz ele. "Não estou certo de ter me recuperado." Handy recebeu os fundamentos sobre os "Grandes", uma miscelânea intelectual dos clássicos, de história e de filosofia. "Não foi uma escolha consciente de estudar os Grandes. Em certa ocasião, arrependi-me, mas isso me deu uma capacidade para pensar, pela qual agora sou grato."

Cheio de idéias e aparentemente destinado à vida acadêmica, surpreendentemente Handy ingressou na Shell Internacional. "Disseram-me que eu tinha uma cabeça bem-treinada mas vazia", recorda ele. Foi mandado para a Malásia e viu-se, aos vinte e dois anos de idade, encarregado de cinco sistemas de reabastecimento de combustível de aeroportos em Sarawak. A escala em termos de tempo era curta, ele se lembra. "Entusiasmado com a honra, gelado de medo pela responsabilidade, procurei primeiro o gerente de aviação, que me parabenizou e prometeu-me um curso completo de treinamento sobre sistemas de reabastecimento de combustível em campos de aviação. — De quanto tempo você dispõe?, indagou. — Vinte e quatro horas, respondi. — Nesse caso, falou baixinho, é melhor irmos os dois até a igreja e rezar. — Foi, diria Handy, "uma educação através de pequenas catástrofes."

Mais tarde, Handy viu-se como economista da Shell para o Sudeste da Ásia, malgrado sua pouca experiência no setor. Comprou um volume de *Ensine economia a si mesmo* e procurou manter-se afastado das pequenas catástrofes.

Regressando à Grã-Bretanha, Handy achou a vida na Shell tediosa: "Na Malásia eu tinha meu próprio feudo. Em Londres, não podia agüentar a burocracia."

Foi transferido para a escola de treinamento de assessores onde, diz: "Descobri adorar o ensino." Após dois anos, foi convocado para ir para a Libéria mas, como Peter Drucker, Handy constatara não se sentir à vontade trabalhando para uma grande empresa.

Foi então procurado por uma das pessoas que estavam organizando a criação da London Business School, que, com a de Manchester, foi inaugurada em 1965. A escola traçava planos para levar a cabo um Programa de Gerenciamento Sloan, semelhante ao do Massachusetts Institute of Technology, um verdadeiro ano de licença para pessoas com seus trinta anos de idade. Handy foi recrutado para dirigir o programa, caso este conseguisse decolar. Foi, admite ele, "um tanto vago". Para encher o tempo, trabalhou por pouco tempo na City* como economista para a Anglo-American Corporation, antes de ingressar na Sloan School of Management do MIT. "Nessa época, eu era um administrador de empresa de petróleo que se interessara pela formação de gerentes" — diz Handy. — "Eu achava que matemática e computadores eram as soluções para a administração. Achei que eles seriam o segredo do futuro." Mas, após três dias no MIT, Handy compareceu a uma reunião em que foi apresentado a Warren Bennis, Chris Argyris, Ed Schein e Mason Haire. "Eles disseram que ensinavam comportamento organizacional. Perguntei o que era isso" — recorda Handy. "Sentei-me aos pés deles e esqueci tudo sobre matemática e computadores. Aquilo transformou minha vida." Schein tornou-se seu supervisor; o fascínio de Handy por organizações dominaria todo seu trabalho daí em diante.

Em seu primeiro livro, Handy escreveu:

> Fui estudar as organizações esperando certeza e conhecimento absolutos por parte das ciências do comportamento. Previ que acharia leis governando o comportamento das pessoas e das organizações, tão seguras quanto as leis das ciências físicas. Fiquei desapontado. Descobri que choviam conceitos e idéias. Obtive, igualmente, com muita freqüência, a confirmação sólida do óbvio e o exame profundo de trivialidades. Porém, as inalteráveis leis subjacentes não estavam lá, as organizações permaneciam apenas fragmentariamente eficientes, e as idéias mais interessantes nem sempre davam certo.

* A "City" é o centro comercial e financeiro de Londres. (N.T.)

Ao diplomar-se no MIT em 1967, Handy de fato entrou para a London Business School para desencadear e dirigir seu Programa Sloan, que continua a funcionar até hoje. Posteriormente, passou a professor de Administração nesta mesma escola.

A despeito dos atrativos da vida acadêmica, Handy ansiava por converter seus conhecimentos e sua vibração por organizações em um livro. Encheu o carro de livros de consulta e partiu para a França, onde escreveu seu primeiro livro, *Understanding Organizations*, em 1976. Este abriria novos caminhos ao reunir pela primeira vez uma série de teorias. Diz Handy: "Escrevi-o como um exercício para mim mesmo. Procurei ter certeza de entendê-lo inteirinho."

Understanding Organizations trazia o conselho: "Encorajaria a qualquer um para queimar este livro após lê-lo e começar a escrever um livro seu — é a única maneira de apropriar-se dos conceitos." Handy não admite que cada organização individual exista em um vácuo isento de teoria. "Tem de haver alguma forma de estrutura para aprender a respeito da administração. Tem-se de pôr a própria experiência nas teorias", diz Handy. Ele explica sua obra como "uns quantos conceitos. Alguns podem auxiliar a entender seu próprio mundo. É uma questão de interpretar a experiência".

Handy ressalta que *Understanding Organizations* é um manual para estudantes (e continua a ser comprado por eles em grandes quantidades). "Policiais e professores leram-no. Não é um livro sobre negócios; é sobre organizações. Não sonharia dá-lo a homens de negócios comuns."

O livro seguinte de Handy, *The Gods of Management* (1979), contribuiu com uma introvisão ainda mais idiossincrática do comportamento organizacional. Nele, o autor expõe uma analogia complicada entre quatro deuses gregos e certas características das organizações. Os deuses Zeus, Apolo, Atenas e Dionísio são empregados para esclarecer a intangibilidade de organizações e da administração. Handy deixa claro que adotar símbolos antigos é tão pertinente quanto proporcionar qualquer outra estrutura para compreender as organizações.

Explicando essa obra, Handy diz: "Ela não ensina as pessoas o que fazer. Destina-se a explicar e interpretar experiências. A administração é uma área de teoria flexível. Não é uma ciência exata. Não gosto nada de pessoas que procuram leis rigorosas para o gerenciamento." Ao invés, Handy vê-se a si mesmo, segundo o modelo de Peter Drucker, como um intérprete intuitivo do que se passa dentro das organizações. Em *The Gods of Management*, ele escreveu: "Gerenciar é mais divertido, mais criativo, mais político e mais intuitivo do que qualquer compêndio. Não obstante, se bem que toda organização seja diferente, há modelos que podem ser percebidos, modelos a serem imitados a algumas diretrizes que podem ser seguidas." Ele defende uma abordagem inteiramente nova à maneira de pensar a respeito de organizações e de lidar com elas.

Como Drucker, Handy não restringe seu interesse a organizações ligadas ao mundo dos negócios. Está interessado, por exemplo, na organização de escolas e escreveu sobre o tema em *Understanding Schools as Organizations* (1986). Analogamente, seu interesse por organizações sem fins lucrativos teve como resultado o livro *Understanding Voluntary Organizations* (1988). "Hoje em dia, as pessoas querem conseguir mais da vida e das organizações", sustenta Handy.

Suas preferências pessoais vieram gradativamente à tona em sua obra publicada. Em *Understanding Organizations*, ele examinou minuciosamente as idéias de outros. Em *The Gods of Management* expôs suas próprias idéias sobre organizações em torno de um padrão instigante. Em *The Future of Work* (1984), expôs sua visão do futuro, e trata-se de um livro bem mais pessoal do que os anteriores. Sustenta que no mundo do futuro devemos "olhar para além de emprego e do *status quo*", e é um apelo arrebatado por uma conscientização mais ampla de como o mundo do trabalho mudou e continua a mudar. Em 1988, Handy levou este tema mais adiante em seu prestigiado *The Making of Managers*, que investigou a situação internacional da formação de administradores. O relato comparou as abordagens norte-americana, japonesa, alemã, francesa e britânica à formação de administradores, implorando à Grã-Bretanha que revertesse o triste fato de "pouco se saber na Grã-Bretanha do que ocorre na formação de administradores".

O futuro, prediz Handy, será de "mudança intermitente". O caminho através do tempo, com a sociedade lenta, natural e racionalmente melhorando num curso firme, é coisa do passado. Os antolhos têm de ser retirados. Handy narra a história dos índios peruanos que viram navios no horizonte prestes a invadir-lhes a terra. Nada sabendo sobre tais coisas, puseram o fato de lado como um capricho da meteorologia. Acomodaram-se em seu senso de continuidade.

A fim de adaptar-se a uma sociedade assim, a maneira de as pessoas pensarem terá de modificar-se fundamentalmente. "Somos todos prisioneiros de nosso passado. É difícil pensar em coisas exceto da maneira com que sempre as encaramos. Isso, porém, não soluciona problemas e raras vezes muda alguma coisa." Ele assinala que pessoas que pensaram inconvencionalmente, "irracionalmente", exerceram o mais profundo impacto na vida do século XX. Freud, Marx e Einstein tiveram sucesso graças ao pensamento "descontínuo" (ou o que Handy denomina pensamento "de cabeça para baixo").

Na prática, Handy crê que certas formas de organização se tornarão dominantes. São o tipo de organização mais facilmente associado hoje em dia ao setor de serviços. Primeiro, o que ele denomina "organização irlandesa" — "uma forma baseada em torno de um núcleo de dirigentes e trabalhadores indispensáveis, apoiados por empreiteiros externos e mão-de-obra contratada em regime de horário não-integral". A conseqüência de tal forma de organização é que as empresas do futuro provavelmente se parecerão com as firmas de consultoria, agências de propaganda e escritórios de profissionais liberais tal como atuam hoje em dia.

A segunda estrutura nascente identificada por Handy é a federal. Não se trata, ele acentua prontamente, de outro nome para descentralização. Ele apresenta um novo modelo para as organizações federais. A função central coordena, influencia, aconselha e sugere. Não impõe termos ou decisões a curto prazo. O centro, todavia, acha-se preocupado com a estratégia de longo prazo; acha-se em meio às coias e não vem a ser um nome cortês para os "de cima", ou mesmo para "matriz." Handy aponta o Truste Hanson como um exemplo de companhia com um centro estratégico pequeno apoiado por uma multidão de órgãos da linha de frente.

O terceiro tipo de organização que Handy antecipa é o que denomina "o Tríplice I". Os três "Is" são informação, inteligência e idéias. Em organizações assim, são grandes as necessidades de pessoal para sua administração. Explica então: "A organização sagaz também sabe que seu pessoal inteligente não pode ser facilmente definido como trabalhadores ou como gerentes mas antes como indivíduos, como especialistas, como profissionais ou executivos, ou como líderes (nomes mais antigos como gerente e trabalhador estão caindo de moda), e eles, assim como ela, têm de estar obcecados com a busca do saber se quiserem se manter em dia com o ritmo de mudança."

Handy acredita que *The Age of Unreason* (1989) é o mais pessoal de seus livros até hoje publicados. "As pessoas não são recursos humanos. São indivíduos vivos com direito a serem diferentes. As organizações montadas para explorar gente estão erradas. Este tom moral parece estar se infiltrando em minha obra."

Handy cada vez mais atrai um público maior. Entre suas múltiplas atividades, tem também um programa curto no rádio chamado "Pensamento do Dia". "Sou provavelmente mais conhecido por fazer isso do que por qualquer dos meus livros. Tenho de crer que existe um significado na vida e creio em um sentido para as organizações. Quero ser mais do que intérprete de teorias", diz ele.

Sua motivação é aparentemente simples: "Escrevo livros porque não posso deixar de fazê-lo. É o processo que uso para esclarecer minhas idéias." Também isso é inspirado, diz ele, por seu interesse em fazer as pessoas pensarem. Ele tem participado, por exemplo, na St. George's House, no Castelo de Windsor, um centro dedicado aos problemas de ética e valores no conjunto da sociedade, e é atualmente presidente da Royal Society of Arts.

Henry Mintzberg

Nascido em Montreal, 1939
Professor na Universidade McGill, Montreal, Canadá

O mais recente livro de Henry Mintzberg inclui uma dedicatória "àqueles de nós que passamos nossas vidas públicas lidando com organizações enquanto nossas vidas privadas fugiam delas". Mintzberg destaca-se decididamente da tendência principal da sabedoria convencional. Foi rotulado "o flagelo da ortodoxia estratégica" e renunciou a ensinar alunos de MBA por acreditar que eles são lançados no mundo real dos negócios sem real experiência prática. "Não sou aparador de unhas. Vou logo à artéria jugular das questões internacionais", proclamou. Sua obra desafiou grande parte do pensamento convencional acerca de gerenciamento, desde a natureza e estrutura das organizações até a criação de estratégias. Para Mintzberg, muitas praxes consagradas de gerência são um estorvo à mudança e inovação.

A revista *International Management* observou: "Henry Mintzberg é assim como um *enfant terrible* no mundo da literatura sobre administração. Fez nome e carreira indo contra as teorias aceitas, privilegiando o administrador individual em detrimento do sistema, e explorando o que chamaríamos áreas evidentes desprezadas pela maioria de colegas mais esotéricos."

Agora Professor *Bronfman* de Administração na Universidade McGill, no Canadá, Mintzberg diplomou-se em engenharia mecânica nessa universidade em 1961. Mesmo nessa época, preferia discutir assuntos mais práticos do que teóricos. "Eu estava mais interessado em engenharia industrial, mas não havia um programa para isso", explica ele. Sua carreira prática teve início com pesquisa operacional nas Ferrovias Canadenses, onde foi contratado por "um biólogo com uma barba de Fidel Castro". Esse personagem inconvencional em uma empresa convencional foi capaz de demonstrar para Mintzberg que burocracias funcionavam, quando pelo menos funcionavam, porque as pessoas subvertiam os regulamentos, não por se comportarem da forma lógica e prescrita — e ele exerceu influência expressiva no pensamento de Mintzberg: "Nas Ferrovias Canadenses aprendi acerca de burocracia e politicagem em grandes organizações. Sou um *voyeur* empresarial. Ocupando uma posição no *staff*, pude dar um passo atrás e encarar a organização quase como se fosse de fora."

Mintzberg afirma ter se surpeendido ao ingressar no MIT: "Como estudante de graduação em McGill eu estava mais interessado em atividades extracurriculares. Fui editor de esportes no jornal, e participei da organização do carnaval. Como estudante no MIT (na Sloan School), não me saíra mal, mas nada de excepcional. Permaneci para fazer meu doutorado, propondo-me a fazê-lo no campo da política (ou estratégia, como agora a chamamos). Não havia, porém, professor ensinando o assunto, de sorte que permaneci fazendo minha pesquisa praticamente por conta própria, trabalhando com professores, mas não como alguém especializado na área. Na época, Harvard era um grande centro para Política e Estratégia. Eu, porém, não concordei com a abordagem deles. Achei que a Estratégia carecia de uma base teórica. Havia bastante bibliografia disponível, porém ainda ninguém a coordenara."

Tendo efetivamente recebido liberdade de ação, Mintzberg aproveitou o ensejo para romper com os modelos. Primeiro, porém, como todos os acadêmicos em busca de um cargo, começou a trabalhar em um livro. "Em meu primeiro ano de ensino, pus-me a escrever *The Theory of Management Policy.* Ao preparar cada palestra, esta se transformava no capítulo seguinte."

O que se iniciou como um compêndio, com o passar dos anos virou uma série de livros, cada um baseado em um único capítulo. Diz Mintzberg: "Aquele estudo inicial firmou o padrão inteiro pelo qual piquei o mundo em pedacinhos." *The Nature of Managerial Work*, seu primeiro livro editado, veio a ter 300 páginas. O seguinte teve 700. Não foi preciso um gênio para bolar que o seguinte teria 900 páginas em dois volumes.

O modelo do pensamento de Mintzberg distribui-se em três períodos, divididos, segundo ele descreve, "por duas transformações *gestalt*. A primeira foi o conceito de configuração, a mim apresentado por um colega do Carnegie-Mellon, Pradip Cundwallah. Essencialmente, esse conceito consistia em afirmar que as organizações juntam as coisas de maneiras adequadas a suas circunstâncias particulares. Não planejam a ponto de ter um sistema coerente para organizar seus próprios atributos. Quis escrever um livro sobre estrutura. Achei tudo muito confuso até dar-me conta de que aqueles atributos eram formados em torno da configuração. Em conseqüência, fui capaz de desvendar novas categorias de organização, ao que dei o nome de *adhocracia*, ou seja, categorias com finalidade específica. Antes eu dera um corte vertical nas organizações. A configuração permitiu-me dar um corte horizontal".

"A segunda mudança *gestalt* proveio de um estudante, em 1980, que me perguntou se eu estivera brincando com um quebra-cabeça em meu livro anterior. Isso fez-me indagar: todos esses elementos são reunidos de maneira predeterminada, ou pode-se formar novas estruturas com eles?"

Fruto desse questionamento foi seu último livro, *Mintzberg on Management*, no qual ele sustenta que "a sociedade tornou-se inadministrável como conseqüência da administração". As disciplinas administrativas expulsaram a intuição, que é elemento vital na direção da organização e na tomada de decisões eficazes. Ele reconta a história dos caçadores Inuit,* que outrora "podiam achar seu caminho através de dezenas de milhas de tundra branca absolutamente plana para visitar o acampamento de um amigo, orientados apenas por sua intuição. Poucos anos atrás, o automóvel-trenó de três rapazes Inuit quebrou a apenas poucas milhas de casa e eles morreram congelados por não saberem voltar". Nossas organizações, tanto do setor público quanto do privado, tornaram-se tão vastas e burocratizadas que também perderam o instinto de sobrevivência, afirmou.

Examinando as principais contribuições de Mintzberg para a teoria administrativa, vê-se que o primeiro impacto brotou de seus estudos acerca do trabalho de administradores que dirigem organizações. "Constatou haver tremendas pressões sobre eles para serem superficiais e concluiu que gerentes tinham de aprender a ser eficientes em sua superficialidade." Em *The Nature of Managerial Work* ele aponta as raízes de seu interesse — sua perplexidade quando criança para entender que diabos o pai, presidente de uma pequena firma de engenharia canadense, fazia o dia inteiro.

A abordagem de Mintzberg a esta questão foi direta. Simplesmente observou um certo número de gerentes *seniores* de diferentes companhias, cada um por semanas seguidas, enquanto cuidavam da correspondência, faziam reuniões e negociações, discutiam problemas e concordavam com ações a serem adotadas. A opinião dominante do

* Esquimós do Alasca. (N.T.)

cargo executivo na época foi resumida mais eloqüentemente por Peter Drucker, que descreveu a organização como uma orquestra e o dirigente máximo como o maestro. Mintzberg rejeita a analogia de Drucker — não no mínimo porque no caso da orquestra a platéia vê apenas o resultado de dias ou semanas de prática, durante as quais a coordenação dentro da orquestra está longe de ser boa.

Ao invés, sustenta ele: "O gerente trabalha imerso em um infindável fluxo de visitas e telefonemas. Pulando de um assunto a outro, cresce com as interrupções e, quase sempre, liquida os assuntos em dez minutos ou até menos. Embora possa ter cinqüenta projetos em curso, todos são delegados. Ele faz malabarismos com eles, verificando de vez em quando cada um antes de mandá-los de volta para a órbita.

"O gerente passa tanto tempo lidando com estranhos — seus colegas, clientes, contatos comerciais e gente do governo — assim como com subordinados (ou superiores). Está constantemente alerta para fragmentos de informações "fáceis" — tagarelice, diz-que-diz-que, especulações — que o possam manter um passo à frente, pois passar adiante tais mexericos para o subordinado adequado é parte importante de seu serviço.

"O gerente evita relatórios escritos, lê por alto os jornais e meramente despacha a correspondência. Tem uma tendência pronunciada para tratar de negócios cara a cara ou pelo telefone — o que lhe facilita avaliar emoções e agir rápido. Mas isso também o sobrecarrega com a faina consumidora de tempo de dar instruções maçantes sempre que delega algo."

Tudo isso está longe das teorias anteriores. Mintzberg divide-as em oito conceitos básicos, partindo do PODECRO (gerentes eficientes planejam, organizam, dirigem, formam equipes, coordenam, relatam e fazem orçamento), que ele chama de escola clássica. As outras escolas são:

- a escola do grande homem, baseada em descrições de seu comportamento por gerentes de sucesso (curiosamente, Mintzberg atualmente examina esta abordagem como meio de entender outros problemas relativos à administração)
- a escola empreendedora, que vê o administrador como um inovador racional
- a escola da teoria de decisão, que se concentra em como administradores tomam decisões e vêem isso como seu principal papel
- a escola de eficácia de líder, que se concentra no papel do administrador como líder

- a escola do poder de liderança, que encara como os administradores adquirem e empregam o poder
- a escola do comportamento do líder, que examina como os administradores se comportam em diversas situações
- a escola do trabalho como atividade, que examina as tarefas realizadas pelos administradores, sob um ponto de vista de análise do trabalho

Todas estas teorias, diz Mintzberg, ocupam-se apenas de parte do problema. Na análise dele próprio, que fica mais próxima das duas últimas categorias, encarou não apenas as atividades, mas as razões para estas. Isso implicou em uma abordagem sistemática para examinar:

- conteúdo do cargo
- características do cargo
- variações do cargo
- programação do cargo

Disso surgiu uma definição dos dez principais papéis de um gerente. Eles formam três grupos fundamentais:

- papéis interpessoais — figura de proa (representando a unidade, a organização, por exemplo, para representações formais); líder (proporcionando direção e finalidade); elemento de ligação (semelhante ao papel do "pino de conexão" de Likert)
- papéis informativos — monitor (certifica-se de que tudo ocorre conforme o planejado); disseminador (dá a outras pessoas as informações de que carecem para decidir); porta-voz (para o mundo exterior)
- papéis de decisão — empreendedor (aproveita novas oportunidades); alocador de recuros (decide que projetos ou atividades devem ser apoiados); "quebra-galhos" (corrige desvios do plano); e negociador

Ele sustenta que os administradores podem adotar qualquer um ou todos esses papéis dentro dum período curto, geralmente sem pensar em que papel em particular se acham no momento.

Embora inicialmente atacado por alguns teóricos do comportamento como superficial, *The Nature of Managerial Work* aos poucos estabeleceu a fama de Mintzberg. Para muitos administradores, os resultados foram atraentes por fazê-los sentirem-se menos culpados acerca de como passavam seu tempo. Quando ele resumiu suas conclusões em um artigo na *Harvard Business Review*, o texto rapidamente quebrou recordes de reimpressões. Artigos no *Times* de Nova

York e no *Wall Street Journal* também contribuíram para difundir o seu nome.

A seguir surgiu com uma "pesquisa dos processos pelos quais organizações formulam suas estratégias — em outras palavras, como estabelecem diretrizes básicas para si mesmas. Em meu trabalho e no de outros, isso mostrou ser bem mais complicado do que havia sido em geral imaginado. Com efeito, a abordagem de há muito preferida, chamada 'planejamento estratégico', provou ser um mito: concluiu-se não haver um modo sistemático para criar estratégia. E assim vim a descrever duas abordagens menos sistemáticas, uma centralizada, com base na revisão empresarial, e uma descentralizada, baseada em iniciativas das bases".

The Structure of Organizations apareceu porque Mintzberg queria entender como as organizações formavam suas estratégias. A fim de fazê-lo, contudo, raciocinou ser necessário primeiro entender como é que elas estavam estruturadas. O livro contém dois temas principais: a importância de fluxos (de informação, de decisão, e assim por diante); e como e por que organizações assumem configurações de maneiras particulares. Mintzberg observou que maneiras tradicionais de analisar as variáveis que influíam na estrutura da organização eram limitadas por envolverem o exame de duas a cada vez, quando, na realidade, a mescla de influências era bem mais complexa. Ao revelar "feixes" de influências, Mintzberg pôde identificar cinco tipos de estrutura de organização "ideal":

- A estrutura simples: tipicamente um negócio pequeno, de "organizador", ainda dirigido pelo proprietário ou a família dele. Sistemas de operação e administração tendem a ser bem elementares; o controle é exercido tanto pelo gerente que perambula conversando com as pessoas como por meio de relatórios formais. A natureza do produto ou serviço tende a ser artesanal e em lote pequeno, em vez de produção em massa na linha de montagem. Essas firmas caracterizam-se pela pronta resposta à mudança externa e por equipes coesas na produção.
- A burocracia de engrenagem é uma produção grande, em massa, que reparte os cargos em tarefas simples, repetitivas. Freqüentemente tem muitas camadas hierárquicas, uma imensidão de regras e normas e numerosos especialistas. Apresenta menos coesão de equipe e é bem mais lenta no reagir a mudanças.
- A burocracia profissional — por exemplo, um hospital ou um pequeno escritório de contabilidade — coloca a maior parte do poder nas mãos de profissionais-chave cuja lealdade é igual (ou maior) para com a profissão do que para com a organização.

Esses profissionais têm grande liberdade de decisão sobre as tarefas. O pessoal de apoio, contudo, tem muito pouca liberdade de ação, de modo que freqüentemente há conflito entre os dois grupos.

- O modelo divisional caracteriza a típica companhia de grande porte que repartiu suas atividades em divisões identificáveis, sendo dada a cada uma — teoricamente — elevado grau de liberdade para tomar suas próprias decisões. A direção central exerce controle primordialmente graças a metas financeiras, mas também pode escolher muitas outras áreas de controle. Quanto maior o controle central, tanto mais as divisões se comportam como burocracias de engrenagem.
- A *adhocracia* é uma organização destinada a enfrentar um fluxo contínuo de novos problemas, ao invés de produzir bens ou serviços padronizados. Caracteriza-se por numerosas equipes de projeto, que se reúnem, mudam a composição com a evolução do projeto, e debandam quando o projeto é concluído. (A equipe para o desenvolvimento de um novo computador pode servir como um bom exemplo.)

Dentro dessas organizações há cinco componentes fundamentais. Cada uma possui:

- um núcleo operacional (o pessoal que faz o produto ou fornece o serviço)
- o grupo de apoio (gente que proporciona os serviços internos necessários ao funcionamento do núcleo operacional — por exemplo, pessoal ou turma da cantina)
- uma tecnoestrutura (gente que projeta os sistemas e normas para controlar o que as pessoas do núcleo operacional fazem)
- o pessoal de linha (os gerentes de linha responsáveis pelo funcionamento dos departamentos do núcleo operacional)
- o ápice estratégico (os executivos seniores que definem para onde a companhia se dirige, estabelecem a estratégia e supervisionam as atividades dos gerentes de linha).

Da estrutura, Mintzberg passou a examinar o poder nas organizações, uma vez mais com vistas a entender a natureza da estratégia. Ao invés de focalizar o poder individual, como havia feito a maioria dos teóricos anteriores, Mintzberg se concentra na estrutura do poder — como os papéis desempenhados pelas pessoas em organizações lhes concedem poder. Descreve as principais categorias de configuração do poder da seguinte maneira: "Acho conveniente distinguir uma coligação externa (de estranhos) de uma outra interna (essencialmente de empregados em tempo integral). A primeira pode ser descrita como dominada, dividida, ou passiva, e a última como autocrática, burocrática, ideológica, meritocrática, ou politizada. A reunião dessas duas combinações conduz-nos a seis configurações de poder: a Corrente Contínua (dominada, burocrática), o Sistema Fechado (passiva, burocrática), o Comandante (passiva, autocrática), a Missionária (passiva, ideológica), a Profissional (dividida, meritocrática) e a Conflitiva (dividida, politizada)."

A abordagem de Mintzberg à estratégia reflete sua abordagem ao comportamento gerencial. Tendo estabelecido o contexto dentro do qual gerentes desenvolvem estratégias (a estrutura da organização e a estrutura do poder), ele foi capaz de rastrear a elaboração de estratégia como o que descreve sendo "um padrão em um fluxo de decisões". Posteriormente, corrigiu essa descrição, substituindo "decisões" por "ações". Durante treze anos, ele e sua equipe de pesquisadores estudaram as estratégias de onze organizações, buscando modelos nas decisões mais importantes (atos como inaugurações e fechamentos de lojas de comércio varejista, novas linhas no caso de uma companhia de aviação comercial, ou a introdução de novos produtos por um industrial).

A visão tradicional da formulação de estratégia é, uma vez mais, uma visão racional. Gerentes analisam os problemas e oportunidades, decidem-se por uma estratégia e aí procuram recursos para implementá-la. As provas de uma abordagem assim provêm, sugeriu ele, porque os pesquisadores, tendo definido a estratégia em termos de planejamento, puseram-se em campo e entrevistaram pessoas que tinham planos. Mas, diz ele, isso não representa a realidade da abordagem de muitas organizações. Explica: "Nossa pesquisa sugere que nenhuma estratégia é 100% deliberada, isto é, realizada exatamente conforme o planejado. Quiçá 95%, mas nunca 100%. Toda estratégia parece ser pelo menos em parte emergente: isto é, elementos seus evoluem com o passar do tempo."

Prossegue afirmando que em termos práticos, métodos formais de planejamento estratégico em organizações grandes são tão complicados que é de admirar algumas vezes darem certo.

Em seu artigo que marcou época na *Harvard Business Review* intitulado "Crafting Strategy", Mintzberg alvitra uma descrição alternativa para o processo, que expõe como formação de estratégia (ao contrário de formulação, que implica em deliberação).

> Habilidade subentende perícia tradicional, dedicação, perfeição, graças ao domínio dos pormenores. O que ocorre à mente não

é tanto razão quanto envolvimento, um sentimento de intimidade e harmonia com os materiais disponíveis, desenvolvido graças a longa experiência e dedicação. Formulação e implementação fundem-se em um processo fluido de aprendizagem graças ao qual se desenvolvem estratégias criativas.

Ele também cita a analogia de ervas daninhas crescendo em um jardim. Eventualmente, algumas se mostram como sendo plantas valiosas.

Mintzberg diz que, ao realmente formarem uma estratégia, os gerentes fazem o seguinte:

- Eles conseguem estabilidade, isto é, asseguram-se de que as estratégias de que dispõem serão seguidas vigorosamente e de que as implicações serão formalmente solucionadas. Se tentam reavaliar continuamente a estratégia, acabam sendo incapazes de levar a cabo qualquer coisa.
- Detectam descontinuidade, isto é, procuram mudanças que possam significar uma séria diferença para seus negócios. Uma vez mais, a intuição vem em primeiro plano. O verdadeiro desafio na formação da estratégia consiste em detectar as sutis descontinuidades que possam solapar uma empresa no futuro. E, para isso, não existe técnica, nem programa, mas apenas uma mente alerta em contato com a situação. Essas descontinuidades são inesperadas e irregulares, absolutamente sem precedentes. Só podem ser enfrentadas por mentes sintonizadas com os padrões existentes porém capazes de neles perceber importantes brechas. Lamentavelmente, essa forma de pensamento estratégico tende a atrofiar durante longos períodos de estabilidade por que a maioria das organizações passa (tal como ocorreu na Volkswagenwerk durante as décadas de 1950 e de 1960). Por conseguinte, o jeito é administrar dentro de uma dada orientação estratégica a maior parte do tempo, mas no entanto ser capaz de detectar a ocasional descontinuidade que realmente importa.
- Conhecem o negócio, não de forma intelectual, mas por sentimento pessoal daquilo que faz ele dar certo.
- Eles gerenciam modelos. Quando detectam o surto de modelos benéficos, intervêem para ajudá-los a tomar forma. Isso subentende deixar grande número de estratégias germinarem, depois capiná-las periodicamente para deixar espaço para as mais promissoras progredirem.
- Reconciliam mudança e continuidade. Decidem quando sustar uma estratégia cuja oportunidade ainda não surgiu e quando voltar a pensar em novas estratégias.

Grande parte da fama de Mintzberg como iconoclasta provém da pungência com que faz suas declarações acerca de administração. Por exemplo, seu entusiasmo para penetrar no cerne de problemas complexos, experienciando-os: "Engenheiros pensam analogicamente. Não têm medo de sujar as mãos... Não posso dizer a mesma coisa acerca dos economistas e de outros defensores do modelo racional." Ou suas opiniões sobre os cursos de MBA: "Não deveríamos estar nesta atividade de instruir jovens de 22 anos para serem Mestres em Administração. Deveríamos estar transformando-os em gerentes. Dá-se ao pessoal um estudo de caso sobre a General Motors e manda-se que leiam para o dia seguinte e voltando com a solução que a GM deveria adotar. A abordagem admite que gerentes são decisivos, mas não há base para admitir isso. Quem quer que solicite mais informações é reprimido. Então, nós nos perguntamos por que há tanta superficialidade nos gabinetes de gerentes."

Em anos recentes, diz ele que se tornou mais cônscio dos riscos de ser tão polêmico. "Algumas pessoas se apegarão a qualquer coisa que se diga." Sem embargo, alega: "Minhas declarações mais chocantes são as mais verdadeiras."

Mintzberg é também um colecionador inveterado de aforismos de outras pessoas. Sobre sua mesa há uma citação de Einstein: "A confusão de meios e fins caracteriza nossa época." Em cima da porta, um outro aviso: "Quanto mais alto o macaco sobe, tanto mais se vê seu rabo." Em outro lugar um lema: "Deus fez os americanos para testar teorias." ("Eu preferiria especular sobre idéias do que provar especulações", comenta ele.)

Obstinadamente, ele rejeita a tecnologia moderna para escrever (se bem que goste de divertir-se com uma boa base de dados). "Escrevo à mão. Não faço uso de computadores para escrever qualquer coisa séria — isso desestimula mudanças dramáticas como atirar tudo no armário e começar de novo. Cada palavra de meu livro de 700 páginas sobre o poder foi escrita cinco vezes. Preciso de alguma coisa diante de mim — algum outro livro ou uma base empírica. Não sei escrever só com minha cabeça."

A originalidade que caracteriza toda a obra de Mintzberg (um crítico comentaria: "Ele vê significados onde racionalistas só veriam símbolos") é até certo ponto — quiçá inteiramente — um reflexo de sua individualidade. "Penso em mim como o rapazinho dinamarquês que mostrou que o Imperador estava nu. Se obtive algum sucesso foi porque os outros usam antolhos, mais do que devido a quaisquer discernimentos meus" — diz. "Sou fascinado por organizações e desejo estudá-las, mas prefiro nunca mexer diretamente com elas, se puder evitar."

Por certo, ele *parece* um excêntrico. E embora seja um desportista entusiástico, está constantemente sozinho. "Não gosto de caminhadas com grupos organizados", afirma. Em suas atividades desportivas, vive constantemente procurando novos desafios que possa enfrentar com um ou no máximo dois companheiros. Nestes últimos anos tem ido à Espanha, Holanda, França e Japão em sua bicicleta. Na Espanha, rodou de Barcelona até Granada, Gibraltar, e daí até Casablanca. "No inverno, pratico esqui, fora da pista e com bússola. No verão, pratico canoagem. Gosto de excursões nas montanhas mas sou mau montanhista. Consegui galgar o Monte Branco só na quarta tentativa. Subimos partindo do refúgio mais baixo — 1.646 metros por dia."

O trabalho atual de Mintzberg está concentrado em como líderes modificam organizações — daí seu interesse por biografias de gente ligada ao mundo dos negócios. Parte do problema das organizações é que administradores visionários tendem a ficar menos visionários. Também vem examinando a questão do porte nas organizações e sua finalidade social. "Como podemos criar organizações que nos sirvam, e não o oposto?" — indaga ele.

Identificar sua mais importante contribuição para o pensamento administrativo é difícil. É ele próprio quem diz: "Meu principal impacto consistiu em demonstrar que a intuição é o ponto sensível de toda administração." E aí, como combina bem com um verdadeiro iconoclasta: "Sempre me diverte quando as pessoas dizem: 'Tudo isso é evidente. Grande coisa!' Concordo com elas."

CAPÍTULO 3

OS CIENTISTAS DO COMPORTAMENTO

A dificuldade encontrada nos modelos racionais que dizem como as organizações devem funcionar é que, na prática, eles não funcionam. Claro, o problema está menos nos sistemas do que no fato de as pessoas os deturparem. Aos poucos despontou a necessidade de entender como os indivíduos se comportam nas organizações e o porquê disso. Se os administradores conseguissem alcançar tal compreensão, seriam capazes de obstar e desviar comportamentos anômalos e reforçar comportamentos sintonizados com os objetivos da organização.

Os psicólogos lograram um breve período de glória durante a Primeira Guerra Mundial, quando o exército norte-americano adotou o método baseado em testes de aptidão intelectual para identificar bons candidatos ao oficialato. Conquanto houvesse relativamente baixa correlação entre quociente de inteligência e qualidades de liderança, os testes pareceram proporcionar uma medida grosseira e rápida do potencial de cada um para cargos de chefia. Mas só após a Segunda Guerra Mundial é que os psicólogos ganharam merecida fama, ao buscarem explicações sobre por que pessoas se comportam diversamente quando em grupo.

Alguns dos gigantes dessa era são examinados em minúcia nos trechos biográficos a seguir. Argyris, Maslow, McGregor, Herzberg e outros de há muito mereceram menção mais extensa devido ao simples impacto e alcance de suas idéias, conquanto nem todos caibam na definição de um guru como alguém que continue a inovar em matéria de pensamento administrativo. Vamos concentrar-nos aqui em alguns dos temas principais da ciência do comportamento e nas pessoas que os modelaram.

Formação de Equipe e Personalidade

Na Grã-Bretanha há controvérsia acerca da posição de Cyril Burt (1883-1971) no catálogo dos teóricos da administração. Em 1907, recém-diplomado por Oxford, Burt viu-se envolvido em um levantamento patrocinado pela British Association for the Advancement of Science. A finalidade era examinar a existência e natureza da inteligência. O tema iria tornar-se a obsessão da sua vida inteira.

Inicialmente, levou a cabo seu trabalho em Oxford e, depois, na Universidade de Wurzburg. Seu primeiro cargo permanente foi na Universidade de Liverpool, onde foi designado conferencista de Psicologia em 1908. Ao deixar Liverpool, Burt tornou-se psicólogo do Conselho do Município de Londres — o primeiro cargo desse tipo na Grã-Bretanha. Enquanto trabalhava com o Conselho, o que fez até 1932, Burt também dedicou seu tempo ao Ministério de Munições, ao National Institute of Industrial Psychology e ao London Day Training College.

O trabalho de Burt concentrava-se na distribuição de inteligência nas populações e até que ponto isso era determinado por influências hereditárias. Sua obra, particularmente no National Institute of Industrial Psychology, marcou o nascimento da Psicologia Industrial (e desenvolveu-se ao mesmo tempo que Mayo e seus colegas nos Estados Unidos expandiam os elementos de relações humanas na indústria).

Peter Drucker alegou que Burt foi de importância vital ao desenvolvimento da teoria da administração. Em *Management*, ele escreveu: "Cyril Burt, um inglês, poderia ser chamado o pai da Psicologia Industrial. Durante a Primeira Guerra Mundial estudou aptidões, isto é, as relações entre as exigências de determinado trabalho manual e a habilidade física, a coordenação motora e as reações individuais dos trabalhadores."

Desde 1932 até sua aposentadoria em 1950, Burt ocupou o posto de professor de psicologia no University College de Londres. Lá sua atenção transferiu-se para métodos estatísticos. Criou o processo de análise fatorial para extrair um pequeno número de dimensões básicas tiradas de grande número de dados variáveis. Depois de sua morte, sua obra tornou-se alvo de inúmeras controvérsias. Alegações de que Burt havia forjado estatísticas foram comprovadas. Seu biógrafo L. S. Hearnshaw escreveu: "Havia uma certa tortuosidade na sua constituição, uma incapacidade para aceitar oposição ou objeções, e uma ambição intelectual quase patológica. Como último recurso, preferiu enganar para não ver seus opositores triunfarem. Seu declínio no fim da vida foi uma tragédia, mas não se deve deixar que se eclipsem suas genuínas contribuições para os primórdios da psicologia aplicada."

Uma vez interessados realmente no tema da administração, os psicólogos dentro em pouco começariam a pensar em termos de táticas corretivas para equipes ineficientes.

Um conceito particularmente controvertido na questão de formação de equipes foi o treinamento de grupo T criado pelos National Training Laboratories em Bethel, Estado do Maine, imediatamente após a Segunda Guerra Mundial. A idéia consistia no fato de que para modificar comportamentos, os indivíduos tinham de ser "descongelados" de comportamentos aprendidos anteriormente, para isso tendo de se mostrar insatisfeitos com eles. Assim, sentiriam necessidade de experimentar diferentes modelos de comportamento até encontrar um que funcionasse melhor do que o antigo; por fim, precisariam praticar os novos comportamentos até estes se tornarem, por sua vez, "congelados" e passassem a ser o comportamento normal do indivíduo em questão.

O treinamento de grupo T acarreta uma profunda sondagem da alma, na qual, comumente, pela primeira vez as pessoas revelam a outras seus receios e ressentimentos e o efeito que a conduta das demais exerce sobre elas. Tal informação é utilizada para estimular a discussão sobre como a equipe poderia funcionar mais tranqüilamente, caso as pessoas modificassem seus comportamentos. Na prática, todavia, inúmeros administradores informaram que a enorme tensão e o constrangimento de tal desnudamento da alma poderiam piorar o rendimento da equipe.

A abordagem de grupo T foi desbravada pelo altamente influente, mas quase sempre subestimado, Kurt Lewin (1890-1947). Lewin, psicólogo alemão de nascimento, foi o fundador do Center for Group Dynamics nos Estados Unidos e uma grande força por trás do Tavistock Institute britânico. "Ele exerceu mais influência no Tavistock do que quase qualquer outro", diz Harold Bridger, membro do Instituto.

Lewin morreu antes de as experiências do Maine serem levadas a cabo, mas as estruturara e organizara como resultado do anterior trabalho de dez anos na Companhia Harwood. Uma experiência em particular visava a superar a resistência à mudança. Ela constatou que os empregados eram mais intensamente motivados e produtivos quando haviam participado na procura de saber como a mudança deveria ocorrer — uma idéia revolucionária para muitos administradores daquela época.

Uma abordagem teórica semelhante, porém menos traumática, acha-se por trás da Análise Transacional, concebida por Eric Berne

(1910-1970), psiquiatra canadense residente na Califórnia. Berne sustentou que as pessoas se comportam umas com as outras segundo o "estado de ego". em que se encontrem. Esses estados de ego — denominados filho, pais e adulto — quase poderiam ser classificados como três diferentes personalidades e representam a maneira com a qual crescemos esperando ver se comportarem filhos, pais e adultos. No estado de filho, somos quase sempre rebeldes, propensos a acessos de raiva, facilmente frustrados e no entanto capazes de mudar de disposição e tornarmo-nos joviais. No estado de pais, tratamos as outras pessoas como crianças. Tomamos decisões em vez delas, aplicamos punições para corrigir-lhes o comportamento e passamos o tempo tentando criá-las. Não esperamos que nos desafiem ou dêem respostas e, se o fizerem, ofendemo-nos. O estado adulto é racional, aberto à discussão e à reavaliação ao serem apresentadas novas informações. Quando isto funciona eficientemente, permite-nos manter sob controle nossos estados de "filho" e "progenitor", de sorte que se adotarmos um deles o será por motivos apropriados.

Berne afirma que problemas dentro de uma equipe ocorrem com freqüência pelo fato de as pessoas adotarem o estado errado em determinada situação. Por exemplo, podem reagir à indagação franca de um colega retrucando vivamente que está mais do que na hora de ele aprender a distinguir por si próprio de que tipo de problema se trata. Na linguagem de Berne, isso é tratar a outra pessoa como criança. A reação dele ou dela pode ser adotar o papel de criança. Ambos os envolvidos podem agora admitir que o outro está sendo pouco razoável. A solução de Berne é educar as pessoas para que possam entender estas "transações" e recorrer a seu conhecimento para garantir serem sempre "complementares" (apropriados) ao invés de "opostos" (impróprios). Nem sempre o estado adulto é apropriado. Em certa ocasião, podemos desejar fazer uso de um dos outros estados para conseguirmos determinadas reações das outras pessoas. Por exemplo, bater na mesa durante uma reunião é ostensivamente uma reação infantil, mas bem pode ser a única forma de fazer com que as outras pessoas reconheçam a importância do que se quer salientar.

Ralph Coverdale (1918-1975) extraiu suas idéias sobre treinamento eficiente do que observou nas deficiências do treinamento da irritabilidade e dos grupos T. Ambas as técnicas eram fracas, afirmou Coverdale, pois:

- concentravam-se inteiramente em analisar o passado, quando a missão de um administrador seria olhar para a frente;

- concentravam-se inteiramente nos sentimentos, quando um administrador tem seu foco no pensamento racional em vez de na emoção;
- exerciam grande pressão emocional sobre os participantes, o que poderia, em certos casos, ser mais prejudicial do que benéfico.

Coverdale (descendente de Miles Coverdale, um dos primeiros tradutores protestantes da Bíblia para a língua inglesa) passara quatro anos fazendo o noviciado jesuíta antes de ingressar no Exército em 1942. A seguir, estudara Psicologia em Oxford, escolhendo o pensamento como tema para sua tese. Foi-lhe dito por um orientador acadêmico que o máximo que ele poderia vir a ser era assistente social, porém após vários empregos ingressou na Companhia Siderúrgica do País de Gales a fim de trabalhar na formação e recrutamento de gerentes.

Foi nessa empresa que suas idéias começaram a tomar forma. Uma das dificuldades apresentadas pelos gerentes era o fato de permanecerem tão ocupados lidando com os problemas do momento que não lhes sobrava tempo para planejar apropriadamente modos de evitar os do amanhã. Era uma dificuldade muito semelhante à que ele diagnosticara com alguns pilotos dos tempos de guerra, que dedicavam atenção absoluta ao dirigirem-se para a pista, esquecendo de baixar o trem de pouso. Era o que se chamava, em jargão técnico, "ficar mesmerizado". A despeito de sua formação e excelente treinamento, muitos dos administradores (e em particular jovens iniciantes) também careciam de habilidade no manejo de pessoas para conseguir ver o serviço realizado.

Coverdale e seus colegas procuravam melhores soluções e apelaram para o orientador de Psicologia dele em Oxford, Bernard Babington Smith, que a princípio ficou contrariado ante a idéia de envolver-se com o mundo dos negócios. Entretanto, com equipes voluntárias de gerentes, eles experimentaram várias maneiras de ajudar as pessoas a aprenderem por si mesmas princípios básicos de administração. Descobriram que trabalhar no estudo de casos não era motivador nem especialmente eficiente. Bem mais eficiente foi focalizar a busca de uma tarefa claramente definida, tal como formar torres com bloquinhos de "Lego", em que todos os alunos pudessem participar e de que poderiam extrair lições acerca do comportamento deles próprios e de outras pessoas. Gradativamente, o método evoluiu até os participantes desses cursos criarem a gerenciarem suas próprias equipes. Essa abordagem básica é agora prática corrente em muitas empresas.

A contribuição capital de Coverdale foi demonstrar que o trabalho em equipe e a cooperação em grupos de gerência eram exeqüíveis sem traumas. Como homem carregado de energia nervosa, sofria por sua própria mesmerização. Um colega de longos anos, Tony Birbeck, lembra que em um percurso de cinqüenta quilômetros ele atravessou todos os sinais de trânsito vermelhos sem parar, de tão mergulhado que se achava nos próprios pensamentos. Seus dois lemas principais eram: "homens podem aprender pela experiência, mas raramente o fazem" e "dêem às pessoas o poder de aprender com o que fazem, para que possam criar planos". O que o impelia, diz Birbeck, era "a crença de poder criar uma situação onde as pessoas começassem se escutando umas às outras e cooperassem umas com as outras".

Coverdale causou maior impacto na Grã-Bretanha, em toda a comunidade de língua inglesa e (por intermédio do Banco Mundial e do Fundo Monetário Internacional) em muitos países em desenvolvimento. Nos Estados Unidos, os conceitos se infiltraram por diversas vias e seu nome é escassamente conhecido.

A obra de Coverdale voltada à aprendizagem foi acompanhada pela de Reg Revans (ver adiante), embora este último tenha avançado bem mais. Ele sugeriu que os jogos praticados no ambiente artificial de um curso de treinamento nunca poderiam substituir realmente o envolvimento em situações reais e importantes. Revans propunha o que denominou "aprender fazendo", onde cursos de treinamento proporcionavam aos administradores teoria suficiente para lhes possibilitar entender os processos importantes, deixando o restante da experiência de aprendizagem ao saber prático que decorreria de acompanhar o andamento de um projeto autêntico desde a concepção até a implementação.

Um dos mais úteis instrumentos para formação de equipes e análise de por que os indivíduos se comportavam de determinada maneira foi o questionário Myers-Briggs, criado por uma norte-americana, Isabel Briggs-Myers. Ela baseou suas observações do comportamento humano nos quatro temperamentos de Hipócrates — o sangüíneo, o colérico, o fleumático e o melancólico — e, juntamente com sua mãe (nenhuma das duas tivera qualquer formação em psicologia), criou o Indicador de Tipo Myers-Briggs (MBTI). Este visa a estabelecer as diferenças individuais em funções e atitudes básicas, de modo que os "tipos" sejam estimulados a trabalhar melhor quando em conjunto e a fazer o melhor emprego possível de seus pontos fracos e fortes conhecidos.

Berne, Coverdale e Briggs-Myers foram importantes na formação do pensamento administrativo, não tanto pelo impacto direto que tiveram sobre a forma pela qual as pessoas administram como por terem estabelecido um modelo de transferência da terapia psicológica para situações do mundo dos negócios. Idéias e técnicas mais recentes, seguindo o mesmo caminho, são a linguagem corporal, a absurdamente denominada programação neurolingüística (outro método de identificar e aprender a controlar estilos de comunicação) e o trabalho para o estabelecimento de uma auto-imagem positiva elaborado pelo norte-americano Lou Theiss. Presentemente, e sobretudo na Grã-Bretanha, há muita pesquisa em torno da psicologia da aprendizagem e da motivação dos administradores para se aperfeiçoarem por meio do autoconhecimento.

Uma das primeiras tentativas de definição dos comportamentos adequados a um gerente para que possa conseguir dos seus subordinados o melhor desempenho possível foi a grade gerencial de Blake e Mouton. Robert Blake (nascido em 1918) era professor de Psicologia na Universidade do Texas. Juntamente com a Dra. Jane Mouton (1930-1987), sua colega nas pesquisas e cientista social, tentou avaliar os estilos de gerenciamento em duas dimensões — preocupação com a produção e preocupação com os indivíduos. Essas duas dimensões são fundamentalmente as mesmas que sustentam as teorias da liderança situacional. Preocupação com a produção refere-se a quanto esforço o gerente dedica para aumentar a produção e a eficiência; preocupação com indivíduos refere-se a até que ponto ele está interessado no bem-estar de seus subordinados, em criar um agradável ambiente de trabalho. Blake e Mouton atribuíram uma escala de 1 a 9 para cada dimensão, e, em geral, constataram que onde o gerente individual aparece em cada uma dessas dimensões depende das convicções básicas que tem sobre pessoas e métodos de produção.

A grade de Blake e Mouton admite quatro extremos de estilo de gerência. Alguém que esteja com grau baixo, tanto em produção quanto em relação a gente (a 1,1), de fato abdicou seu papel de gerência e está pronto para exercer apenas o mínimo esforço a fim de segurar o emprego. Alguém com um escore elevado relativo a gente e baixo no que toca à produção (a 1,9) é paternalista e tende a acomodar-se em qualquer problema ligado à produção que possa estimular conflito ou perturbar o ambiente simpático do grupo de trabalho. No extremo oposto, uma pessoa que só pense na produção (a 9,1) é tipicamente um feitor de escravos, que provavelmente não alcançará resultados melhores do que o paternalista por não conseguir o respeito dos subordinados. O gerente ideal, dizem Blake e Mouton (a esta altura bem inevitavelmente), é a pessoa que tenha preocupação igual com a produção e com questões ligadas ao pessoal (a 9,9).

Tanto Blake quanto Mouton escreveram um notável número de livros — coletivamente mais de trinta, incluindo certa dose de variações sobre a idéia original da grade, que foi aplicada a situações abrangendo estafa gerencial, venda de imóveis, assistência social e casamento. "Estudamos dez ou onze diferentes relacionamentos", explicou Blake. "Em cada um, vemos a grade de diferentes maneiras, mas a estrutura permanece a mesma."

Outro interesse especial de Blake e Mouton foi uma abordagem à aprendizagem que apelidaram "sinergogia" — a metodologia que empregaram em seus próprios seminários para ensinar equipes da grade. Sua premissa parte de que um treinador ou facilitador pode impedir a aprendizagem, de sorte que, a fim de evitar isto, os aprendizes seguem passos embutidos nos materiais didáticos que os habilitam a ajudar um ao outro e criticar seu progresso em andamento. Scientific Methods, a empresa fundada por Blake e Mouton, continua a propagar suas teorias por todas as suas filiais em trinta e cinco países espalhados pelo mundo.

Os Satíricos

Alguns dos mais esclarecedores *insights* sobre o comportamento das pessoas em organizações veio de não-psicólogos, escrevendo com certa dose satírica. Os três mais influentes desses trabalhos foram *Up the Organization, Parkinson's Law* e *Manegement and Machiavelli.*

Quando apareceu *Parkinson's Law*, os leitores queriam imaginar se o autor era criação de um editor excessivamente criativo. Com efeito, o autor foi um historiador britânico de repercussão nos meios acadêmicos, embora não popular. "Boatos acerca de minha não-existência... mostraram-se infundados ou pelo menos excessivamente exagerados", disse Parkinson na ocasião.

C. Northcote Parkinson (nascido em 1909) estudou História no Emmanuel College, em Cambridge, onde se formou em 1932. Estudou para doutorado no King's College de Londres, e a seguir ocupou uma série de cargos acadêmicos em Cambridge, Tiverton e no Royal Naval College em Dartmouth, antes da guerra. Durante cinco anos de serviço no Exército, Parkinson começou a formular suas leis administrativas mas prosseguiu a carreira acadêmica na Universidade de Liverpool e na Universidade da Malaia, havendo se tornado Professor Raffles de História em Malaia na época em que o sucesso de *Parkinson's Law* começou a criar agitação em 1958.

Parkinson expõe o ridículo de grande parte do comportamento burocrático. Seus alvos abrangem desde as comissões, que "florescem e se ostentam como se o sol brilhasse por cima porém com a sombra por baixo até morrer, espalhando sementes de onde brotarão outras comissões; até as reuniões executivas (quanto menos importante o assunto, tão mais animada será a discussão); os escritórios (quanto mais luxuosos, menos bem-sucedida é a companhia).

Parkinson's Law vendeu 100.000 exemplares nos Estados Unidos e foi traduzido para numerosas línguas, desde italiano até islandês. Parkinson atribuiu o atrativo do livro ao fato "de ter exercido um impacto duplo. É lido inicialmente como uma brincadeira... mas a seqüência da risada é o choque da conscientização de o absurdo ser baseado em fatos, das estatísticas serem exatas, da mais louca constatação ser literalmente verídica".

O livro permitiu a Parkinson prosseguir em sua carreira nos Estados Unidos em Harvard, na Universidade de Illinois e em Berkeley. *The Law and the Profits*, publicado em 1960, foi a seqüência de *Parkinson's Law* e discute a segunda lei de Parkinson: os gastos crescem para irem ao encontro da receita. O *Times* de Nova York rotulou este como "duas vezes mais extenso e com metade da graça" da obra anterior. Nele, Parkinson previne: "a multiplicação de administradores públicos não é sustada por qualquer preocupação com o gasto total... Políticos e economistas não vêem razão para deter o aumento de impostos."

O livro *Management and Machiavelli* (1970) de Anthony Jay recorreu à abordagem do príncipe italiano para fazer comparações entre os grandes impérios da História e a grande empresa moderna. Como Parkinson, Jay lança luz interessante e divertida sobre a natureza e o funcionamento da burocracia — particularmente como a existência de hierarquias claramente definidas assegura que quanto mais as pessoas subam, tanto mais provável será procurarem fazer o mínimo possível, porque as probabilidades contra futura progressão aumentam exponencialmente. Como um antídoto contra o casuísmo acadêmico e a pomposidade intelectual, há muito a dizer sobre a sabedoria do seguinte enunciado: "É tarde demais para mudar agora o nome, mas 'gerente' é uma palavra insultuosa e depreciativa. Dá a idéia de alguém colocado pelo dono para fazer a coisa andar enquanto ele não está lá. 'Diretor' tem uma auréola de opulência, trabalhador tem uma dignidade despretensiosa, mas 'gerente' soa perigosamente como um eufemismo para cão-de-guarda."

Estudos de Motivação

Inevitavelmente, os papéis do gerente e do gerenciado foram escrutinizados novamente quando foi iniciada uma busca de novos modos para a definição do relacionamento e das maneiras para se entender o que leva pessoas a trabalharem bem ou mal. Um importante produto dessa análise foi o conceito de democracia dos empregados e grupos de trabalho semi-autônomos.

Enquanto Chris Argyris (nascido em 1923), Frederick Herzberg (nascido em 1923), Abraham Maslow (1908-1970) e Douglas McGregor (1906-1964) receberam amplo reconhecimento, houve uma série de nomes menos conhecidos que deram contribuições importantes para novas teorias da administração.

Russ Ackoff (nascido em 1919) dirige o Institute of Interactive Management na Filadélfia. Ele contesta as manifestações de taylorismo que fizeram com que as habilidades individuais para administrar fossem decompostas em partes, ao invés de se encarar a administração como uma entidade única. Ainda se mantém de pé a crença de que se unidades individuais de gerenciamento funcionam bem, a máquina global da administração será igualmente bem-sucedida. Ao invés de destacar especializações para facilitar o estudo, e mais tarde para facilitar a administração, Ackoff sustenta a interação.

"O desempenho de um sistema nunca é a soma do desempenho de suas partes tomadas isoladamente. O desempenho é o produto de suas interações", diz Ackoff. Embora nenhum gerente possa entender plenamente as implicações de cada ação e decisão em uma companhia, Ackoff crê ser necessário ter-se uma conscientização geral do que está ocorrendo: "Isso é o que torna necessário haver administração coletiva em todos os sentidos."

Na concepção de Ackoff, deve ser atingido um equilíbrio entre a autonomia individual dos gerentes e a das unidades de gerência, assim como com a interação entre os diversos elementos: "Gerentes eficientes não gerenciam as ações das unidades e indivíduos a eles ligados: gerenciam as interações deles e permitem aos indivíduos e unidades gerenciar suas próprias ações. Os empregados em qualquer nível que não consigam fazer suas tarefas sem supervisão não estão aptos para seus cargos."

No livro que explica essa abordagem, *Management in Small Doses*, Ackoff recomenda a formação de comissões e juntas voltadas para a criação desse tipo de interação.

> Cada gerente cria uma junta e nesta há no mínimo ele próprio, seu superior imediato e cada uma das pessoas que se relacionam diretamente com ele. Essa junta funciona como um grupo de planejamento e de orientação. Ela não gerencia: não é uma comissão de gerenciamento. Funciona como o conselho de ad-

ministração de uma sociedade anônima, mas com uma gerência em nível inferior. A junta trata de problemas de interações e qualquer questão de orientação geral. Por exemplo, se uma empresa quer lançar um novo produto, que afete a todos, a pergunta é: "Que tipo de interação deverá ser planejado entre os setores de Pesquisa e Desenvolvimento, Produção, Comercialização, Financeiro, e assim por diante, para se conseguir o melhor resultado final de tudo isso?"

Essa junta é apoiada por outras semelhantes, ao longo de toda a escala gerencial, de modo a que a interação seja continuamente estimulada e focalizada por suas atividades. Com efeito, as juntas devem ser capazes de desempenhar o papel principal da atividade gerencial. Ackoff, a seguir, sustenta que mais tempo da gerência deve ser dedicado ao que é comumente encarado como atividades paralelas. Devem, por exemplo, ler livros para se manterem em dia com idéias atuais e não recear falar sobre tais idéias no ambiente do trabalho.

Uma valiosa contribuição acerca da motivação proveio, de uma forma ou outra, do Tavistock Institute de Londres. Eric Trist, um dos fundadores do Tavistock, explicou a origem do Instituto em um discurso perante a United States Academy of Management, em agosto de 1982: "O Instituto Tavistock foi fundado em conseqüência de uma vinculação entre a psiquiatria norteada pela psicanálise e as ciências sociais abrangentes, efetuada durante a Segunda Guerra Mundial. Brotou da Clínica Tavistock, uma instalação para pacientes de ambulatório criada em decorrência de uma ligação entre psiquiatria e psicologia dinâmica concretizada por ocasião da Primeira Guerra Mundial. O quadro de profissionais ficou com mentalidade sociológica tanto quanto psicológica em decorrência da Depressão, e estavam prontos, por conseguinte, para tomar a iniciativa quando uma crise na administração e na utilização de recursos humanos do Exército ocorreu após Dunquerque." O Instituto, explica Trist, "congregou um grupo interdisciplinar — psiquiatras, psicólogos, sociólogos, antropólogos — que queriam estudar os problemas da mudança organizacional e societária tanto quanto de mudança pessoal".

A dívida do Tavistock para com a obra de Lewin é admitida como substancial por Trist: "Nossa abordagem estava intimamente vinculada à pesquisa-ação concebida por Kurt Lewin, exceto por ter uma base sócio-clínica. Dependia de um relacionamento colaborativo estabelecido entre nós mesmos e a organização com que trabalhássemos sobre problemas de mudança necessária e, quando entendidos, desejada por ela." O destaque foi dado aos gerentes como sendo capazes de aprender a desenvolver-se a si mesmos. Lamentavelmente, Lewin morreu pouco antes do Tavistock começar a funcionar em 1947.

A obra de Trist e seus colegas pertence, pelo menos em parte, ao capítulo anterior, porquanto participa de uma abordagem a sistemas. Suas duas principais áreas de pesquisa concentraram-se em grupos de trabalho e na organização como parte do ambiente. Tomando primeiro a última, definiram uma empresa como "um sistema sócio-técnico aberto". Esta frase de jargão quer dizer que organizações recebem "entradas" (bens materiais, informações e assim por diante) do meio externo; fazem algo com elas; em seguida, lançam-nas de volta para o meio externo. Esta interação ocorre ao longo de toda a área da organização, sempre que o mundo interno lide com o externo (por exemplo, atender a telefonemas, fazer visitas de vendas, pagar contas). Eles sustentam que, longe de passar o tempo gerenciando os conflitos internos, a administração superior deveria concentrar-se em administrar as superfícies de contato com o mundo exterior, modificando o formato da organização de acordo com os estímulos externos. Isto tem muita coisa em comum com Stafford Beer e contraria diretamente a sabedoria tradicional acerca do papel da administração superior.

A idéia do grupo de trabalho como sistema social ultrapassa as relativamente simples abordagens da equipe de Blake e Mouton e seus contemporâneos. Trist desenvolveu suas teorias observando o que sucedeu nas minas de carvão de Durham, com a ajuda de um colega, Kenneth Bamford, ele próprio um ex-minerador. Este foi um dos mais convincentes estudos de como a natureza do trabalho e de supervisão poderia afetar tanto a motivação quanto a produtividade. Os mineiros vinham trabalhando tradicionalmente em grupos pequenos, selecionando os próprios membros e lidando com problemas disciplinares no âmbito do grupo. Estabeleciam seus próprios alvos e, conquanto as condições de trabalho fossem desagradáveis, os membros de cada equipe trabalhavam bem uns com os outros. Então, viram-se defrontados com a produção mecanizada sob a forma de mineração em uma mina de paredes longas. As equipes foram divididas e cada pessoa passou a cuidar de sua própria tarefa, enquanto a máquina se deslocava ao longo da superfície do carvão. Sob o novo sistema, escassa era a oportunidade para conversar com outros membros da equipe, ainda que cada um dependesse dos outros fazerem sua parte do serviço antes de poder fazer a sua própria. Quando os prometidos acréscimos de produtividade não se concretizaram, a suposição imediata dos gerentes foi que a culpa era do equipamento. Do que não se deram conta foi que os sistemas *humanos* haviam pifado. A integração social entre os trabalhadores se desvanecera e junto se fora igualmente sua motivação para um bom desempenho.

Trist e seus colegas gradativamente definiram o que estava ocorrendo em função de como organizações reagem à mudança em seus ambientes. Basicamente, há duas opções: tornar as tarefas tão simples que seja relativamente fácil encaixar uma pessoa nova num serviço onde ela possa rapidamente dar conta; ou proporcionar aos empregados maior gama de habilidades, de sorte que a mudança seja acomodada pela crescente flexibilidade das pessoas disponíveis. A primeira, que denominam *redundância de partes*, origina-se de Taylor e da burocracia de Weber. Sua desvantagem é que a marcha para a simplicidade está freqüentemente em desacordo com um ambiente que se torna cada vez mais complexo. No fim, o sistema tem que falhar. A segunda, por eles chamada *redundância de função*, forma o ponto de partida para muitas das teorias de enriquecimento de cargo, da qualidade de vida do trabalhador e da democracia industrial. Implica em criar empregos de maior variedade e habilidade, onde, sustentam eles, as pessoas se vêem muito mais capazes de motivarem-se para melhor desempenho.

Trabalhando estreitamente ligado a Trist achava-se Fred Emery, hoje da Universidade de Canberra, na Austrália. Emery uniu-se ao norueguês Einar Thorsrud para levar adiante as idéias do Tavistock. A abordagem básica do Tavistock ao enriquecimento de cargo (a abordagem sócio-técnica, conforme Herzberg denominou-a) era auxiliar o trabalhador a adquirir um sentimento de valor pessoal devido às realizações do grupo e aos relacionamentos sociais dentro dele. A abordagem de Emery e Thorsrud, que veio a ser denominada democracia industrial, preocupava-se mais com extensão da tomada de decisões a um nível onde grande proporção de empregados estaria disposta a participar. A teoria era de que, quanto mais longe da ação seja tomada a decisão, menos provável será ela levar em conta todos os fatores e mais tempo exigirá para ser tomada. Se às pessoas que executam o serviço pudessem ser dadas habilidades suficientemente amplas e uma tarefa suficientemente ampla, e pudessem ser persuadidas a assumir maior responsabilidade, então a qualidade das decisões melhoraria.

Thorsrud é lembrado como homem excepcionalmente modesto, relutante em aceitar muitas das honrarias que lhe foram conferidas. Em seu regresso à Noruega, em 1964, criou o Arbeidspsykologisk Institut, em Oslo. Este rapidamente converteu-se em ponto focal das experiências escandinavas com democracia industrial.

A Escandinávia tivera a participação dos trabalhadores, na acepção de empregados-diretores, durante algum tempo. Mas o sistema exercera escasso impacto ao nível da produção. A motivação própria de Thorsrud não era de ajudar as empresas a aumentar a produtividade; simplesmente queria tornar a vida das pessoas no trabalho mais satisfatória. Foi inflexível quanto ao fato de em certos casos a satisfação com o emprego dever ter precedência sobre considerações exclusivamente econômicas. Dado que seus objetivos eram, na melhor das hipóteses, apenas tangenciais aos das companhias que endossaram sua idéia, ele foi altamente persuasivo.

Emery, que colaborara com Thorsrud na autoria de diversos livros e teses, incluindo *Form and Content in Industrial Democracy*, credita ao norueguês "a visão do que era possível e a coragem de assumir o desafio". Acrescenta ele: "Nós contávamos com a confiança e o respeito que Einar inspirava às pessoas de todos os níveis."

As experiências iniciais na Noruega foram levadas a cabo com a ajuda do Tavistock em 1963. Identificaram seis critérios que todo emprego deveria ter para manter vivo o interesse do empregado. Ele devia:

- ser razoavelmente exigente em outros aspectos que não apenas pura resistência, mas no entanto proporcionar certa dose de variedade
- permitir ao trabalhador aprender enquanto dá conta do serviço
- conceder ao trabalhador um setor de tomada de decisões ou responsabilidades a que possam chamar de seu
- ampliar o respeito do trabalhador pela tarefa que lhe incumbe
- manter um relacionamento estreito com a vida externa
- conter certa dose de futuro desejável, e não só em termos de promoção, porquanto nem todos podem ser promovidos

O pensamento de Thorsrud formou-se em grande parte como resultado de suas experiências como combatente da resistência na Segunda Guerra Mundial. Vivendo escondido nas montanhas, participou do que era, com efeito, um grupo de trabalho autônomo. As responsabilidades eram apenas vagamente definidas e o grupo atuava em grande parte por sua própria iniciativa. Grande parte da ajuda recebida provinha de pequenas fazendas onde as pessoas dispunham de pouca coisa. "Em todo lugar aonde íamos descobríamos que as pessoas comuns podiam ser engenhosas", recorda ele, "e encontramos liderança em lugares aonde menos se poderia esperar. E esta nem sempre era quem ganhava as medalhas. Esse é o tipo de pessoas que as companhias deveriam procurar, gente com uma combinação de liderança e modéstia." Outro exemplo dos tempos de guerra, de pessoas se organizando por si mesmas, ocorreu nas escolas. "Inúmeros professores foram presos", diz Thorsrud, "mas a escola prosseguiu funcionando. Os próprios alunos cuidaram de grande parte do ensino. Aprendi que mesmo numa escola há mais espaço aberto do que se imagina."

O problema, conforme Thorsrud viu, "residia em como modificar a maneira pela qual o serviço estava organizado de modo a poder-se trabalhar eficazmente e, ao mesmo tempo, obter-se um efeito benéfico, ao invés de maléfico, nas pessoas que desempenham as tarefas. As pessoas possuem imensos recursos para divertir-se. Mesmo o trabalho fabril pode vir a ser uma fonte de prazer, se o ambiente for adequado. Às vezes frustramos algumas de nossas experiências por sermos demasiado sérios".

No mundo de Thorsrud, administradores e especialistas tais como engenheiros adaptaram seus papéis para se tornarem igualmente professores. Ao invés de darem ordens, delegaram muitas de suas decisões tanto quanto possível às pessoas que realmente executavam o serviço e ajudaram-nas a desenvolver a capacidade para decidir. Um resultado disso em companhias experimentais foi a possibilidade de eliminação de níveis de administração.

Em uma experiência, todos os integrantes da tripulação de um navio assumiram dois cargos ao invés de um apenas. Muitas das barreiras entre os postos desapareceram, propiciando a interação social. As pessoas ficaram menos isoladas em seu tempo de folga e a manutenção foi conservada em nível superior ao anterior e a custo inferior. Uma segunda etapa transformou o navio de modo a adequar-se a essa organização informal.

A democracia no emprego, conforme proposta pelo Tavistock, foi em grande parte ignorada pelas indústrias norte-americana e britânica até fins da década de 1970. Houve, contudo, diversas experiências expressivas que prepararam o terreno para muitas das atuais tentativas de levar a responsabilidade e a criatividade para o nível da produção por parte de grandes empresas como a General Motors.

Dentre os muitos livros publicados pelo Tavistock Institute nesse período conta-se um estudo minucioso sobre uma fábrica britânica de porte médio, a Glacier Metals. A pesquisa foi dirigida por Elliott Jacques (nascido em 1917), do Tavistock, e recebeu apoio dentro da firma dado por Wilfred Brown, então o presidente. O projeto se estendeu de 1948 até 1965 (se bem que apenas a parte inicial esteve sob a direção de Tavistock) e examinou diversas questões sobre relações organizacionais e humanas. Avaliando-o, disse Eric Trist: "As conclusões deste projeto, de grande alcance, foram apresentadas em um livro, *The Changing Culture of a Factory*, por Elliott Jacques e publicado em 1951. Tornou-se um clássico. Entretanto, o projeto não produziu nenhum dos sucessores que havíamos antecipado. Estava uma década à frente de qualquer forma de evolução organizacional." À frente de sua época e ímpar na abordagem, o Projeto Glacier teve poucos êmulos.

Douglas McGregor

Nascido em Detroit, 1906
Faleceu em 1964
Psicólogo social

Douglas McGregor foi um acadêmico — diretor do Antioch College e, entre 1954 e 1964, professor de Administração no Massachusetts Institute of Technology. É mais conhecido por sua obra *The Human Side of Enterprise*, na qual criou as Teorias X e Y, que serviram de estímulo para muitas outras idéias no campo da teoria e da prática.

Avaliando a obra de McGregor, seu antigo protegido Warren Bennis diz: "A cantilena de McGregor ainda é profundamente verdadeira. Se se examinar a obra de Peters, Waterman e outros, todas decorreram daquela teoria inicial de McGregor."

Em *The Human Side of Enterprise*, a argumentação de McGregor foi forçosamente compacta: "Toda decisão administrativa tem conseqüências sobre o comportamento. A administração bem-sucedida depende — não só, mas expressivamente — da capacidade para predizer e controlar o comportamento humano." McGregor argumentou persuasivamente que a conduta dos administradores face aos trabalhadores é fortemente influenciada por suas suposições. Separou os extremos de nossa visão do comportamento humano no trabalho em Teoria X e Teoria Y. A Teoria X — que McGregor denomina "a tradicional visão de direção e controle" — implica em três suposições fundamentais:

1. O ser humano médio tem uma inerente má-vontade em relação ao trabalho e o evitará se puder.
2. Devido a tal característica humana, a maioria das pessoas tem de ser coagida, controlada, dirigida, ameaçada com punições, para que possam ser levadas a aplicar esforço adequado na consecução dos objetivos da organização.

3. O ser humano em média prefere ser mandado, deseja evitar responsabilidade, tem relativamente escassa ambição, e, acima de tudo, deseja segurança.

Se um administrador ou gerente parte destas suposições acerca de seus auxiliares (quer estejam ou não corretas), então é provável que se comporte de maneira autocrática para com eles, ficando obcecado com o controle de empregados que não cooperam. Supervisionará de perto cada trabalhador, imporá todo tipo de controle e geralmente demonstrará falta de confiança nele. Com toda a probabilidade, os trabalhadores reagirão a essa abordagem, resistirão à pressão e farão o mínimo de trabalho que puderem. O gerente achará, então, que sua opinião inicial acerca deles foi confirmada e, com toda probabilidade, imporá ainda maiores constrangimentos.

No extremo oposto, McGregor estabeleceu a Teoria Y que sustentava que:

1. O dispêndio de esforço físico e mental no trabalho é tão natural como o divertimento e o descanso.
2. Controle externo e ameaça de punição não são os únicos meios de se provocar esforço em prol de objetivos da organização. O homem exercerá autodireção e autocontrole a serviço de objetivos em que esteja empenhado.
3. A dedicação a objetivos é uma função das recompensas associadas à sua consecução.
4. O ser humano médio aprende, dadas as condições adequadas, não só a aceitar como a procurar responsabilidades.
5. A capacidade para exercer um grau relativamente elevado de imaginação, habilidade e criatividade na resolução de problemas da organização é distribuída amplamente, e não restritamente, na população.
6. Dadas as condições da vida industrial moderna, as potencialidades intelectuais do ser humano são apenas parcialmente utilizadas.

Se os administradores adotarem estas suposições, então seu comportamento para com empregados provavelmente será diferente, e assim também o será a reação recíproca dos empregados. As suposições da Teoria Y e o subseqüente comportamento bem podem levar a um relacionamento muito mais cooperativo entre administradores e trabalhadores.

Ao avaliar essas duas teorias, Peter Drucker escreveu: "A Teoria X admite imaturidade. A Teoria Y admite que as pessoas desejam ser adultas."

O psicólogo Abraham Maslow foi um ardente defensor da Teoria Y. Seu trabalho em uma pequena companhia da Califórnia tentou aplicar isto e foi registrado em seu livro *Eupsychian Management* (1965). Maslow, contudo, criticou a Teoria Y por exercer demandas desumanas dos membros mais fracos da organização.

Em *Management*, Drucker também oferece uma crítica às idéias de McGregor: "As coisas são bem mais complexas do que os seguidores de McGregor querem nos fazer crer. Em primeiro lugar, aprendemos que a Teoria Y não é em si mesma adequada. A administração segundo a Teoria Y não é 'permissiva'. Pelo contrário, ao gerenciar trabalhador e trabalho, colocando a responsabilidade no trabalhador e visando ao desempenho, faz exigências excessivas tanto ao trabalhador quanto ao gerente, fato que McGregor só notou um pouco mais tarde."

Harold Geneen comenta em seu livro *Managing*: "A beleza da Teoria X e da Teoria Y foi o fato de abarcarem tão elegantemente tudo sobre administração." Mas acrescenta: "A dificuldade com essas teorias elegantes, no entanto, é que nenhuma companhia que eu conheça é dirigida rigorosamente de acordo, seja à Teoria X seja à Y. Nem sequer o Exército."

McGregor argumentava que as crenças fundamentais dos gerentes realmente impõem a maneira pela qual a organização era dirigida. "Todas as decisões e ações gerenciais se baseiam em suposições acerca do comportamento", escreveu. O desafio era unir teorias de administração à prática concreta. "A ciência se preocupa com o avanço do saber; a administração, como qualquer outra profissão, está interessada na consecução de objetivos práticos. A questão é saber se a administração pode utilizar conhecimento científico na consecução desses objetivos."

Se bem que as Teorias X e Y tenham sido reiteradamente interpretadas como dogma, McGregor encarava-as como pólos opostos. Tal como Charles Handy hoje em dia, ele via as organizações como tremendamente complexas mas em última análise pragmáticas e versáteis, e esquivou-se a abordagens rígidas, preconizando um quadro ético dentro do qual a administração pudesse funcionar com êxito. Sustentou:

> A liberdade da administração tem sido progressivamente restringida em nossa sociedade neste último século. A legislação referente ao emprego de menores, ao emprego de mulheres, à remuneração dos trabalhadores, à negociação coletiva, e muitas outras questões refletem a preocupação da sociedade com a ética administrativa. Uma forma de abordar esses problemas consiste

em ver todas as restrições à administração como irrazoáveis e lutar cegamente contra elas. Isso foi bastante típico no campo da gerência industrial de uma ou duas gerações atrás. A outra abordagem é ficar mais sensível a valores humanos e exercer autocontrole por meio de um código ético positivo e consciente. É esta última abordagem que caracteriza o conceito de "responsabilidade social" da administração acerca do qual se ouve falar muito hoje em dia.

McGregor contribuiu para a idéia de uma hierarquia de necessidades. "O homem é um animal carente — logo que uma de suas necessidades seja satisfeita, surge em seu lugar uma outra. Esse processo é interminável. Continua do nascimento até a morte. O homem continuamente dedica esforço — trabalho, por favor! — para satisfazer suas necessidades. 'Uma necessidade satisfeita não motiva comportamento'!"

> A administração sabe hoje em dia acerca da existência dessas necessidades, mas quase sempre se admite assaz erroneamente que elas representam uma ameaça para a organização. A aceitação da Teoria Y não subentende abdicação, ou gerência "frouxa", ou "permissividade"... tais noções provêm da aceitação da autoridade como o único meio de controle gerencial, e de tentativas para minimizar suas conseqüências negativas. A Teoria Y admite que as pessoas exercerão um autocontrole na busca dos objetivos da organização na medida em que estiverem empenhadas nesses objetivos.

Como diretor do Antioch College, McGregor topou com um imenso desafio de traduzir essas suas teorias em liderança prática e eficiente. (É interessante notar que seu aluno, Warren Bennis, passou por processo semelhante como diretor da Universidade de Cincinnati.) Ao afastar-se da faculdade, McGregor escreveu: "Imaginei poder evitar me tornar um patrão... pensei que poderia talvez funcionar de modo a que todos gostassem de mim — que 'boas relações humanas' eliminariam todo desacordo e discordância. Não poderia ter estado mais errado. Levou um par de anos, mas afinal comecei a dar-me conta de que um líder não pode fugir ao exercício da autoridade, tanto quanto não pode escapar à responsabilidade pelo que ocorra em sua organização." Mesmo assim, McGregor continuou a defender o elemento humano da administração. Afirmou: "Modas vêm e passam. O fato fundamental da capacidade do homem para colaborar com seus semelhantes no grupo interatuante sobreviverá às 'modas' e será um dia reconhecido. Então, e somente então, a administração descobrirá quão seriamente subestimou o verdadeiro potencial de seus recursos humanos."

Abraham Maslow

Nascido no Brooklyn, Nova York, em 1908
Faleceu em 1970
Psicólogo

A "hierarquia de necessidades" de Maslow forneceu o ponto de partida para o surto da ciência do comportamento que veio a seguir. Maslow sustentou que as expectativas do homem principiam pelas necessidades básicas de alimento, calor, sono e satisfação sexual. Estas têm de ser atendidas antes de outras necessidades se tornarem intensas. As outras necessidades identificadas por Maslow foram segurança, sentido de participação e amor, estima e a percepção do potencial pessoal. Sustentou que o ser humano age como um todo integrado — a motivação tem de apelar ao conjunto e é, por conseguinte, complexa, contínua e flutuante.

Maslow formou-se psicólogo na Universidade de Wisconsin, tornando-se Membro Carnegie do Colégio de Professores Universitários em 1935 e, a seguir, professor-adjunto de Psicologia no Brooklyn College. De 1947 a 1949 adquiriu sua primeira experiência na área comercial como gerente de usina da Maslow Cooperage Corporation, mas em seguida regressou à vida acadêmica tornando-se professor-adjunto e depois titular na Universidade Brandeis em Massachusetts. Após certo tempo, chegou a chefe de departamento e em seguida engajou-se no ramo dos negócios em uma companhia de eletrônica do Sul da Califórnia. Lá, ao estudar motivação e auto-realização, suas idéias utópicas ficaram mais coloridas pela realidade. Ao descrever suas experiências, Maslow criou a palavra "Eupsychian", que definiu como "a cultura que seria gerada por 1.000 pessoas que se auto-realizariam em uma ilha resguardada, sem qualquer interferência externa."

A empresa eletrônica estava, com efeito, tentando converter a Teoria Y de Douglas McGregor em realidade prática. Essa teoria, que McGregor sustentava entusiasticamente, afirmava que os indivíduos possuíam uma necessidade profundamente arraigada de trabalhar. Tal idealismo, Maslow em breve deu-se conta, não estava de acordo com o que via na prática. Em um ano de trabalho no empresa ele escreveu *Eupsychian Management*, criticando a Teoria Y por sua "desumanidade" e concluindo que mesmo os fortes em uma sociedade careciam da segurança proporcionada pela ordem e pela direção, ao passo que os fracos precisavam de proteção diante do peso da responsabilidade. Contudo, não pôs de lado completamente a Teoria Y. Ao invés, sustentou que a segurança e a tranqüilidade oferecidas pela Teoria X tinham de ser geradas por meios alternativos. A Teoria Y por si só não poderia oferecer uma estrutura adequada, mas não poderia coexistir com a Teoria X.

O esforço idealista de Maslow tem sido criticado. Sobre a hierarquia de necessidades, um psicólogo disse: "São simples categorias e possuem certa universalidade. Mas são toscas, ainda não definitivas e delas não se originou nenhuma pesquisa."

Em seu livro *Management*, Peter Drucker escreveu:

> Do que Maslow não se deu conta é de que uma carência se transforma ao ser satisfeita. Quando a necessidade econômica é atendida, isto é, desde que as pessoas não mais têm de subordinar todas as demais necessidades e valores humanos para conseguir a próxima refeição, fica cada vez menos satisfatório obter recompensa econômica adicional. Mas as recompensas econômicas não se tornam em nada menos importantes. Pelo contrário, à medida que o impacto de uma recompensa econômica decresce como incentivo positivo, sua capacidade para gerar insatisfação, se desapontada, rapidamente aumenta. Prêmios econômicos deixam de ser "incentivos" e se convertem em "direitos". Se não se cuidar adequadamente delas — isto é, se houver insatisfação com as compensações econômicas — elas viram embaraços.

Reg Revans

Nascido em Portsmouth em 1907
Educador

Revans é um profeta por longo tempo não reconhecido em seu próprio país e, agora, quiçá o mais rancoroso dos gurus. Diz ele: "Nenhum consultor, professor de administração, leitor politécnico de Ciência da Administração, conselheiro de módulo de facilitação protoativa, nem seus múltiplos colegas tocarão em qualquer coisa que leve meu nome." Besta-fera da tradicional abordagem de estudos de caso no ensino de administração, teve de levar suas idéias para a Bélgica para poder vê-las aplicadas na prática. A geração emergente de gerentes de nível médio que experienciaram a "aprendizagem ativa" nas mãos dele foi amplamente creditada como sendo a força motriz da espetacular expansão da Bélgica nos anos 60.

O desenvolvimento que Revans deu ao conceito de "aprendizagem ativa" tem suas raízes bem cedo na sua extensa carreira. Em 1938, era o funcionário responsável perante o Conselho Municipal de Essex por todas as escolas técnicas e principais órgãos de treinamento profissional. Foi ali que escreveu seu primeiro trabalho sobre formação das enfermeiras. Desde então, apareceram mais seiscentos trabalhos seus.

Desde logo, Revans contestou o *status quo*. Em um simpósio de 1949, "Educação em um Mundo em Mudança", escreveu:

> Conquanto indústria e comércio sejam amplamente reconhecedores de que a eficiência da produção ainda seja, afinal, apenas a eficiência dos produtores, continua a existir um temor de que os processos da educação possam originar subprodutos indesejáveis. Não podemos nos esquecer de que, a par do pensamento ordenado apresentar seus riscos, a educação possui robusta tradição literária; foi projetada mais à feição dos interesses dos que escrevem sobre alguma coisa do que no interesse de quem é educado. Não raro tem revelado uma tendência a treinar para cargos de responsabilidade da administração homens que, ou bem desprezavam explicitamente a perícia do engenheiro, ou deliberadamente mantiveram-se em afetada ignorância quanto aos riscos do mercado e da troca.

Foi quando Revans se tornou responsável pelo recrutamento e treinamento de gerentes de minas de carvão que pela primeira vez começou a examinar como os gerentes aprendem. Suas propostas foram radicais. Ao invés de reuni-los para serem ensinados, na sala de aula típica, por um especialista em administração ou comportamento, que saberia menos do que eles a respeito de seus empregos, por que não deixá-los ensinar uns aos outros? Durante vários anos isso levou Revans à conclusão de que: "Membros de pequenas equipes de trabalho podem aprender rapidamente uns com os outros e apoiar-se reciprocamente para conseguirem dar conta do trabalho." Revans projetou esta idéia em 1957, debatendo o caso com pequenos grupos de trabalho no ambiente da própria fábrica. Foi ridicularizado no Ocidente, mas os japoneses incorporaram as idéias dele no desenvolvimento de suas técnicas de círculos de qualidade. Foram também incorporadas pelo Serviço Nacional de Saúde Britânico. Equipes médicas, de enfermagem e administrativas reuniam-se para aprender umas com as outras e, num período de cinco anos, começaram a surgir resultados impressionantes de dez hospitais de Londres. Uma vez mais, Revans insistiu que só o quadro de funcionários do hospital conhecia seus próprios problemas e poderia solucioná-los.

O conceito de "aprendizagem ativa" criado por Revans forma a pedra angular de sua obra. A aprendizagem ativa concentra-se primordialmente na aquisição de um "discernimento interrogativo", que só pode ser alcançado se as pessoas se acostumarem a fazer "perguntas úteis e discriminadoras em situações de ignorância, risco e confusão". Aprender isso talvez exija um "combinador", um supervisor (não um facilitador), diretamente envolvido na solução e que deixe claro, desde logo, que ele ou ela precisa aprender tanto acerca de suas pressupostas capacidades quanto todos os demais do grupo. "Como os especialistas não podem apreender o significado dessa verdade, eles respeitam toda a legítima aprendizagem ativa", afirma Revans. A aprendizagem ativa tem três principais objetivos:

- Dar atenção apenas a problemas reais com elementos de risco, confusão e oportunidade.
- Dar aos membros possibilidade de aprenderem por si mesmos, juntamente com os colegas da profissão, a melhor forma de abordar desafios mal-estruturados para os quais ninguém pôde, de pronto, sugerir uma resposta satisfatória.
- Estimular os responsáveis pelo desenvolvimento da gerência a perceberem suas missões novamente como tendo de acertar com os gerentes mais graduados as condições em que todos os gerentes e todos os responsáveis pelo desenvolvimento da gerência, incluindo os do topo da hierarquia, aprendam uns com os outros na tentativa de cumprir seus deveres comuns e quotidianos.

Revans reconhece nada haver de novo nisso: "A idéia deve ser, com efeito, bastante antiga: a de que ninguém aprende através de conversa ou discussão — e, para minha argumentação, conversa abrange estudos de casos, jogos de administração, grupos de discussão, seminários, desempenho de papéis e todas as outras formas de interação social, salvo assumir responsabilidade operacional pelas próprias decisões reais em um mundo real." Com efeito, é tão antiga que Revans cita Buda como "um precursor da aprendizagem ativa, ensinando a outros que é a partir de suas próprias experiências reais que as verdades mais fundamentais são provavelmente aprendidas."

Revans cita duas vitórias conseguidas pela aprendizagem ativa. A salvação das moendas de óleo de coco das selvas da Nigéria, e a afirmação da Bélgica como o primeiro de todos os países da Organização de Cooperação e Desenvolvimento Econômico a desenvolver a produtividade e exportação dos produtos fabricados. Entretanto, as idéias de Revans provocaram escárnio generalizado. "O livro *Action Learning* não vendeu nada. Comprei a maior parte como refugo" — admite Revans. "Ele fez os 'especialistas' rirem à beça." Como resposta, Revans partiu para a Europa, tornou-se presidente da European Association of Management Training Centres. Um relatório posterior da Comunidade Econômica Européia, *Management Education in the European Community*, de 1978, deu um testemunho sóbrio da contribuição de Revans.

Foi na Fondation Industrie-Université da Bélgica que as teorias de Revans foram mais notavelmente aplicadas. Ele recorda: "Os conceitos precários e mal-informados que eu me debatera para extrair do que se passava nas minas e hospitais foram substituídos pelo claro e decisivo pronunciamento de cientistas, engenheiros e banqueiros belgas." Suas realizações na Bélgica foram descritas entusiasticamente. O Dr. Jonatham Rosenhead, presidente em 1987 da Operational Research Society disse do programa inspirado por Revans: "Este programa foi creditado (e não só pelo próprio Reg Revans) com a responsabilidade pelo excepcional crescimento da produtividade industrial da Bélgica durante os anos 70 — mais 102% na década até 1981. Compare-se isso com os 85% do Japão e os 28% da Grã-Bretanha." A Bélgica foi a única nação industrial a aumentar significativamente sua taxa de crescimento nos anos 70, a despeito do fato de durante vinte e cinco anos haver tido o mais baixo índice de investimento em relação ao produto nacional bruto da Europa; de constituir-se na menor reserva de mão-de-obra da Europa; e de ser desprovida de recursos naturais.

Em 1973, os conceitos de Revans foram aproveitados por Sir Arnold Weinstock na General Eletric e, não demorou muito, companhias por toda a Grã-Bretanha experimentavam a nova abordagem de Revans. Brotaram projetos no Egito, Índia e África. A aprendizagem ativa integrou-se ao treinamento de gerentes em muitas instituições, e algumas, notadamente o International Management Center de Buckingham, fizeram dela o principal tema de suas atividades.

Hoje em dia, Revans acha que sua abordagem foi justificada até certo ponto. Manifesta "total indiferença pelas opiniões de nossos peritos econômicos e assemelhados, sobretudo os da consultoria gerencial ou os das escolas de administração. O fato agora é que tudo o que tenho sido nestes cinqüenta anos está aos poucos sendo visto como correto". Ele crê estar crescendo o apoio a suas idéias. Por exemplo, em fevereiro de 1988, Sir Douglas Hague escreveu: "Achamo-nos em uma revolução industrial que exige dos formadores de gerentes o desenvolvimento de 'aprendizagem ativa' a partir da experiência real no comércio e na indústria, ao invés de ficar amarrado a teorias e academicismos." O próprio Revans continua a viajar pelo mundo afora fazendo conferências e difundindo o evangelho de aprendizagem ativa. Ele é, no dizer de Igor Ansoff, "um homem espantoso e subestimado".

Frederick Herzberg

Nascido em Lynn, Massachusetts, em 1923
Professor de Administração na Universidade de Utah

Agora um sexagenário, Frederick Herzberg é Professor Emérito de Administração da Universidade de Utah. Avaliando a inspiração para seu trabalho, Herzberg explica: "O cerne de minha obra provém de minhas experiências durante a Segunda Guerra Mundial no campo de concentração de Dachau, onde me dei conta de que uma sociedade se torna insana quando os mentalmente sadios enlouquecem. Como psicólogo, creio que a sanidade exige tanta atenção profissional para alimentar o conteúdo humanista do caráter e da ética quanto para revelar condescendência por diferenças de personalidade. Os insanos também precisam de cuidado e compaixão, mas sua ações dementes nunca devem ser reforçadas por estratégias eticamente neutras. Minhas teorias tenderam a ressaltar estratégias para manter sadios os sãos."

Herzberg sentou praça no Exército em seu último ano no City College de Nova York. Saíra de casa quando o resto da família mudara-se para o Sul e custeou seus próprios estudos. Quando o dinheiro acabou, entrou para o Exército. Na faculdade, começou estudando História, assunto que ainda vê como seu primeiro amor, mas achou impessoal o ensino. "Era uma seqüência de fatos totalmente despersonalizada. A história, porém, é feita pelo povo. Fui para o Departamento de Psicologia a fim de entender pessoas, de maneira a poder entender a história." A época da guerra proporcionou a Herzberg uma sombria educação acerca de seres humanos. Foi mandado servir em Dachau, quando esse campo de concentração foi libertado: "O que vi em Dachau tornou-me mais decidido a estudar História e Psicologia. Estava à procura de respostas para as obscenidades da sociedade humana", dizia. Após a guerra, concluiu os estudos em Nova York, antes de conquistar os diplomas de mestrado e doutorado na Universidade de Pittsburgh. Em meados da década de 1950, começou a trabalhar para o Serviço de Saúde Pública dos Estados Unidos em vários projetos de pesquisa.

Herzberg trabalhou com psicologia clínica, tornando-se diretor de pesquisas de uma empresa de consultoria psicológica sem fins lucrativos. Para avaliar as idéias correntes a respeito de distúrbios mentais, Herzberg e seus colegas criaram uma bibliografia de obras sobre psicologia industrial. O que Herzberg descobriu foi decepcionante — "uma penúria de opiniões conceituais". É essa a lacuna que vem tentando preencher. "Decidi que precisava examinar os mentalmente sadios, que pelo menos funcionavam", diz ele. "Minha meta era tanto aliviar a dor da indústria quanto manter sadias as pessoas dali. Como evitar que os sadios adoeçam? Foi uma abordagem positiva." Seu campo de interesses é vasto. Exige um "nível mais elevado de compreensão" e sugere: "Precisamos de homens do Renascimento como administradores — homens com educação ampla que possam perceber a intrínseca relação entre Sociologia, Psicologia e os aspectos técnicos." Ele se cerca de assistentes já com doutorado em uma diversidade de disciplinas.

As teorias do comportamento humano de Herzberg, acredita ele, são tão relevantes para as ciências humanas quanto a ciência da administração. Assumindo uma visão global, Herzberg sustenta: "Necessidades e expectativas de satisfação individuais são modeladas pelo sistema religioso-filosófico em que o homem vive." (*Industry Week*, 12 de novembro de 1984.)

O consultor Roy Walters trabalhou com Herzberg durante muitos anos. Foi Walters quem levou Herzberg para a American Telephone and Telegraph Company a fim de testar suas teorias em uma situação industrial. "Fred Herzberg é impelido por uma vontade de ajudar as organizações a melhorarem a utilização de seus potenciais humanos. Sua dedicação a esse objetivo é intensa", diz Walters. "Por que outro motivo uma pessoa se castigaria fisicamente ao assumir tão pesada carga de discursos, consultas e inúmeras apresentações em público? Quando trabalhei com Fred na AT&T, e posteriormente em minha própria firma de consultoria, vi-o viajar tarde da noite através do país a fim de fazer uma palestra na manhã seguinte, ou passar a maior parte da noite discutindo filosofias, problemas e questões de trabalho."

George Tsatos, da Investment Finance, contribui com esta avaliação de Herzberg: "A principal característica de Herzberg, diria eu, é a abordagem bastante juvenil e irreverente com que estuda o mundo. Vê o mundo com grande humanidade, mas ao mesmo tempo como uma criança ou pessoa bastante jovem o faria e põe em dúvida teorias consagradas que ele não aceita pelo valor declarado. Ao ver as coisas por um ângulo gozador — e ele é uma das pessoas mais divertidas que conheci —, extrai delas importantes características, da mesma forma que um caricaturista exagera certos traços do seu assunto. Isso, em Administração e em Relações Humanas, que geralmente têm sido tratadas com grande sobriedade e atitudes moralistas, é por si mesmo um modo bastante novo de encarar as coisas. Claro que inovação, ineditismo e humor não bastam, e Herzberg também fez uma síntese de suas observações e formulou teorias originais."

A fama de Herzberg foi conseguida no final da década de 50 quando separou os elementos do trabalho em dois conjuntos: os que atendem às necessidades animais das pessoas (fatores de higiene) e os que atendem a suas ímpares necessidades humanas (fatores de motivação). Ele explica: "Fiz uma série de entrevistas tentando estabelecer o que torna doentes pessoas comuns sadias. Descobri que era o que elas faziam. Isso conduziu a mais estudos, que conduziram à teoria da motivação."

O livro *Motivation to Work* expressou a teoria básica de motivação-higiene. Foi traduzido pelo mundo afora e propiciou o trabalho de consultoria de Herzberg junto a grandes empresas e organizações privadas. Suas teorias contribuíram com dois desafios para os administradores:

- Cuidar dos empregados atendendo-lhes as necessidades animais.
- Aproveitá-los ao máximo invocando sua motivação íntima para o crescimento.

Herzberg e seus colaboradores na pesquisa constataram que os trabalhadores obtinham satisfação daquilo que ele denominou "fatores de motivação". Estes eram realização, reconhecimento, o próprio trabalho, responsabilidade, promoção e crescimento. A insatisfação, contudo, era geralmente relacionada a fatores ambientais, que eram rotulados como "descontentadores" ou "fatores de higiene". Estes eram as normas e a administração da companhia, a supervisão, as condições de trabalho, as relações com superiores, subordinados e colegas, o salário, a condição social, a segurança no emprego e na vida pessoal.

As informações foram colhidas por meio de entrevistas com duzentos engenheiros e contadores de Pittsburgh. Foram solicitados a recordar ocasiões nas quais as condições no emprego eram excepcionalmente satisfatórias. Os entrevistadores, aí, investigavam por que eles haviam sentido assim. Os trabalhadores eram também indagados se os sentimentos de satisfação haviam afetado seu desempenho profissional, seus relacionamentos pessoais e seu bem-estar. O processo foi repetido para também descobrir sentimentos negativos relativos ao trabalho. Os resultados foram, então, classificados por assunto para descobrir que tipo de acontecimentos levava à satisfação e à insatisfação no serviço. A principal constatação do estudo foi que os fatos que levavam à satisfação eram de natureza assaz diferente dos que levavam à insatisfação. Satisfação e insatisfação *não* se opunham.

Em *Motivation to Work*, Herzberg e seus co-autores Mausner e Snyderman escreveram:

> A higiene funciona para afastar os riscos à saúde do ambiente do homem. Não é curativa; é, antes, preventiva... Analogamente, quando existem fatores deletérios no contexto do serviço, estes servem para produzir más atitudes no trabalho. Melhoramentos nos fatores de higiene servirão para afastar os obstáculos a atitudes positivas no serviço. Dentre os fatores de higiene incluímos supervisão, relações interpessoais, condições materiais do trabalho, salário, normas e praxes administrativas da empresa, benefícios e segurança no trabalho. Quando estes fatores decaem abaixo de um nível julgado aceitável pelo empregado, então surge a insatisfação no serviço.

Meramente cuidar de fatores de higiene, sustenta o livro, não basta. "Tudo que podemos esperar ao satisfazer as necessidades de higiene é evitar a insatisfação e o mau desempenho."

Herzberg crê que suas teorias exerceram impacto positivo nas empresas e estão agora padronizadas em muitas delas — tanto que foi esquecida sua origem teórica. "Horário flexível, salários anuais, refeitórios, gratificações — são todos derivados da teoria da motivação (a parte de higiene). Assim também o enriquecimento de cargos, desenho de cargos e organizações estimuladoras, para darem maiores oportunidades às pessoas de se expressarem", diz ele.

O impacto da obra de Herzberg nos fatores de higiene e motivação é avaliado por George Tsatsos: "Na época, a teoria dele foi revolucionária e representou um exemplo de pensamento lateral. Ele alvitrou que em vez de procurar motivar as pessoas por meio de recompensas ou pressão, as companhias deveriam motivá-las melhorando o conteúdo do próprio emprego. Essa teoria, é claro, não era uma panacéia. Em si mesma, não soluciona todos os problemas de administração, nem funciona em todos os casos. Nos anos a seguir, muitos dos discípulos de Herzberg pretenderam que assim era. A excessiva aplicação e o pretexto desta ser uma solução ímpar para os problemas de administração arriscaram tornar a teoria de enriquecimento de cargo numa novidade transitória. Mas não foi assim. De inúmeras formas, hoje em dia os aspectos de enriquecimento de cargo são parte integrante de nossas praxes atuais de gerenciamento e entram em qualquer equação atinente à aplicação de uma administração bem-sucedida."

Herzberg cunhou a expressão "enriquecimento de cargo" que exigiu distribuição de responsabilidade por toda a hierarquia — uma idéia que ainda é muito debatida. Para Herzberg, o enriquecimento de cargo exige que as pessoas mantenham uma "relação de cliente" também com empregadores, gerentes e colegas e que estejam engajadas em um constante processo de aprendizagem. Ambas as idéias voltaram à tona sob diferentes formas nos anos 80.

Como parte de seu interesse pela motivação, Herzberg foi um precursor de muito do que atualmente se entende pelo termo "participação". Entretanto, Herzberg fica à parte de como funciona hoje a participação. Para ele, é desumanizadora porque exalta as virtudes do grupo acima da ação individual. "O que temos hoje é participação por lobistas. Todos querem participar para conseguir o que querem", escreveu em *Industry Week* (15 de setembro de 1980). O treinamento é ignorado pela satisfação temporária de trabalhar como parte de um grupo, e no máximo o grupo se mostrará medíocre.

"Acredito em um homem, um voto em termos de direitos civis; não acredito que uma oligarquia deva me dizer que sou desigual. Mas não traduzo isso por administração participativa em termos de as pessoas terem igual conhecimento", diz Herzberg. "Acredito que as pessoas devam participar na base dos seus conhecimentos. Não acredito que as aeromoças devam ter voto igual ao do comandante do avião para se saber se se deve ou não pousar durante uma tempestade. Acredito, contudo, que o conhecimento dela acerca das condições dos passageiros deva ser comunicado ao comandante", ele disse no mesmo artigo.

O último trabalho que Herzberg escreveu a respeito de suas primeiras teorias foi um artigo para a *Harvard Business Review* em 1968, intitulado "Mais Uma Vez: Como se Motivam Empregados?" Foram vendidos 1,2 milhão de exemplares e é o número mais vendido da *Review*. Nele, Herzberg introduz o acrônimo KITA (*kick in the ass*, ou seja, "pé na bunda") e sustenta: "Se você tem alguém num cargo, use-o. Se não puder usá-lo no cargo, livre-se dele, seja via automação ou escolhendo alguém com menos capacidade. Se não puder usá-lo e não puder livrar-se dele, terá um problema de motivação."

O artigo examina a motivação:

> Qual é o meio mais simples, mais seguro e mais direto de fazer com que alguém faça alguma coisa? Solicitar? Mas se a pessoa

> responde que não quer fazê-lo, então isso exige consulta psicólogica para determinar a razão para tal obstinação. Mandar? A resposta revela que ele ou ela não consegue entendê-lo, e então tem de ser trazido um especialista em métodos de comunicação para mostrar a você como se fazer entender. Dar à pessoa um incentivo financeiro? Não preciso lembrar ao leitor a complexidade e dificuldade implícita em estabelecer e administrar um sistema de incentivos. Mostrar à pessoa? Isso implica em um caro programa de treinamento. Precisamos de algo mais simples.

O artigo reexaminou os fatores de higiene e motivação de Herzberg. Ele os identificou assim: "Os fatores de crescimento ou motivadores intrínsecos ao cargo são: realização, reconhecimento pela realização, o próprio trabalho feito, responsabilidade e crescimento ou promoção. Os fatores de prevenção da insatisfação ou de higiene (KITA), que são extrínsecos ao cargo, abrangem: orientação e administração da companhia, supervisão, relacionamentos interpessoais, condições de trabalho, salário, *status* e segurança."

Na edição de outubro de 1987 da Review, o artigo foi reproduzido com pensamentos de Herzberg sobre a posição de suas teorias uma década depois. Explicando o impacto do artigo, Herzberg escreveu: "Para este artigo, inventei o acrônimo KITA para descrever a técnica do movimento. A deselegância da expressão ofendeu os que consideram bom tratamento uma estratégia motivadora, independentemente da natureza do próprio serviço. Nessa linguagem chã, tentei iluminar a abordagem animal para lidar com seres humanos que caracteriza tão grande parte de nossa intervenção com a ciência do comportamento."

Herzberg observa: "Há muito poucas pessoas por aí tentando fazer da experiência de viver uma experiência agradável. Pessoas que gostam de seu trabalho fazem-no melhor. A KITA é sempre a curto prazo."

Herzberg tem ficado cada vez mais revoltado ante a falha das organizações em satisfazer plenamente a humanidade, a criatividade e a paixão do homem. Opõe-se seriamente à visão científica do homem por Taylor. "A ciência apenas pode ajudar-nos a inventar mais óculos para ver melhor os limites do sistema físico. Criamos enciclopédias cada vez maiores, mas ainda se acham limitadas por capas duras", afirmou ele em recente entrevista. Ele não liga para métodos científicos e sistematizados. "Para conseguir conhecimento confiável, empírico, a humanidade criou métodos científicos a fim de determinar qual conhecimento é confiável e qual não o é. O primeiro, e ainda mais penetrante método de coligir conhecimentos confiáveis, é a experiência: *observação*", sustenta. Na sua concepção, não se pode administrar pessoas cientificamente, por mais que se tente. "Precisaremos ter treinamento amplo, um treinamento recíproco e precoce para todos. Temos de ampliar a vida psicológica para as pessoas e isso só pode surgir do que estamos fazendo. Com a população envelhecendo, como agir com essa gente? Já que a indústria é a instituição dominante no mundo, temos de apelar para ela a fim de fornecer a solução."

Em 1976, Herzberg escreveu *The Managerial Choice: To Be Efficient and To Be Human*, no qual buscou estabelecer uma ponte entre preocupações humanas e fatores econômicos. O destaque dado a lucros e processos contábeis, em detrimento das pessoas, virou uma preocupação para Herzberg. "Nossa paixão pelos números é a raiz da impassibilidade dos anos 80", afirma. "Tentamos escapar ao niilismo do zero colocando nossos sonhos e emoções em números cada vez maiores. Quantos fragmentos de informação caberão no *chip* do computador? Quantos canais caberão em nossos televisores? Quantos bilhões podemos adicionar ou tirar do orçamento?

"Os números entorpecem nossos sentimentos com relação ao que está sendo contado e conduzem à adoração das economias de escala. A paixão está em sentir a qualidade da experiência, e não em tentar mensurá-la."

A paixão é uma das facetas essenciais de pessoas inovadoras, segundo foi identificado por Herzberg. A lista completa é esta:

1. Quociente de inteligência
2. Competência no assunto
3. Inconvencionalidade
4. Eficiência na ambigüidade
5. Sondar o ego
6. Capacidade para distinguir valores de motivação e de higiene
7. Controle da ansiedade
8. Controle do carreirismo
9. Intuição
10. Paixão

Roy Walters avalia a obra de Herzberg: "Sua principal contribuição para a teoria da administração foi expor esta a uma nova área, isto é, afirmar que a motivação provém do 'próprio trabalho'. Isso foi quase sempre um processo doloroso por ser diretamente oposto às maneiras históricas de administrar, e é antitético aos sistemas históricos de crenças da administração. Mas seu sistema de crenças e a tenacidade dele permitiram-lhe levar a melhor."

David Whitsett, professor de Psicologia na Universidade de Northern Iowa, comenta acerca da visão de mundo de Herzberg: "Ele era impelido por uma compaixão pelas dores das pessoas. Provavelmente viu a si mesmo dessa forma a vida inteira e acredita que a dor de cada um é insolúvel, isto é, inescapável. Ele crê que uma focalização nas oportunidades de crescimento e desenvolvimento é realmente a única coisa pela qual vale a pena viver e torna a vida valiosa, a despeito do fato de se ter de suportar uma dose significativa de aflição ou dor."

Avaliando suas próprias realizações, Herzberg identificou-as desta maneira: "Primeiro, criei mais firmas de consultoria e novas funções para elas. Ao criar o enriquecimento do cargo, terei emprego para uma porção de consultores, dando-lhes novos produtos para vender.

Resgatei a ciência do comportamento do brejo do movimento de relações humanas.

Em terceiro lugar, dei uma nova dimensão de relações públicas para as empresas. Elas ficaram com máquinas melhoradas. Vocês já viram aqueles anúncios enormes: 'Somos trabalhadores contentes.'

Meu feito mais útil foi apontar o próprio trabalho como sendo o foco da infecção. Mais aspirina higiênica não funcionava.

Como corolário disso, criei um novo vocabulário — KITA, motivação, e assim por diante.

Sexto — e a sério — dei à ciência teórica do comportamento justificativa para fazer face a novos costumes e valores, à medida que passamos para uma cultura mais liberta, salientando a qualidade de vida.

Ao criar o enriquecimento de cargo, ressuscitei sistemas de técnica social que haviam permanecido estagnados há vinte e cinco anos. Minha atividade voltada para a natureza do trabalho reviveu a obra técnica-social de grupos como o Instituto Tavistock da Inglaterra. Levou à reconsideração de sistemas de avaliação e, mais do que encará-lo como um conceito taylorístico de converter uma pessoa numa função, passou a relacionar o treinamento à motivação para o trabalho.

Oitavo, distingui patologia de ideologia. Quando trabalhadores de nível inferior não trabalhavam, dizia-se ser devido à natureza da pessoa. Diziam que se as classes inferiores não querem trabalhar, não se pode motivá-las. Mostrei que elas não eram a plebe vil.

Comportamento é patologia, uma doença criada por nós. O que se chamava de ideologia era um sistema que se autolegitimava.

Nono, coloquei a higiene em seu respectivo lugar na vida. Era normal dizer: 'Dê a alguém mais dinheiro e ficará contente.' Mostrei que isso era um erro."

Chris Argyris

Nascido em 1923
Professor de Educação e Comportamento Organizacional na Harvard Business School

Tanto como acadêmico quanto como consultor, Chris Argyris tem devotado sua carreira a tentar conciliar as necessidades do indivíduo com as da organização.

Seu trabalho como consultor abarcou uma ampla gama de organizações. Dentre as grandes empresas que o tiveram em suas fileiras acham-se a International Business Machines, a DuPont e a Shell Oil. Serviu como consultor especial ao Departamento de Estado e outros numerosos órgãos do governo norte-americano. Seus conselhos sobre formação e produtividade de dirigentes foram requisitados pelos governos dos Estados Unidos, França, Noruega, Suécia, Alemanha, Itália, Grécia e Países Baixos. As conclusões de suas pesquisas serviram de base para vinte e quatro livros e inúmeros artigos que o têm mantido na vanguarda da ciência do comportamento.

Argyris presentemente ensina educação e comportamento das organizações. Seus feitos acadêmicos demonstram sua versatilidade — bacharelado em Psicologia, mestrado em Economia e doutorado em Comportamento Organizacional. Lecionou em Yale nos anos 50 e tornou-se Professor de Administração Industrial lá mesmo em 1961, antes de ir para Harvard em 1968.

Inicialmente sua pesquisa concentrou-se nas conseqüências não-intencionais para indivíduos de estruturas formais e organizacionais, liderança executiva e sistemas de controle e de informação gerencial — e em como indivíduos se adaptaram para mudar as conseqüências. Seu livro *Personality and Organization*, publicado em 1957 e considerado obra clássica da ciência do comportamento, foi seguido por *Integrating the Individual and the Organization* (1964).

Argyris apontou para a incompatibilidade entre indivíduos e organizações, e entre as informações de que os gerentes necessitam e as que recebem. "Desenvolver habilidades para atividades mesmo simples, como andar de bicicleta, é um processo extremamente complexo para a mente humana. A capacidade do homem para processar informações é bastante limitada em comparação com as exigências do ambiente a que ela se acha incorporada," afirma.

Observando que "Organizações formais, não são intencionalmente projetadas para desencorajar os trabalhadores, empregados ou autônomos". Argyris defende uma visão multidimensional de pessoas e organização, e do relacionamento entre elas. Ele escreve: "As organizações dependem de pessoas. Assim, muitas variáveis organizacionais são concebidas em torno de um modelo explícito ou implícito de homem. Os empregados molecularizados de Taylor, por exemplo, adotaram uma visão unidimensional do homem e admitiram que se podia contratar uma habilidade do trabalhador; pelo contrário, os defensores do enriquecimento vertical e horizontal de cargo admitem que se contrata um ser humano por inteiro."

Argyris critica sistemas rígidos oriundos da administração científica por desprezarem as necessidades sociais e pessoais do indivíduo. Ele crê que todo indivíduo deve atingir seu potencial. Cada um de nós tem "energia psicológica" que fornece motivação. O problema da motivação, segundo Argyris vê, não é como criá-la, mas para onde canalizá-la.

Nos anos 60, Argyris voltou sua atenção para os meios de modificar organizações e escreveu *Organization and Innovation* (1965). Passou a focalizar o papel do cientista social como pesquisador e interventor em *Inner Contradictions of Rigorous Research* (1980). Ele também criou, com Donald Schon, uma teoria da aprendizagem em que o raciocínio humano, não apenas o comportamento, torna-se a base para diagnóstico e ação. O livro deles, *Organizational Learning*, foi publicado em 1978.

Schon ganhou notoriedade, na Grã-Bretanha pelo menos, graças às suas conferências Reith em 1970. Então presidente da Organização para Inovação Social e Técnica, do Instituto Tecnológico de Massachusetts, ele sustentou que havia uma incompatibilidade entre a necessidade de mudar e o anseio por estabilidade na sociedade. "Crer na estabilidade serve sobretudo para proteger-nos da apreensão de ameaças inerentes à mudança. Crença na estabilidade é um meio de manter estabilidade ou, de qualquer forma, a ilusão de estabilidade. Eu proporia a Lei de Schon: nenhuma idéia em voga é adequada às circunstâncias de sua época. E como só se pode conseguir dinheiro com base em idéias em voga, nunca se pode conseguir dinheiro para trabalhar em algum problema que seja real."

As conferências foram recebidas com críticas pelo jornal *The Times*, entre outros. Martelaram "a atenção dispensada por Schon para com os afazeres de programadores de computador, *hippies* e sociólogos médicos" e rotularam a tese dele como sendo "tanto sem originalidade quanto profundamente insatisfatória, por não fornecer uma orientação para avaliar-se a diversidade de nossos sentimentos, nem para nos ajudar a distinguir os que devem ser usados como base para ação pública daqueles que não devem". A despeito desses comentários, Schon e Argyris anteciparam muitas das preocupações de teóricos da administração dos vinte anos seguintes — mudança, o uso de tecnologia na provisão de informações úteis e o questionamento da incansável busca de expansão.

O conceito de organização que aprende (também explorado na Grã-Bretanha por Bob Garratt) na opinião de Argyris e Schon parte de uma definição do que vem a ser uma organização. O que distingue uma organização de uma turba, dizem eles, é a maneira pela qual ela concebe procedimentos para tomar decisões em nome da coletividade, delega a indivíduos a autoridade para agir pela coletividade, e estabelece limites entre a coletividade e o resto do mundo.

Esses procedimentos ou regras podem ser ou não escritos. De qualquer maneira, formam uma base para a tomada de decisões e para a ação, um conjunto de "normas, estratégias e suposições" que são aceitas em geral como a forma certa de se fazer as coisas. Cada pessoa da organização cria uma imagem de si própria conforme a percepção que tem de tais normas. Sua percepção raramente é total; estão constantemente testando e reavaliando ao usá-las para descrever sua função e como interagem com outras pessoas. Esta aprendizagem das pessoas dentro da organização é a base da aprendizagem da organização, porque as mudanças das preocupações das pessoas refletem-se inevitavelmente em mudanças das normas que governam o comportamento da organização.

Argyris e Schon identificam dois tipos de aprendizagem em organizações, a que dão o nome de aprendizagem de laço simples e de laço duplo. Laço simples refere-se a situações onde empregados "reagem a mudanças dos ambientes interno e externo da organização ao detectar erros, que a seguir corrigem, de forma a manter os aspectos centrais da 'teoria-em-uso'". Na prática, a organização aprende apenas quando os próprios empregados absorvem lições dessa experiência — quando o novo conhecimento faz suficientemente parte das normas, estratégias e hipóteses de trabalho para perdurarem, mesmo que o empregado que a iniciou venha a desligar-se da firma.

Em um artigo, Argyris apresentou esta analogia: "Quando um termostato liga ou desliga o calor, está agindo de acordo com o programa de ordens a ele dado para manter a temperatura da sala, digamos, em 20°C. Isto é aprendizagem de laço simples, porque o programa referido não é posto em dúvida. A esmagadora quantidade de aprendizagem dentro de uma organização é de laço simples, por ser destinada a identificar e corrigir erros de sorte a que as tarefas sejam cumpridas e a atividade permaneça dentro de orientações definidas. A maciça tecnologia administrativa — sistemas de informação, sistemas de controle de qualidade e auditoria de sistemas de controle da qualidade — destina-se à aprendizagem de laço simples."

Enquanto a aprendizagem de laço simples apenas modifica estratégias e suposições, dentro de um conjunto de normas razoavelmente constante, a aprendizagem de laço duplo também põe em dúvida as normas. Freqüentemente implica em conflito, seja entre exigências consagradas ou entre diferentes gerentes e departamentos, e pode resultar em significativas mudanças na imagem que as pessoas têm do negócio (e, portanto, de seus papéis dentro deste). O processo através do qual essa mudança de imagem ocorre principia com uma admissão do conflito de valores, e continua com uma fase de indagação, em que as normas da organização têm de ser reformuladas, quase sempre a par de estratégias e suposições correlatas. A não-aprendizagem ocorre quando essa reestruturação é impedida — por exemplo, quando as pessoas adotam posições arraigadas que prolonguem o conflito. Por outro lado, cada ciclo onde ocorre aprendizagem de laço duplo ajuda a criar modelos para aprendizagem futura.

Procurando constantemente novas formas de explicar as coisas, Argyris escreveu em 1982:*

> Pode-se dizer que a aprendizagem ocorre dadas duas condições. Primeira, quando uma organização consegue o que pretendia; isto é, dá-se um encontro entre seu projeto de ação e o resultado real. Segunda, a aprendizagem ocorre quando se dá um desencontro entre intenção e resultado mas ela é identificada e corrigida; isto é, um desencontro vira encontro...
>
> A aprendizagem de laço simples ocorre quando são criados encontros, ou quando desencontros são corrigidos por alterações nas ações. Aprendizagem de laço duplo ocorre quando os desencontros são corrigidos ao se examinarem previamente e se alterarem as variáveis decisivas e, a seguir, as ações.

Grande parte da obra subseqüente de Argyris e Schon focalizou como auxiliar os gerentes a aproveitarem a aprendizagem da organi-

* "Problems in producing usable knowledge for implementing liberating alternatives", palestra no Congresso Internacional de Psicologia Aplicada, julho de 1982.

zação. Estudando observações do que os gerentes de fato fazem, eles constataram, por exemplo, que:

> A mentalidade executiva parece funcionar de maneira desnorteante... Primeiro, o raciocínio que os executivos costumam empregar para administrar pessoas e questões técnicas conduz simultaneamente a conseqüências producentes e a outras contraproducentes. Em segundo lugar, eles não se dão conta desse aspecto por estarem desligados de seus próprios processos de raciocíno ao tomarem decisões difíceis. Em terceiro lugar, estão desligados de seus processos pessoais de raciocínio por causa das habilidades que desenvolveram para resolver questões complicadas. As habilidades que levam ao sucesso também levam ao malogro...
>
> Surpreendentemente, dirigentes (ou qualquer outra pessoa nesta função) geralmente não se dão conta de seus processos de raciocínio. Há duas razões para isto. Primeira, possuem grande habilidade para raciocinar — essa atividade é uma segunda natureza para eles, e raramente se dão conta dela quando a empregam. Com efeito, como é verdade no tocante à maioria do comportamento especializado, raramente focalizam isso a não ser quando cometem erros. Em segundo lugar, quando erram, outras pessoas — especialmente subordinadas — podem achar melhor ignorar o erro, ou introduzir a informação correta tão sutilmente que o dirigente provavelmente nem se dê conta de ter cometido um erro...
>
> Nossa pesquisa indica que quando dirigentes lidam com questões difíceis, ameaçadoras, latentes, empregam processos de raciocínio que, na melhor hipótese, levam simultaneamente a sucesso imediato e a problemas a longo prazo. Muitas vezes os problemas continuam sem solução, complicando as dificuldades a longo prazo. Isso tudo ocorre sem que os dirigentes sequer se dêem conta.*

Argyris acredita que identificar tais problemas é uma boa maneira de resolvê-los. Desenvolver competência interpessoal em organizações auxiliará tanto no aprendizado dos indivíduos quanto no da própria organização; eles se tornarão então mais amadurecidos em suas perspectivas e começarão a utilizar toda sua energia psicológica em prol dos objetivos da organização.

---

* "The Executive Mind and Double-loop Learning", *Organizational Dynamics*, 1982.

CAPÍTULO 4

OS ESTRATEGISTAS

A palavra estratégia tem sido aplicada ao mundo dos negócios apenas nestas últimas décadas. Até os anos 40, a estratégia era vista sobretudo como assunto de militares. Não foi coincidência, pois, que a linguagem da estratégia empresarial ressoasse com terminologia e analogias militares. Em *Business Wargames*, Barrie James identifica muitas dessas semelhanças e quiçá seja significativo que os atuais estrategistas globais mais agressivos, os japoneses, empreguem ao máximmo termos marciais em suas comunicações rotineiras.

O conceito de estratégia empresarial iniciou-se como "política empresarial", expressão ainda amplamente utilizada em escolas de comércio hoje em dia. A palavra política subentende uma abordagem intelectual ou administrativa como que insinuando "não se meta", mais do que uma abordagem focalizada em implementação que caracteriza grande parte do pensamento moderno sobre estratégia. Em *The Evolution of Management Thought* (1979), Daniel Wren atribui a primeira abordagem coerente à política empresarial a Arch Shaw, empresário de Chicago e editor, que realizou conferências nas Universidades Northwestern e Harvard. Shaw convenceu altos dirigentes de grandes empresas a discutir com estudantes os problemas de política (ou estratégia) com que se defrontavam, e de como abordavam o processo de planejamento de soluções.

Vários autores dividem a progressão das idéias estratégicas em três fases:

- planejamento a longo prazo
- planejamento estratégico
- administração estratégica

Embora artificiais, estas divisões proporcionam um ponto de partida valioso para localizar a evolução dos teóricos da estratégia no contexto. Uma das mais úteis definições das diferenças provém do professor Bernard Taylor, editor da revista *Long Range Planning*, que explica que:

- *Planejamento a longo prazo* foi simplesmente uma extensão do planejamento financeiro anual para orçamentos qüinqüenais e planos operacionais pormenorizados. Inclui pouca ou nenhuma consideração dos fatores sociais ou políticos, admitindo que os mercados permaneceriam relativamente estáveis. Gradativamente, ampliou-se para abranger questões ligadas a crescimento e diversificação.
- *Planejamento estratégico* visava a assegurar que os administradores se empenhassem no debate acerca de opções estratégicas antes do orçamento ser elaborado. Aí, o foco da estratégia foi nas unidades em vez de no centro da organização.
- *Administração estratégica* visava a dar às pessoas em todos os níveis instrumentos e apoio de que careciam para dirigir a mudança estratégica. Concentrava-se não mais sobretudo no exterior, mas igualmente no interior da empresa — como pode a organização conquistar e manter superioridade estratégica por meio do emprego dos esforços combinados das pessoas que nela trabalham?

Essa evolução começou no início da década de 60, quando uma lufada de textos categorizados subitamente transformou o planejamento estratégico de uma questão de vago interesse acadêmico em preocupação importante dos administradores em atividade. Antes disso, a discussão sobre estratégia era extremamente limitada, recorda David Hussey da firma de consultoria Harbridge House, que acompanhou de perto a evolução do pensamento estratégico e foi um dos primeiros autores não-norte-americanos desse setor. "Não havia livros sobre o assunto para os administradores lerem. Drucker fez algumas referências, enquanto o Instituto de Pesquisa de Stanford publicava uma série de materiais úteis, fundamentais", mas estratégia não fazia parte do vocabulário normal do executivo.

Dois gigantes surgiram nos anos 60. O historiador Alfred Chandler (nascido em 1918) recomendou que se separassem as funções do pensamento estratégico e as da administração de linha (ver Capítulo 2). Seu influente livro *Strategy and Structure* foi publicado em 1962, interessando inúmeras empresas de grande porte que estavam apresentando dificuldades devido a seu próprio tamanho. Recentemente, ele foi alvo de críticos que sustentam que a estratégia deve ser uma responsabilidade do nível operativo, decidida o mais próximo possível de onde se processa a ação, com o pessoal de planejamento da empresa funcionando como conselheiros e coordenadores dentro de uma ampla estratégia traçada pela cúpula.

Igor Ansoff, o segundo desses primeiros gigantes da estratégia, é particularmente contundente: "Isso resultou em uma excessiva preocupação com retângulos do organograma", declara ele, "mas que geralmente ignorava as reais possibilidades da organização." Não obstante, Chandler ajudou a concentrar a atenção dos administradores na necessidade de se criar um plano estratégico coerente antes de se traçar qualquer organograma. Conforme expôs sucintamente, "a estrutura segue a estratégia".

Ansoff tem sua própria seção neste livro (ver páginas 159-166). Sua influência deriva do sábio *Corporate Strategy*, publicado em 1965. Um observador comenta ironicamente: "Igor criou uma espécie de critério de superioridade: os que alegavam entender o seu livro e os que admitiam não conseguir entendê-lo." Foi Ansoff quem introduziu o nome administração estratégica no vocabulário de administração.

Antes de Chandler e Ansoff, e entre um e outro, houve diversos escritores menos conhecidos que expuseram a idéia de planejamento e estratégia a uma discussão mais ampla. Em Harvard, uma equipe de pesquisa estivera produzindo uma sucessão contínua de artigos para a *Harvard Business Review* e que acabaram sendo publicados como uma coletânea em 1963. Bernard Taylor diz que o crédito pela criação da estratégia como assunto sério em Harvard cabe a Ken Adams, cujo estudo de casos após a Segunda Guerra Mundial também proporcionou o cerne dos cursos de política empresarial em muitas outras escolas de administração norte-americanas. Entretanto, o mais remoto impacto real recebido pelos administradores foi causado por *Self-Renewal*, de John Gardner, publicado em 1964, que chamou a atenção para o fato de as organizações carecerem constantemente de reavaliação. Como as pessoas, elas precisam renovar suas capacidades e perícia — algo que só podem realizar eficazmente por meio de cuidadoso planejamento. Também nos primeiros anos da década de 1960, um australiano, Bruce Scott (filho de Sir Walter Scott, fundador da maior consultoria australiana de administração) publicou suas observações de como diversas companhias estavam aplicando seu planejamento a longo prazo. Pouco depois, Kirby Warren, em Harvard, adotou um novo método. Ao invés de coligir opiniões sobre como planejar, segundo Scott fizera, examinou o que ocorrera em um pequeno número de companhias para ver o que dera certo e o que não funcionara. Identificou diversos erros comuns que haviam ficado ocultos pela indefinição da diretoria sobre qual seria a estratégia adequada. Em diversas empresas, por exemplo, constatou que os administradores confundiram o plano estratégico com seus componentes — em particular, o plano de marketing era quase sempre confundido com o plano global da empresa.

Esse tema específico foi desenvolvido com bem maior profundidade por Wickham Skinner (nascido em 1924), que indicou que uma excessiva concentração no plano de marketing freqüentemente levava as companhias a se esquecerem das necessidades da produção por um período longo demais, quando não mais haveria espaço para manobra. Skinner defendeu uma estratégia de produção clara, paralela à estratégia de marketing. De muitas maneiras, ele estava adiantado em relação à época, pois o conceito de estratégia tecnológica ou de produção só começou realmente a deitar raízes na década de 1980 e muitas indústrias ainda não têm ninguém responsável por este aspecto particular do negócio.

Uma idéia particularmente influenciadora de Skinner foi a "fábrica focalizada". Demonstrou não ser normalmente possível para uma unidade de produção dedicar-se a mais de um tipo de fabricação. Mesmo que as máquinas fossem usadas para produzir produtos essencialmente semelhantes, se tais produtos contivessem exigências diferentes por parte dos clientes que necessitassem de uma outra forma de funcionamento, a fábrica não lograria sucesso. Por exemplo, tentar produzir equipamento para o mercado de consumo onde um certo índice de erro da produção fosse compensado por maior volume de vendas a menor preço, seria incompatível com produzir um produto 100% perfeito para os militares. O resultado mais provável seria uma acomodação que não satisfizesse a ninguém.

Skinner tem estado baseado em Harvard desde 1960. Também ali estiveram Paul Lawrence e Jay Lorsch, cuja teoria de organizações é examinada no Capítulo 2. Sua obra fez com que muitos administradores entendessem que suas organizações não eram estruturas fixas; que estratégia e planejamento tinham de ser adaptados a cada segmento do meio com o qual tivessem de lidar.

Enquanto os teóricos discutiam, uma grande empresa norte-americana seguia inovando tranqüilamente. A General Eletric começara a desenvolver o conceito de unidades empresariais estratégicas na década de 1950. A idéia fundamental — agora amplamente aceita como a forma normal e óbvia de cuidar das coisas — era que a estratégia devia ser inserida no contexto de cada negócio que tivesse produtos e mercados claramente definidos. Cada um desses segmentos seria responsável por seus próprios lucros e evolução, sob a orientação geral da direção central.

Incitada por ter deixado de competir eficazmente com a ascendente IBM no mercado de computadores, a GE admitiu que seus processos de planejamento eram inadequados por se basearem em grande parte em dados financeiros. Um novo presidente, Fred Borth, tomou a medida corajosa de convidar cientistas *soft*, tais como economistas e sociólogos, para auxiliar a compilar uma base de dados que lhe permitisse identificar quais estratégicas funcionariam em várias situações. A fonte dos dados foram as centenas de unidades empresariais estratégicas do grupo. Entre os pesquisadores achava-se Sid Schoeffler, professor de Economia na Universidade de Massachusetts, que escrevera pouco antes um livro seminal, *The Failure of Modern Economics*. O tema de Schoeffler consistia no fato de que as teorias econômicas não conseguiam explicar como os mercados funcionavam porque se concentravam no setor industrial da companhia, quando todas as decisões reais eram tomadas ao nível das unidades empresariais.

Como tantos outros economistas da época, Schoeffler foi ponderavelmente influenciado pela pesquisa operacional. Acreditava que bastava dispor de uma base de dados suficientemente ampla para poder modelar o comportamento dos mercados suficientemente bem, de maneira a, puxando as alavancas certas, ter razoável certeza dos lucros que daí decorreriam. Na prática, ficou claro que o número de fatores que influem no que ocorre nos mercados é por demais imenso e as forças do mercado são por demais dinâmicas para se fazerem previsões tão precisas. Não obstante, Schoeffler convenceu certo número de firmas de que a base de dados deveria ser expandida a fim de incluir milhares de unidades empresariais e estabeleceu o que hoje se chama, em Harvard, base de dados do Impacto da Estratégia de Mercado sobre os Lucros (PIMS). O PIMS — que de fato produziu uma série de observações pertinentes acerca do que as estratégias geraram de melhor em termos de desempenho no *geral* — saiu de Harvard no ano de 1975.

A base de dados da GE foi valiosa para se criar uma variedade de padrões de referência e abordagens de planejamento de *portfolios*. Por exemplo, a maior e mais consagrada consultoria administrativa, a McKinsey, trabalhou para a GE com o objetivo de criar uma matriz baseada na atratividade das indústrias e no seu vigor competitivo. Isso foi amplamente visto como a resposta de McKinsey à Caixa de Boston do Boston Consultive Group (BCG).

A Caixa de Boston é um esquema destinado a ajudar empresas a equilibrar o volume de recursos investidos e os tipos de produtos que possuem em diversos ramos, conforme sua fatia do mercado e o índice previsto de crescimento de seus respectivos mercados. Teoricamente, deveriam ser capazes de utilizar negócios geradores de dinheiro ("vacas") que possibilitassem o financiamento de outros negócios com elevado potencial de crescimento, descartando-se daqueles que possuíssem apenas pequena fatia de um mercado já saturado.

As origens desse Caixa provêm do conceito de curva de experiência, uma real inovação do fundador do Boston Consultive Group, Bruce Henderson (nascido em 1915). Henderson, diplomado pela Harvard Business School, foi trabalhar para a Westinghouse Electric Company, onde acabou chegando a gerente geral da Divisão de Ar Condicionado em meados da década de 1950, antes de ingressar na A.D. Little em 1959. Uma das empresas com as quais operava tivera a sorte de conseguir uma importante inovação técnica. Teria sido dispendioso desenvolvê-la até o ponto de poder ser comercializada, mas ninguém foi capaz de predizer quais seriam os resultados para diferentes níveis de investimento, em termos de fatia do mercado e de lucratividade. Enquanto buscava um meio de obter as respostas, ele topou com a indústria de defesa nacional norte-americana, a qual já havia constatado que quanto maior fosse o número de aviões que produzisse, menos tempo levaria para acabar cada unidade e, por conseguinte, ficaria mais barato produzi-la.

Henderson aplicou tal conceito à eletrônica. O mesmo tipo de curva de custo emergiu. Redigiu, então, suas idéias em um livreto, no ano de 1967. "Perspectives On Experience" nunca foi oficialmente publicado ou divulgado, mas rapidamente vendeu 25.000 exemplares. A curva de experiência, explica ele, é um meio de medir prováveis diferenciais de custo competitivo. Supõe que uma diferença de fatia do mercado de dois para um, em comparação com o concorrente mais próximo, vale uma diferença de 20% ou mais em termos de custo antes dos impostos indiretos, ou de 5% ou mais nos lucros após os impostos. Isso levou à pergunta seguinte, diz ele: "Se dobrarmos a produção, isso significará investir o dobro de dinheiro na capacidade — de onde virá esse dinheiro?" A resposta foi que as empresas teriam de investir dinheiro proveniente de lucrativos negócios já maduros onde já detivessem grande fatia do mercado (que deveriam estar gerando mais lucros do que precisavam para manter sua respectiva posição no mercado e continuar a desenvolver o produto) em novos negócios onde a fatia do mercado pudesse ainda ser conquistada por um custo relativamente barato. Henderson fundou o Boston Consultive Group (BCG) em 1963, para desenvolver estas idéias e colocá-las em prática.

A BCG descreve seus termos de administração de portfólio da seguinte forma:

> A matriz da participação no crescimento é um diagrama da relação normal de uso do dinheiro e de sua geração.
>
> *Estrelas* ficam no quadrante superior esquerdo. Crescem rapidamente e, por isso, usam grandes somas de dinheiro. Todavia, como são líderes, também geram grandes somas. Normalmente, tais produtos acham-se aproximadamente equilibrados no fluxo líquido de caixa. Com o tempo, cessa todo crescimento. Por conseguinte, *estrelas* viram *vacas* se retiverem sua fatia do mercado. Se não conseguirem isso, tornam-se *cachorros*.
>
> *Vacas* ficam no quadrante inferior esquerdo. O crescimento é lento e, por isso, é baixo o uso de dinheiro. Entretanto, a fatia do mercado é grande e, por isso, a geração de dinheiro também é considerável. *Vacas* pagam dividendos, pagam os juros da dívida e cobrem as despesas gerais.
>
> Os *cachorros* acham-se no quadrante inferior da direita. Tanto crescimento como participação são baixos. Freqüentemente registram lucros, embora sejam usuários líquidos de caixa. São essencialmente sem valor. Eles são armadilhas de dinheiro.
>
> *Pontos de interrogação* são as verdadeiras armadilhas de dinheiro, e as verdadeiras apostas. Ficam no quadrante superior da direira. Suas necessidades de dinheiro são grandes devido a seu crescimento. Contudo, a geração de dinheiro é bem baixa por ser reduzida sua fatia de mercado.
>
> Deixados por sua conta, *pontos de interrogação* são perdedores certos. Podem exigir anos de pesado investimento financeiro. Todavia, se não criarem uma posição destacada no mercado antes de diminuir o crescimento, tornam-se simplesmente *grandes cachorros*.
>
> *Pontos de interrogação* são muito difíceis para ser convertidos em *estrelas*. O aumento da fatia do mercado resgata as necessidades financeiras. O custo de adquirir a fatia do mercado duplica as necessidades financeiras. *Pontos de interrogação* são às vezes grandes vencedores se bancados até o limite. Mas a maioria deles são grandes perdedores.

A Caixa de Boston foi criticada nos últimos anos por ser demasiadamente simplista. Henderson, todavia, assinala que ela nunca foi destinada a ser um manual de prescrições. A intenção da administração de portfólio, diz ele, era "proporcionar às pessoas uma forma de discutir acerca de seus negócios de que não dispunham antes. Ajudava-as a pensar sobre as suas empresas de um novo ângulo; a investigar o que aconteceria, se fizessem isto ou aquilo. Uma firma é um sistema dinâmico com grande número de interações entre seus componentes".

Henderson, ainda ativo setuagenário, agora leciona em Nashville. Grande parte de suas palestras destina-se a examinar organizações como sistemas dinâmicos.

Os conceitos do BCG foram comercializados de forma assaz atenuada por meio de pequenos panfletos com artigos polêmicos sobre aspectos da estratégia e de conferências restritas sobre temas análogos. Como resultado, embora crescesse 40% ao ano, não foi notado — ou, pelo menos, não foi levado a sério — por McKinsey, até começos da década de 1970.

Embora hoje em dia haja centenas de consultores sobre estratégia, com vasta gama de especializações, e cada grande firma de consultoria tenha um setor estratégico, nos anos 50 havia muito poucos. James McKinsey (1889-1937), fundador da consultoria administrativa que leva seu nome, foi professor de Contabilidade de Custos na Escola de Administração da Universidade de Chicago. Sua mais importante publicação, *Budgetary Control* (1922), é citada como o início da era da moderna contabilidade orçamentária. Ele permaneceu na consultoria que fundou em meados da década de 1920 apenas poucos anos (quando foi então convidado e aceitou o cargo de presidente da Montgomery Ward, pois achou não serem compatíveis as duas atividades), mas durante o tempo em que lá esteve escreveu seu *General Survey* — um pequeno manual de consultoria, leitura obrigatória de todos os principiantes na McKinsey.

O sucessor de McKinsey, Marvin Bower (nascido em 1903), estava na empresa havia apenas três anos quando assumiu. Bower não é um guru da administração, mas mesmo assim cabe neste livro por ter criado um ambiente de onde surgiriam tantos pensadores criativos acerca do tema. Advogado de origem, sua marca se encontra em tudo que a McKinsey faz, até mesmo no modelo das cartas e relatórios, imutável há mais de quarenta anos. Ainda ativo, malgrado oficialmente aposentado há muito, é conhecido por seus padrões inflexíveis ("Certa vez ele gritou comigo por eu tentar assinar um contrato com caneta esferográfica", recorda um dirigente sênior) e por seu hábito de responder pequenos memorandos com longas e ponderadas respostas. "Onde quer que encontrasse um exemplo de boa ou má prática, escrevia um memorando circular para todos", recorda Henry Strage da filial de Londres da McKinsey.

Uma das decisões típicas de Bower foi abrir mão, em proveito de seus colegas espalhados pelo mundo, da maioria de ações da firma.

Reconhecendo que muitas firmas profissionais decaem porque o fundador perde a visão profissional ou deixa de providenciar um possível visionário sucessor, ao atingir a idade oficial de aposentadoria, com sessenta anos, nomeou uma junta executiva de três homens para dirigir a empresa enquanto ele pensava na melhor maneira de assegurar a sobrevivência dela. Ironicamente, o sucessor de Bower, Archie MacDonald, foi recomendado a McKinsey por ninguém menos do que Bruce Henderson, então ainda trabalhando na Westinghouse.

Depois da Harvard Business School, provavelmente foi McKinsey quem produziu mais teóricos de administração do que outra qualquer instituição. Entre eles estão Arch Patton, originador de grande parte do que hoje tornou-se prática comum na remuneração de executivos, Peters e Waterman, e Kenichi Ohmae.

As atividades de McKinsey no planejamento das realizações da General Electric foram limitadas na Inglaterra e na Holanda pela gigantesca e internacional Shell. Ela também foi pioneira de outro conceito novo — planejamento de cenário. A criação de um único plano estratégico, a ser seguido com precisão militar, simplesmente não funcionou na prática. Com a mudança das circunstâncias, o plano estratégico também precisava mudar, e os dirigentes estavam constantemente voltados para a prancheta ou tentando levar adiante um plano que não mais se mostrava adequado. Quanto mais longo o horizonte de planejamento, pior se tornava o problema. A resposta da Shell foi fazer não um mas diversos conjuntos de hipóteses sobre as condições futuras. Na forma mais simples, estas seriam otimistas, pessimistas e lógicas. Qualquer um desses cenários *podia* ocorrer, mas os gerentes agora traçavam planos obedecendo à mais provável série de acontecimentos, embora introduzindo freqüentes pontos de avaliação onde um dos cenários alternativos pudesse sugir. Com efeito, o que faziam era pensar acerca das conseqüências de desvios necessários de um plano suficientemente bem à frente, a fim de serem capazes de implementá-los com o mínimo custo e esforço quando necessário.

Nos primeiros anos da década de 1970, um outro grupo de autores, tais como George Steiner da Universidade da Califórnia em Los Angeles e John Argenti na Grã-Bretanha, tentou harmonizar as pesquisas sobre estratégia em curso no mundo inteiro e particularmente nos Estados Unidos. Malgrado Wickham Skinner tivesse feito grande parte de sua pesquisa nos anos 60, só viria a publicar a sério em época ulterior os livros *Manufacturing in Corporate Strategy* (1977), seguido de *Manufacturing: The Formidable Competitive Weapon* (1985). Uma das mais influentes matérias de pesquisa dos anos 70 (se bem que muito menos influente do que deveria ter sido) foi escrita por John

Kitching, um inglês com notável interesse no processo de aquisições de empresas. Kitching analisou o que ocorrera com tais aquisições nos Estados Unidos no final da década de 1960 e na Europa dos primeiros anos da década de 1970. Os resultados foram bem parecidos: as possibilidades de sucesso foram de 50% ou menos.

Na década de 1980, o número de pensadores influentes no campo da estratégia aumentou espetacularmente. Dentre aqueles cuja influência foi particularmente sentida estão Michael Porter e, na área de marketing, Theodore Levitt, ambos de Harvard. No Sudeste da Ásia, o mais destacado estrategista é Kenichi Ohmae, da McKinsey. O estudo da estratégia tornou-se fenômeno verdadeiramente internacional. Os acadêmicos norte-americanos e britânicos ainda predominam, mas existem agora centros de elevado nível de estudos estratégicos na França (no INSEAD), Espanha, Suécia e Suíça.

A mera diversidade da pesquisa sobre estratégia comercial durante os anos 80 torna desagradável a tarefa de escolher um punhado de figuras importantes. Talvez seja mais valioso destacar os temas mais expressivos da década:

- *globalização* (como as companhias podem reagir ante ameaças e oportunidades globais) — Porter e Ohmae tiveram suas contribuições apoiadas por outros como Gary Hamel na London Business School.
- *alianças estratégicas e estratégia de joint venture* (como obter recursos mediante sociedade) — promovidas enfaticamente por Kathryn Rudie Harrigan, da Universidade de Columbia.
- *o papel da direção central* — Michael Goold e Andrew Campbell, diretores e membros fundadores do Ashridge Strategic Management Centre, um órgão de pesquisa instituído em fins de 1987, recentemente identificaram três estilos de gerência fundamentalmente distintos (planejamento estratégico, controle estratégico e controle financeiro), cada um dos quais podendo ser uma abordagem viável para a empresa principal de um grupo interligado.
- *estratégia de expansão de um novo produto* — Richard Foster, da McKinsey, e Ian Macmillan, da Escola Wharton, tornaramse conhecidos nessa área. (Macmillan, todavia, vê suas principais contribuições como ligadas à estratégia política, à dinâmica da concorrência e à atividade empresarial.)
- *estratégia de produção* — onde a concentração tem sido mais focalizada em conceitos como produção integrada por computador, redução do tempo do ciclo de produção e qualidade.

A tendência em pesquisa de estratégias reside claramente no aumento da especialização, já que toda a área funcional dos negócios, desde recursos humanos (isto é, gerenciamento de pessoal) até localização de fábricas, vê-se atraída para a rede do planejamento estratégico. Estamos, por conseguinte, com menos probabilidade de no futuro contarmos com gurus do planejamento estratégico — pelo menos até que a massa de teoria e de dados seja suficiente para que outro iconoclasta do tipo Mintzberg junte tudo e proclame a todos que estão completamente equivocados.

Igor Ansoff

Nascido em Vladivostok, Rússia, em 1918
Acadêmico e consultor

Um resenhista dos livros de Igor Ansoff comentou: "A obra de Ansoff enquadra-se no ápice das teorias administrativas *hard*. Ele é excessivamente racionalista, insistindo que tudo que for quantificável deve ser quantificado."

Ansoff faz uma objeção parcial ao comentário do crítico: "De fato, sou um racionalista, mas não insisto em buscar quantificar tudo. Prefiro um comentário produtivo feito por Henry Mintzberg acerca de meu último livro, no qual disse: 'Ansoff é o pai da gerência estratégica. Seu livro *Corporate Strategy* permanece sendo o mais sofisticado modelo de planejamento estratégico da bibliografia.' Em vez de quantificar, busco modelos na complexidade que possam auxiliar os administradores a dar conta de seu trabalho no esmagadoramente complexo e turbulento mundo de hoje e de amanhã. Nestes últimos vinte e cinco anos, desde meu primeiro livro *Corporate Strategy* vir à luz, progredi para uma perspectiva mais ampla que abarca racionalidades econômicas, psicológicas, sociológicas e políticas. Todas elas são necessárias para se compreender o atual mundo das organizações e seu comportamento."

Em sua procura de uma perspectiva mais ampla, foi Ansoff o primeiro a reconhecer a necessidade de Administração estratégica. Partindo de *Corporate Strategy* (1965), seus livros *Acquisition Behavior in the U.S. Manufacturing Industry, 1948-1965* (1971), *From Strategic Planning to Strategic Management* (1974), *Strategic Management* (1979), *Implanting Strategic Management* (1984) e *The New Corporate Strategy* (1988) traçam essa progressão de racionalista econômico para multidisciplinar.

Os livros de Ansoff, *Business Strategy* (1969), *Strategic Management* (1979) e *Implanting Strategic Management* (1984) desbravaram caminhos no setor. Bernard Taylor, do Henley Management College, afirmou: "Ansoff se encontra entre os poucos pioneiros que desenvolveram e testaram novos conceitos e técnicas que fizeram progredir a arte do planejamento empresarial." Gay Haskins, da revista *The Economist*, é amigo de Ansoff e reflete assim: "Ele é o pai da estratégia empresarial e da política empresarial. Realmente não lhe tem sido dado suficiente crédito."

Ao levar a administração estratégica a uma audiência mais ampla, Ansoff forjou uma carreira realmente internacional. Concebido no Japão, nascido em Vladivostok, Ansoff iniciou a vida movimentando-se. A mãe dele era "400% russa", o pai um diplomata norte-americano. Inicialmente insulado em Vladivostok quando ocorreu a Revolução Russa, Ansoff passou a mocidade em Moscou. Aos dezesseis anos, a família partiu para os Estados Unidos. "Viemos para os Estados Unidos sozinhos", recorda Ansoff. "Meu pai teve grande dificuldade para arranjar emprego, de sorte que tive de me virar um bocado para me instruir. Isso gerou um grande impulso para conseguir sucesso."

Ansoff aprendera a língua inglesa com um inglês em Moscou e, durante os dois primeiros meses no Ginásio Stuyvesant em Nova York, mal podia entender uma palavra. Dois anos depois, passaria com distinção na classe pois, segundo disse, "Me desbundei literalmente, de tanto ficar sentado estudando."

A seguir, estudou Engenharia Mecânica e Física no Stevens Institute of Technology, antes de tornar-se professor universitário. Foi para a guerra permanecendo lá dois anos (como mergulhador de grande profundidade, entre outras coisas), antes de voltar e valer-se de um generoso programa do governo para educação de ex-combatentes. Dessa vez, estudou matemática aplicada.

Ao diplomar-se em 1948, ingressou na Fundação Rand, um grupo de especialistas criado pela Força Aérea. Cercado por algumas das melhores cabeças dos Estados Unidos, Ansoff repensou a respeito de sua escolha. "Cheguei à conclusão de que não daria para ser um grande matemático." Na Rand, Ansoff participou de "sofisticada pesquisa operacional" incluindo o estudo da vulnerabilidade das forças aéreas da OTAN ao ataque inimigo. "Uma das primeiras lições que aprendi foi perceber que nem tudo é tecnologia, mas também organização e pessoas", diz ele. Esse estudo em particular desencadearia muitas de suas posteriores preocupações. "Comecei a aprender que a decisão racional é o vértice de uma enorme pirâmide que descreve os processos graças aos quais as organizações movem-se e modificam-se."

A Rand proporcionou a gênese de grande parte das idéias posteriores de Ansoff. Leu os teóricos de administração Fayol e Barnard e foi profundamente influenciado pelo livro pioneiro de Norbert Wiener acerca de Cibernética. Mas tais ocupações não bastaram. "De algum modo, a despeito de meu sucesso na Rand, eu não estava vivendo num mundo real. Os aconselhamentos à Força Aérea, nos quais trabalhamos arduamente, foram encarados muito favoravelmente mas não tiveram conseqüências visíveis."

Em busca da realidade, Ansoff ingressou na Lockheed no setor de planejamentos a longo prazo. Posteriormente tornar-se-ia responsável pela diversificação da empresa. Dividiu seus interesses em três categorias: aprender como o negócio funciona, perceber as variáveis e relacionamentos fundamentais de problemas complexos, e aprender a administrar. "Tive sorte de meu primeiro emprego na Lockheed me dar ampla oportunidade para os dois primeiros tipos de aprendizagem", diz Ansoff.

A oportunidade para aprender as realidades da administração surgiu quando parte de um dos novos setores da firma teve uma iniciativa que não deu certo. Ansoff foi enviado para dar um jeito nas coisas. "Foi uma experiência importante e traumática", recorda. "Pela primeira vez na vida, vi-me gerenciando as vidas das pessoas. O setor em dificuldade estava empenhado em dezessete diferentes atividades envolvendo alta tecnologia, com um total de 150 engenheiros. Não era preciso ser gênio para ver o que estava errado. Foi relativamente fácil reduzir dezessete diferentes áreas de negócios a três, mas enfrentar a missão angustiante de interromper carreiras e vidas pessoais de 100 engenheiros, que tiveram de ser despedidos, foi uma das experiências mais penosas de minha vida."

As perdas foram transformadas em lucros. "As coisas começaram a funcionar e aí, um dia, quando me barbeava, vi-me ao espelho e dei-me conta de que, embora administrasse minha divisão estrategicamente, não tinha nenhuma idéia do que queria fazer com o restante de minha vida."

Ansoff largou tudo, pegou uma caixa de uísque e deixou a barba crescer. Tudo começou a se encaixar. "Foi estimulante, mas difícil, e ajudou-me extraordinariamente." A conclusão, o plano estratégico, surgiu. Foi bastante simples: "Resolvi virar professor."

Seis meses após a decisão de Ansoff de mudar de estratégia, a prestigiosa Escola de Pós-graduação em Administração Industrial, da Universidade Carnegie-Mellon, convidou-o a ingressar em seu corpo docente.

Ansoff recorda esse fato como sua primeira prova do valor de se ter uma estratégia claramente formulada: "Se eu não tivesse tomado uma decisão de trocar de carreira, teria recusado a oferta. Minha divisão era lucrativa e havia muitas perspectivas atraentes para segurar qualquer um lá."

Ansoff aceitou o convite (e com uma perda de 50% do salário) a fim de prosseguir em sua estratégia.

A produção do primeiro livro não foi um processo fácil, admite. "Minha secretária foi firme: 'Ansoff, você vai escrever seu livro!' Praticamente enclausurou-me no escritório." O resultado foi *Corporate Strategy* (1965) que Ansoff lembra como "um livro criativo — trabalhei nele pouco a pouco".

Corporate Strategy contém normas de planejamento minuciosas e sistemáticas, malgrado mais tarde Ansoff comentasse: "Fui suficientemente arrogante para crer que tudo que uma empresa tinha de fazer era maximizar seus pontos fortes e minimizar as debilidades. Isso, é claro, tornava as organizações não mais flexíveis porém mais rígidas. É a última coisa que uma companhia pode desejar nesta época turbulenta."

Corporate Strategy foi finalizado durante o primeiro ano na Carnegie-Mellon. Foi bem recebido e, dali a poucos anos, estava traduzido em quatorze idiomas. Mas depois de seis anos lecionando, Ansoff ficou cada vez mais preocupado de que Carnegie, a par de todas as demais escolas de administração, não estivesse correspondendo à crescente necessidade da indústria por homens e mulheres que fossem transformadores, criativos e que assumissem riscos empresariais. "Estavam diplomando controladores do risco na busca do lucro", diz Ansoff.

Novamente, a oportunidade bateu à porta quando a Universidade Vanderbilt convidou Ansoff para ser o decano fundador de sua Escola de Pós-graduação em Administração. "Como resultado de negociações com a universidade, recebi instruções para construir uma escola para administradores e agentes de mudança." Ansoff dedicou-se à missão com entusiasmo. "A essa altura, eu estava convencido de que escolas assim teriam de ser inteiramente multidisciplinares. Mas também aprendi que, para fazer funcionar o trabalho interdisciplinar, para cada membro 'quantitativo' do corpo docente eu teria de recrutar dois do tipo voltado para o comportamento."

Ansoff e seu corpo docente passaram quatro meses projetando o currículo da escola. A palavra "ensino" foi substituída por "aprendizagem", um novo conceito de cursos com durações diferentes foi introduzido, foram incluídas novas matérias, e foram atribuídas cargas horárias diferentes para matérias tradicionais segundo sua importância no repertório de um agente de mudanças bem-sucedido.

Dali a um ano, a escola admitiu sua primeira turma de alunos. Ansoff orgulha-se particularmente dessa turma ser multinacional, com 37% dos alunos vindos de fora dos Estados Unidos.

Enquanto construía e dirigia a escola, Ansoff prosseguiu sua pesquisa sobre problemas relacionados à estratégia. Mas sentiu-se cada vez mais em descompasso com relação à pesquisa acadêmica que floresceu nos anos 60. Em vez disso, ele se concentrou na elaboração e expansão do conceito de estratégia.

"Meu interesse tem sido sempre na aplicação da pesquisa à prática. Observei que, à medida que as firmas ficam cada vez mais hábeis na formulação de estratégias, a tradução destas em resultados no mercado fica para trás. Isso criou 'paralisia por análise' no planejamento estratégico e a supressão de planejamento estratégico em muitas firmas."

Os profissionais da área, e mesmo alguns acadêmicos, cada vez mais alegavam que o planejamento estratégico não contribuía para a lucratividade das firmas. Diante dessas reclamações, Ansoff e vários de seus colegas na Vanderbilt empreenderam um estudo quadrianual de pesquisa para determinar se, quando a paralisia pela análise era superada, o planejamento estratégico aumentava a lucratividade das firmas.

O resultado dessa pesquisa foi o segundo livro de Ansoff, *Acquisition Behavior of US Manufacturing Firms, 1945-1963.*

A pesquisa provou que aquisições planejadas produziam desempenho financeiro significativamente maior do que as oportunidades, não-planejadas. Ansoff observa: "Este resultado apresentou-me uma questão que orientaria meu pensamento, redação e pesquisa nos quinze anos seguintes — 'Quais são as razões para a paralisia por análise e o que se pode fazer para eliminá-la?' "

Uma resposta precoce e fundamental percebida por Ansoff foi que o planejamento estratégico é um instrumento incompleto para a mudança do gerenciamento, não diferente de um automóvel com motor mas sem o volante que transforma a energia do motor em movimento.

Em 1972, Ansoff publicou um trabalho pioneiro intitulado *The Concept of Strategic Management*, que iria acabar lhe conferindo o título de pai da Administração Estratégica. O trabalho afirmava a importância do planejamento estratégico como sustentáculo vital de uma administração estratégica, mas acrescentava um segundo sustentáculo — a possibilidade de uma firma converter planos escritos em realidades do mercado. (O terceiro sustentáculo — a habilidade para administrar a resistência à mudança — iria ser acrescentado na década de 1980.)

Ansoff conseguiu o patrocínio da IBM e da General Electric para a Primeira Conferência Internacional sobre Gerência Estratégica, levada a cabo na Vanderbilt em 1973 e resultando no terceiro livro dele, *From Strategic Planning to Strategic Management.*

À medida que a escola para agentes de mudança atraiu crescente número de alunos e começou a merecer cada vez maior reconhecimento entre seus clientes do mundo dos negócios, Ansoff deparou-se com resistência e oposição de outras escolas da universidade, as quais alegavam estar sua escola violando normas acadêmicas. Também encontrou resistência por parte da comunidade empresarial de Nashville.

"A coisa chegou a um ponto em que eu passava mais tempo driblando críticas e oposição, e apenas uma fração de tempo naquilo que por hipótese eu deveria fazer: dirigir minha escola, ajudar meus alunos a aprender, e contribuir para o conhecimento do tema administração", diz Ansoff. Renunciou ao cargo seis anos após sua criação, e foi com a família para o European Institute for Advanced Studies in Management em Bruxelas, onde ficou responsável pela criação de uma comunidade européia de professores e especialistas em administração estratégica. Sua pesquisa prosseguiu em duas direções paralelas. "Conhecimento suficiente havia sido acumulado na década de 1970 para que se fizesse um esforço de se criar uma teoria abrangente do comportamento estratégico que explicasse quais tipos de comportamento levariam ao sucesso e por que tantos outros não eram bem-sucedidos." Entre 1974 e 1979, Ansoff desenvolveu uma teoria que abarca não apenas firmas como também outras organizações que servem ao ambiente. O livro resultante, intitulado *Strategic Management*, foi publicado em 1979.

"Construir esta teoria foi a fase mais importante de minha evolução intelectual. Em busca de uma teoria que reproduzisse fielmente a realidade, fui forçado a admitir que minha formação inicial em análise racional dos negócios era totalmente inadequada e que uma perspectiva multidisciplinar seria fundamental. Alicercei conceitos e discernimentos teóricos da psicologia, da sociologia e da ciência política, e tentei integrá-los em uma explicação holística do comportamento estratégico."

O livro a princípio mereceu pouca atenção. As razões de Ansoff são duas. "Primeiro, o título foi equivocado — resultado de prolongada discussão com o editor. Minha preferência era 'Teoria Administrativa

Aplicada do Comportamento Estratégico'. Em segundo lugar, o livro saiu prematuramente. A academia ainda estava concentrada na formulação da estratégia e havia escasso interesse na perspectiva holística por mim oferecida." Ansoff acha que agora, dez anos depois, o livro tem maior probabilidade de merecer atenção, e está ocupado incorporando novos aperfeiçoamentos teóricos na expectativa de editar uma versão revista.

O segundo centro de interesse de Ansoff, quando ainda na Europa, persistiu na criação de instrumentos práticos para adaptação administrativa de firmas a ambientes turbulentos. Em 1980, publicou um trabalho que constituiu outro passo importante na criação de administração estratégica prática. Esse documento, denominado "Strategic Issue Management", apresentou um caminho para adaptar uma firma ao ambiente, quando ocorra mudança ambiental tão rápida que o planejamento estratégico se torne demasiado vagaroso para produzir reações adequadas a ameaças e oportunidades surpreendentes.

Ansoff e sua família regressaram aos Estados Unidos em 1983, quando ele se tornou Professor Eminente de Administração Estratégica da US International University (USIU).

Em 1984, publicou um livro abrangente sobre o estado das artes da administração estratégica denominado *Implanting Strategic Management*. Em 1988, uma edição revista de seu livro de 1965 apareceu tanto nos Estados Unidos como na Grã-Bretanha.

Na USIU, Ansoff concentrou-se no trabalho com estudantes de doutorado que iniciaram pesquisa empírica sobre hipóteses propostas em *Strategic Management*. A primeira preocupação consistiu em provar a "Hipótese do Sucesso Estratégico", que especifica o comportamento estratégico, aquele que otimiza o retorno do investimento de uma firma. A hipótese sustenta não existir uma receita universal para o sucesso, e que o sucesso depende, pelo contrário, da capacidade de uma firma para adequar seu comportamento estratégico externo à turbulência de seu ambiente, desenvolvendo uma capacidade interna para apoiar tal estratégia. Ansoff orgulhosamente assinala: "Até hoje, concluímos quatro teses, aplicadas em diferentes tipos de organização e em diferentes países. Todas contribuíram com sólido apoio estatístico para a hipótese." Ansoff traduziu essas hipóteses em um instrumento para diagnóstico prático que foi utilizado por inúmeros administradores para determinar se suas atuais estratégia e capacidade reagirão à turbulência do ambiente futuro.

Tendo mostrado que tipos de estratégias e de possibilidades conduzem ao sucesso, o seguinte tema relevante da agenda de Ansoff é ampliar o conhecimento para ajudar firmas a se saírem bem. Já há a caminho diversas teses de doutorado.

Quando solicitado a resumir o que considera sua maior contribuição para a administração estratégica, Ansoff cita duas: "Primeiro, gostaria de ser conhecido como o primeiro a contribuir com uma abordagem multidisciplinar, tanto para a teoria exploratória quanto para a instrumentação prática, de modo a ajudar às organizações a terem sucesso em condições turbulentas. Em segundo lugar, gostaria de ser reconhecido como um dos primeiros a apresentar prova científica de que já passou a época de receitas universais (como 'fique firme em sua malha estratégica' ou 'volte ao que é básico'); que a solução depende das características do ambiente da organização; que cada organização precisa diagnosticar seu ambiente futuro e aí conceber as soluções adequadas; e que eu contribuí com um instrumento prático para adaptar uma firma a seu ambiente."

Theodore Levitt

Nascido em Vollmerz, Alemanha, 1925
Editor da Harvard Business Review

Theodore Levitt chegou aos Estados Unidos com os pais em 1935, aos dez anos de idade. Hoje, é provavelmente o mais conhecido teórico de marketing do mundo (descrito por um gerente como "o Copérnico do mundo de negócios norte-americano"); tem estado baseado na Harvard Business School há quase trinta anos.

Tendo estudado Economia, Levitt tornou-se um especialista em marketing por descuido. No final da década de 1950, como consultor em Chicago, levou a cabo um estudo sobre o comércio a varejo de gasolina. Chegando a Harvard, seus interesses permaneceram indefinidos. "O trabalho que eu havia feito se identificava com o marketing, embora não me desse conta disso", diz Levitt. "Eu me interessara pela prática dos negócios mas ainda não havia delimitado nada a respeito." Em seu primeiro ano em Harvard, Levitt foi designado para dar um curso de marketing apesar de nunca haver lido um livro sobre o assunto. Recorda-o com uma característica subestimativa: "Não fui voluntário. Alguém em Harvard achou que marketing seria um assunto de que eu seria capaz de cuidar."

A fama de Levitt se estabeleceu em pouco tempo com o artigo "Marketing Myopia", de 1960, na *Harvard Business Review*, que vendeu mais de 500.000 exemplares em reimpressões. Criticou os administradores desprovidos de visão, que encaravam o marketing como "enteado", argumentando que "uma indústria é um processo de satisfazer o consumidor, e não um processo gerador de bens". Ele rastreou os problemas crônicos das estradas de ferro até a crença da direção superior de que estavam no negócio ferroviário, não no de transporte; analogamente, administradores da indústria cinematográfica mostravam-se empolgados pelos filmes quando estavam de fato na indústria do divertimento.

Quase três décadas depois, Levitt acredita que as coisas mudaram — que o marketing não mais é um "enteado". Contudo, afirma: "O que fascina é que, mesmo hoje em dia, em companhia após companhia, as pessoas a quem foi confiada recentemente elevada responsabilidade de repente descobrem que algo tem de ser feito a fim de melhorar a orientação de marketing. Isso continua sendo descoberto reiteradamente."

Em "Marketing Myopia", Levitt também destacou a diferença entre venda, que é encarada como "truques e técnicas de fazer com que as pessoas troquem dinheiro por seu produto", e marketing, definido como "um esforço bastante integrado a fim de descobrir, criar, despertar e satisfazer as necessidades do consumidor". Levitt observou: "O vendedor aproveita as deixas dadas pelo comprador, de maneira que o produto se torna uma conseqüência do esforço do marketing, e não o inverso."

A importância da orientação do consumidor permaneceu sendo uma preocupação na obra de Levitt. Quanto ao "Marketing Myopia" (o trabalho pelo qual é mais conhecido), Levitt o denomina "um tiro de sorte", antes de colocar seu sucesso em perspectiva: "Eu achava ter dito algo importante, disse-o razoavelmente e penso que saí-me bem. Não fiquei especialmente surpreso, mas tampouco me dei conta especificamente de como isso se tornara influente."

Toda a sabedoria de Levitt na área de marketing desde então foi divulgada em cinco livros importantes, assim como em um fluxo constante de artigos (teve mais artigos publicados na *Harvard Business Review* do que qualquer outra pessoa). O artigo "Marketing Myopia" foi incluído no livro de 1962, *Innovation in Marketing*. Levitt indica *The Marketing Mode* (1969) como seu favorito, embora não o recomende forçosamente. "Gosto dele bastante porque me dei ao luxo de fazer uma série de curiosas digressões."

É *The Marketing Imagination* (1983) que Levitt encara como sua obra mais importante. "Ela contém de longe os assuntos mais duradouros e relevantes de todos os meus livros e durarão bastante porque tratam de temas que não desaparecerão." O sucesso competitivo, sustentou Levitt, exige a percepção de cinco fatores:

1. A finalidade de um negócio é criar e conservar um cliente.
2. Para consegui-lo é mister produzir e fornecer bens e serviços que as pessoas queiram e valorizem, a preços e em condições razoavelmente atraentes em relação aos oferecidos por outros, a uma proporção de consumidores suficientemente grande para possibilitar tais preços e condições.
3. Para continuar a fazer isso, a empresa deve produzir um excesso de renda acima dos custos em quantidade suficiente e com bastante regularidade para atrair e conservar investidores na empresa, e deve manter-se a par, e às vezes à frente, das ofertas dos concorrentes.
4. Nenhuma empresa, por menor que seja, pode fazer isso por mero instinto ou acaso. Tem de esclarecer suas finalidades, estratégias e planos, e quanto maior for tanto maior a necessidade destas coisas serem postas por escrito e comunicadas com toda clareza, e freqüentemente revistas pelos dirigentes seniores da companhia.
5. Em todos os casos, deve haver um sistema adequado de recompensas, auditorias e controles destinado a assegurar que o que se pretende seja apropriadamente realizado, e, quando isso não ocorra, seja prontamente retificado.

Solicitado a explicar como desenvolver um marketing imaginativo, Levitt dá uma receita simples: "Exponha-se a seu ambiente e faça perguntas para desenvolver sua sensibilidade e sensitividade." Isto, julga ele, é a fonte principal de suas idéias e sucesso. "Vejo tudo o tempo todo. Vou a fábricas, escritórios, lojas e olho pela janela, e apenas vejo coisas e pergunto por quê? Por que vocês fazem isso? Por que é assim e não de outro modo? Perguntando, em breve se acham as respostas. Quando se começa a tentar responder às próprias perguntas, fica-se muito mais receptivo para ler coisas que nos ajudem a responder perguntas." Como Peter Drucker, Levitt faz uma diferenciação importante: "Ver é uma coisa, mas para se perceber precisa-se de esforço cognitivo e envolvimento pessoal. A gente contribui com algo ao que se vê."

Nestes últimos anos, Levitt é provavelmente mais conhecido por seu trabalho sobre globalização de mercados, incremento da padronização de produtos e o papel das "marcas mundiais". Em uma entrevista de 1987, disse: "Todo mundo fala agora uma linguagem comum de ciência e tecnologia. Não me refiro apenas ao negócio de semicondutores. A fabricação de aço hoje em dia é alta tecnologia — no mundo inteiro. Assim também, a fabricação de papel. A proletarização da comunicação, dos sistemas de viagens e de transportes está aproximando muito mais os povos do mundo inteiro."

O conceito de marcas mundiais, embora prontamente sancionado por algumas das grandes agências de publicidade, tem sido alvo de ataques por outros acadêmicos. Se bem que haja mercados globais onde os mesmos produtos de alta tecnologia possam ser vendidos da mesmíssima maneira a diferentes consumidores, existem muitos produtos de consumo, sustentam eles, onde as diferenças locais são predominantes. Escrevendo na revista *Issues*, Volney Stefflre, outro estudioso norte-americano de marketing, declara:

> Em minha experiência, o mesmo produto em um país diferente é amiúde bastante diferente em função de sua superioridade competitiva, tanto que poderia bem ser um produto diferente. A ordem de batalha em questão de concorrência é diferente, os consumidores talvez prestem atenção e valorizem outros atributos do produto, com diferentes graus de conhecimento do mesmo, e as expectativas do consumidor sobre como o produto deva ser usado ou quem deva usá-lo podem ser bastante diversas das do país de origem. A Coca-Cola, malgrado seja uma marca mundial, tem padrões assaz diferentes de uso em diferentes países, quanto às ocasiões para usá-la.
>
> Esta questão toda está agora sendo tema de acirrados debates. Theodore Levitt recentemente argumentou em prol de produtos de marca mundial com um posicionamento idêntico no mundo inteiro. Em uma recente discussão sobre O Ovaltine, William Tragos sustentou que uma vez que ele é usado para fazer os britânicos dormirem, os meninos franceses irem para a escola, e na Nigéria para as pessoas irem para a cama e fazer sexo, os posicionamentos regionais que destaquem os significados locais devem ser considerados apropriados. A citada réplica do professor Levitt é que o Ovaltine deve ser anunciado como um afrodisíaco na Grã-Bretanha.

O comentário de Levitt é típica amostra de seu desejo veemente de provocar polêmica, em um mundo onde a maioria dos administradores passa a maior parte do tempo evitando fazer-se perguntas penetrantes.

Levitt sempre defendeu a abordagem simples. Não tem tempo para acadêmicos que viajam pelo mundo afora pregando seus evangelhos particulares. "Desisti disto tudo", diz ele. "Simplesmente não acho divertido ficar ouvindo a si próprio falar pra burro, e especialmente dizendo a mesma coisa repetidas vezes que nem um artista de teatro. É só pra ganhar dinheiro. É chato e desagradável. Prefiro jogar tênis ou ler e escrever sobre minhas experiências." Ele fala e escreve com moderação. Idéias não podem simplesmente ser jogadas sobre os gramados de Harvard: elas têm de funcionar. "Há uma forte tendência para 'voltar ao que é fundamental' em matéria de administração. As pessoas acham-se bastante desencantadas com modelos complicados de como administrar um negócio — regras de planejamento de portfólio, listas de verificação exortativas, grades e tabelas. As pessoas começam a acreditar que o que conta de fato é saber pensar — pensar com energia e coragem. Coragem é muito importante para conseguir fazer com que as coisas aconteçam", afirma.

O formidável intelecto de Levitt é posto à prova como editor da *Harvard Business Review*. Como era de se esperar, ele está adotando uma abordagem controvertidamente direta e populista. Inevitavelmente, os consumidores ocupam a vanguarda de sua estratégia. "Tentamos esclarecer o que estamos procurando fazer, em que negócio nos metemos, e para quem. Quem são os consumidores? E tentamos entendê-los e ao ambiente competitivo, assim como ao próprio íntimo dos consumidores, seu sistema cognitivo e as pressões que agem sobre eles, como são suas vidas, e daí procuramos decidir como devemos trabalhar. Temos uma clara idéia do que estamos procurando fazer e qual é nossa posição singular, e por que ela deve ser assim. Isso se refletiu no tipo de artigos que publicamos, no padrão e na editoração da revista." Lamentavelmente, sendo um editor em tempo integral, pouco tempo lhe sobra para pesquisar. Ele só escreve a página do editor depois de ter sido incentivado pelos colegas da revista.

Levitt explica de maneira simples seu estilo de trabalho. "Faço o que faço e as coisas acontecem. O que consegui, creio, é me tornar eficiente de certa maneira, manter-me intelectualmente curioso, vivo e produtivo, e tornar-me interessante para mim mesmo."

Isso é, ele deixa claro, uma batalha contínua, "um estado constante de melhorar com problemas que têm de ser resolvidos e soluções a serem corrigidas, porque soluções acarretam seus próprios problemas".

Kenichi Ohmae

Nascido em Kyushu, Japão, 1943
Consultor

Kenichi Ohmae é um dos mais prodigiosos escritores modernos sobre estratégia (possui uns trinta livros de sua autoria). Suas mensagens interessam aos administradores ocidentais porque refletem como os japoneses planejam e permitem discernir as estratégias adotadas por empresas japonesas para penetrar rapidamente em mercados mundiais. Ele aparenta ser, ao mesmo tempo, chauvinisticamente japonês e extraordinariamente norte-americano. O *Financial Times* descreve-o como "uma personalidade em um país onde são raras as personalidades sem papas na língua. E enquanto a maioria dos japoneses se mostra ansiosa por não ofender, Ohmae é abrupto e quase sempre rude... ele é o único guru da administração bem-sucedido do Japão". O próprio Ohmae é citado dizendo "Não me sinto um japonês. Vejo-me como um cidadão do mundo. Gosto de gente de toda a parte. Gosto do povo japonês, mas não dos japoneses que se apegam a interesses tradicionais. Gosto de norte-americanos também, mas reservo-me o direito de discordar. Vocês têm de me aceitar como sou."

Ohmae estudou para ser físico nuclear e um flautista de concertos. Tendo lhe sido concedido o direito de escolher carreira, foi para o Massachusetts Institute of Technology, sob pretexto de haver mais empregos para físicos nucleares do que para solistas de flauta. Recrutado pela firma de consultoria administrativa McKinsey em 1972, ele agora preside o escritório de Tóquio e construiu para si próprio um papel extraordinário, tanto como conselheiro do ex-primeiro ministro japonês Nakasone quanto como franco defensor do Japão no mundo ocidental.

Os dois livros mais importantes de Ohmae para o leitor ocidental são *Triad Power* e *The Mind of the Strategist*. Em *Triad Power*, ele sustenta com vigor o argumento de que as companhias em mercados internacionais devem estabelecer sólidas cabeças-de-ponte em todas as três principais zonas econômicas: os Estados Unidos, o Japão e o Pacífico, e Europa. A empresa que deixar de fazê-lo se tornará vulnerável porque seus concorrentes globais podem usar suas forças em grandes mercados onde exista menos competição para recorrer a ataques a seu mercado de origem. As chaves para o sucesso nesses mercados, que encerram cerca de 630 milhões de consumidores, são os três C — cometimento, criatividade e competitividade. Estes dois últimos dependem de diversos fatores, entre os quais o nível e quantidade de educação e treinamento, e uma vontade e capacidade para encontrar bons sócios em *joint-ventures*.

Ele alega que a nova empresa global constatou que o atrativo da mão-de-obra barata nos países recém-industrializados* era, na

---

* *Newly industrializing countries* (NICs), no original. Esta expressão refere-se basicamente aos "tigres asiáticos". (N. do R.T.)

melhor hipótese, efêmero. À medida que a mão-de-obra assuma proporção cada vez menor nos custos totais de produção e se elevam os salários nos países recém-industrializados, compensa manter os empregos o mais próximo possível dos mercados. No futuro, a companhia global deverá estar envolvida mais profunda e estrategicamente em um número menor de países, selecionando uns poucos e aprendendo a conhecer bem suas instituições e seus líderes. Ela distinguirá suas operações em escala global nesses locais das operações oportunistas e com plantas reduzidas que as companhias usam para penetrar em mercados fechados. Estará preparada para contribuir para as metas da nação-anfitriã tanto quanto para as de seu próprio país. Com o passar do tempo, formará relacionamentos com países vizinhos para obter matérias-primas e suprimento de componentes de baixo custo, assim como para comercialização e distribuição.

The Mind of the Strategist: The Art of Japanese Business poderia ser melhor chamada "A mente do estrategista *japonês*". Explora a mescla de lógica e intuição que impulsiona o planejamento estratégico de muitas das mais bem-sucedidas companhias japonesas. Ele explica da seguinte forma: "No pensamento estratégico, primeiro se procura uma compreensão clara do caráter específico de cada elemento de uma dada situação e, a seguir, recorre-se o mais possível à capacidade mental humana para reestruturar os elementos de maneira mais vantajosa. Fenômenos e acontecimentos do mundo real nem sempre se ajustam em um modelo linear. Daí, o meio mais confiável de dissecar uma situação em suas partes constitutivas e remontá-las no modelo desejado não se tratar de uma metodologia passo a passo, tal como na análise de sistemas. Pelo contrário, o meio mais confiável é essa definitiva ferramenta não-linear, o cérebro humano. O verdadeiro pensamento estratégico, portanto, contrasta vivamente com a abordagem convencional de sistemas mecânicos baseada no pensamento linear. Mas contrasta igualmente com a abordagem que arrisca tudo na intuição, chegando a conclusões sem qualquer verdadeira decomposição ou análise."

A chave para a fase de análise, acredita ele, consiste em identificar questões críticas. Exige a utilização de diagramas que acompanham uma questão através do algoritmo de ações possíveis e suas implicações. Uma estratégia de bons negócios, diz Ohmae, "é aquela graças à qual uma empresa pode ganhar bastante terreno em relação aos concorrentes, a um custo aceitável para si mesma". Há quatro maneiras principais para isso:

- Concentrar-se em um dos fatores-chave do sucesso. Certas áreas funcionais ou operacionais, dentro de cada firma, são mais cruciais para o sucesso em determinadas atividades do que outras. Se se aplicar especial esforço nessas áreas e seus concorrentes não o fizerem, isso será uma fonte de superioridade competitiva. O problema, claro, é identificar quais os fatores-chave do sucesso — o que nos retorna à identificação das áreas cruciais. "O mais eficaz atalho para um sucesso efetivo parece ser saltar prontamente para a *pole position*, concentrando desde cedo recursos importantes em uma única função estrategicamente expressiva... Todos os lídres industriais de hoje, sem exceção, começaram por um ousado desdobramento de estratégias baseadas nos fatores-chave do sucesso."

- Constituir superioridade relativa. Quando todos os concorrentes tentam competir nos fatores-chave do sucesso, uma companhia pode explorar quaisquer diferenças em condições competitivas. Por exemplo, pode recorrer à tecnologia ou à rede de vendas, sem competir diretamente com seus rivais.
- Tomar iniciativas agressivas. Freqüentemente, a única maneira de vencer um concorrente bem maior e fortemente instalado consiste em abalar o ambiente da concorrência, solapando o valor dos fatores importantes do sucesso dele — mudando as regras do jogo ao introduzir novos fatores-chave de sucesso.
- Por meio de graus de liberdade estratégicos. Com isto, Ohmae refere-se ao fato de a empresa poder concentrar-se na inovação de setores ainda "intocados pelos concorrentes".

Ele explica: "Em cada um desses quatro métodos, a preocupação principal é evitar fazer a mesma coisa, no mesmo terreno de luta, que a concorrência."

Ohmae argumenta que um plano estratégico eficaz leva em conta os três principais fatores — a companhia, o consumidor e a concorrência —, cada um exercendo sua própria influência. A estratégia que ignora a concorrência está prejudicada; assim também a estratégia que não leva bastante em conta como o consumidor reagirá; e igualmente, é claro, o plano estratégico que não explore plenamente a capacidade da organização para pô-lo em ação.

Henry Strage, da McKinsey de Londres, descreve Ohmae como "o mais extraordinário pensador de que dispomos. Possui grande discernimento e criatividade, ao lado de uma produção intelectual das melhores. Vi-o escrevendo em reuniões, mas não estava tomando notas: estava escrevendo o próximo capítulo. Ele questiona tudo. Está sempre perguntando: por quê?"

Ohmae também despertou inúmeras controvérsias ao afirmar o que para muitos é impensável. Henry Strage prossegue: "Em anos recentes, ele tem se tornado bastante político. Foi idéia dele mudar todos os cultivadores de arroz do Japão para o Alabama, onde poderiam comprar terra barata, depois vender a terra desocupada no Japão para a construção civil." Os maciços subsídios aos fazendeiros japoneses estão sustando o desenvolvimento e tornando artificialmente elevado o preço do arroz. A solução de Ohmae, alegou ele, reduziria o preço do arroz por dois terços e ao mesmo tempo estimularia a economia. "Ele tem queda para o teatral. Fez uma conferência em Londres e puxou um lenço, dizendo: 'Acabamos de vender tudo isto de terra em Tóquio por um milhão de dólares'."

Ohmae tem uma perspectiva internacional singular e instigante. "Foi um risco considerável vir para a McKinsey and Company em 1972, mas estou contente de tê-lo feito", disse. "Agora estou mais interessado na sociedade, em sistemas sociais e na atividade das grandes empresas em bases mundiais. É nisso que penso poder dar minha melhor contribuição." Sua visão de mundo reduz a Economia a dois princípios: "Interdependências é a chave para fazer nosso mundo funcionar. Para proteger sua indústria siderúrgica, o Japão deveria investir no minério de ferro e nas minas de carvão da Austrália. Deveríamos parar de subsidiar nossos plantadores de arroz e liberá-los para irem aonde quiserem."

Dentre as suas mais controvertidas alegações há a de não existir desequilíbrio na balança comercial Estados Unidos-Japão. Segundo disse a um grupo de empresários em 1987: "As vendas de companhias norte-americanas estabelecidas no Japão, somadas às importações provenientes dos Estados Unidos, são iguais às vendas de companhias japonesas nos Estados Unidos somadas às exportações para os Estados Unidos. Então, qual é o problema?" Este é o tema de um de seus mais recentes livros, *Beyond National Borders*. Ele também defende a idéia do Japão, Europa e Estados Unidos partilharem o poderio econômico global e propõe uma "comunidade — cultural, monetária, um sistema político —, um arranjo comunitário semelhante ao Tratado de Roma de trinta anos atrás". O livro tem sido um sucesso formidável de venda no Japão: mais de 250 mil exemplares vendidos.

Outros trabalhos de Ohmae atacaram a percepção comum da administração japonesa pelos ocidentais. Por exemplo: que as companhias japonesas tomam decisões de baixo para cima, ou que elas têm um horizonte de planejamento a prazo bem mais longo do que as ocidentais. Mesmo assim, Ohmae possui uma perspectiva bastante ocidental. "Estamos experienciando a emergência do cidadão global", diz ele. "Se alguém no futuro vier a olhar retrospectivamente, eu gostaria de ser reconhecido como uma pessoa que trabalhou para estabelecer uma aldeia global, pondo de lado qualquer preconceito racial ou viés nacional."

Michael Porter

Nascido em Michigan, 1947
Professor na Harvard Business School

"Minha obra visou a aperfeiçoar a capacidade de firmas e outras organizações para concorrer, recorrendo a uma penetrante compreensão dos princípios da competição. Tenho tentado produzir um novo nível de sofisticação na compreensão da competição, combinando os instrumentos do economista com uma sólida compreensão e o interesse pelos problemas de um administrador atuante."

Um dos mais jovens professores titulares na história da Harvard Business School, Porter é extraordinariamente talentoso. Poderia ter sido um jogador de golfe profissional e interessa-se pelo que denomina "a estética e o negócio da música e da arte contemporânea". Patrocinou bandas de *rock*, incluindo uma chamada *Reckless*, e achou tempo para ocupar papel destacado numa comissão presidencial sobre Competitividade Industrial.

Foram as aulas sobre estratégia empresarial nos cursos de Economia que assistiu nos tempos de estudante de graduação que convenceram Porter de ali haver um assunto com grande potencial sobre que pensar com originalidade. As aulas pareciam vir de um mundo diferente. Desde então, diz ele: "Tenho tentado levar a riqueza da experiência real de empresas a influir no mundo da Economia." Ao fazê-lo, criou um mundo de seguidores provavelmente maior entre homens de negócios do que entre economistas.

Estimulado por um mestre inspirador, Roland Christensen, Porter entrou para o corpo docente de Harvard. "Minhas idéias sobre estratégia não foram de início bem aceitas por alguns colegas", recorda. Por isso, iniciou uma cadeira optativa em torno das suas idéias inovadoras. "O curso tornou-se tão popular entre os estudantes que meus colegas começaram a compreender que deveria haver algo de bom nele."

O primeiro livro de Porter para administradores profissionais, *Competitive Strategy: Techniques for Analysing Industries and Competitors*, foi publicado em 1980. Recorrendo muito à economia industrial (um campo de estudo que procura explicar o desempenho industrial através da Economia), ele tentava "tomar essas noções fundamentais e criar uma teoria bem mais fecunda e complexa, mais próxima da realidade da concorrência". O livro define cinco forças competitivas que determinam a lucratividade na indústria — entrantes em potencial, compradores (clientes), fornecedores, substitutos e concorrentes dentro da indústria. Cada uma delas podendo exercer sua influência para baixar as margens. O atrativo de uma indústria depende de quão forte seja cada uma dessas influências.

Competitive Strategy reuniu, de forma racional e facilmente compreensível, conceitos novos e outros já existentes, a fim de estruturar um arcabouço coerente para analisar o ambiente competitivo. Vendeu mais de 200 mil exemplares somente em inglês. Uma seção que atraiu muita atenção — acerca de estratégias genéricas — foi praticamente uma reflexão posterior. "Ocorreu-me, já lá para o fim da redação do livro, que estava faltando isso; eu não me concentrara na escolha do posicionamento competitivo." Essa obra fez voltarem-se os interesses dele para o conceito de vantagem competitiva, tema de seu segundo livro importante, *Competitive Advantage: Creating and Sustaining Superior Performance*.

Porter diz que *Competitive Advantage* principia com a pergunta: "Dada a atividade em que a companhia atua, como pode ela entender de forma rigorosa qual a maneira de conquistar vantagem competitiva?"

Um dos conceitos mais importantes que explora é a cadeia de valores. Explica ele: "Uma forma sistemática de examinar todas as atividades realizadas por uma firma, e como estas interagem, é indispensável para se analisar as fontes de vantagem competitiva... A cadeia de valores desagrega uma firma em suas atividades estrategicamente relevantes, a fim de entender-se o comportamento dos custos, as fontes existentes e potenciais de difeenciação. Uma firma obtém vantagem competitiva ao conseguir realizar essas atividades estrategicamente importantes a um custo mais barato ou de melhor forma do que seus concorrentes."

Cada uma dessas atividades pode ser utilizada para adquirir vantagem competitiva, de forma isolada ou juntamente com outras atividades estrategicamente importantes. Aí, o conceito de encadeamentos ("relacionamentos entre a maneira pela qual uma atividade de valor é desempenhada e o custo ou desempenho de uma outra") torna-se relevante. Esses encadeamentos não têm de ser internos — podem ser igualmente com fornecedores e clientes.

Porter descreve a evolução de sua maneira de pensar desde então como "um contínuo formular e responder perguntas". Cada livro é um resultado direto de questões suscitadas no livro anterior, porém que seria grande demais para responder plenamente nessa ocasião. O processo, conforme descrito por ele, é o seguinte: "Quando começo a elaborar um desses problemas, inicio tentando escrever tudo que sei a respeito, consideando toda minha pesquisa e experiência como consultor. Começo a redigir bem cedo. A seguir, trato de construir uma teoria e sistematicamente expor-me a cada vez mais dados para testá-la. Os 20% do tempo que passo em consultas contribuem para isso. Às vezes, escrevo e reescrevo muitas vezes. Quando vejo que esse processo está confirmando a teoria, ao invés de suscitar novas perguntas, paro. Um livro me toma três a quatro anos para concluir."

Desde maio de 1986, sua pesquisa tem demonstrado relações com a natureza da vantagem competitiva entre nações. Ele explica o projeto de dez nações nestes termos: "A maior parte do trabalho sobre competitividade nacional adotou uma perspectiva macroeconômica ampla e envolveu o estudo de um ou dois países. Creio que a vantagem competitiva de uma nação hoje em dia só pode ser explicada pela compreensão da perspectiva microeconômica — por que firmas da nação foram bem-sucedidas internacionalmente em determinadas atividades. Amplos fatores macroeconômicos, tais como taxas de câmbio, taxas de juros e custos médios da unidade de trabalho são significativos, mas raramente decisivos na criação de vantagem competitiva. Também creio que só investigando uma série de países com diferentes particularidades pode-se destacar os princípios fundamentais da vantagem competitiva das peculiaridades de uma determinada nação."

"O ponto de partida para minha pesquisa é a visão de que a teoria clássica de vantagens comparativas, baseada na dotação de fatores dos países, é cada vez menos importante para explicar a vantagem competitiva, como os economistas cada vez mais admitem. Mudança tecnológica e globalização da concorrência conspiraram para desacoplar vantagens em termos de fatores do sucesso das empresas. As empresas podem, seja anular o papel dos fatores (por exemplo, automação para eliminar mão-de-obra, adquirir insumos estrangeiros a baixo custo), seja instalar atividades em países com custos de fatores inferiores. Hoje em dia, a superioridade na competição é cada vez mais oriunda de inovações no sentido lato do termo. As empresas mais dinâmicas em termos de aperfeiçoamento do produto e do processo são as que, afinal, sustentam o sucesso internacional, não as que se apóiam em mão-de-obra barata ou outras vantagens de custo de fatores."

Ele disse à Conference Board, em uma entrevista, o que descobrira: "Não existem nações competitivas, apenas as que são competitivas em algumas coisas e não-competitivas em outras. A esperança é que uma nação possa sustentar vantagem competitiva em número suficiente de indústrias para poder empregar sua força de trabalho e apoiar um crescente padrão de vida."

Descobriu que para uma ampla variedade de indústrias os líderes internacionais tendem a concentrar-se em um ou dois países. Ademais, as indústrias bem-sucedidas em uma nação são geralmente encadeadas, vinculadas entre si por fornecedor, comprador e outros relacionamentos. Cadeias dessas acham-se muitas vezes concentradas geograficamente em regiões ou até mesmo em cidades, o que a teoria de Porter tenta explicar. Economias maiores, como as dos Estados Unidos ou Alemanha Ocidental, possuem mais indústrias encadeadas do que países menores, como a Dinamarca, onde a maioria dos negócios internacionalmente competitivos tendem a associar-se com a indústria de alimentos ou, em menor grau, com produtos domésticos e habitação. Uma lição para os governos é de que devem voltar seus esforços para ajudar essas e outras indústrias semelhantes a crescer, isto é, aproveitando a superioridade existente. Outra lição é a de que uma enxurrada de fusões pode trazer conseqüências maléficas. "Há uma opinião hoje em dia de que já que a concorrência é global, não importa se houver uma porção de fusões no país da matriz. Contudo, em meu estudo constatei que as indústrias mais competitivas de um país eram aquelas em que havia três ou quatro (ou mais) rivais porfiando. Esse ambiente produzia como que uma estufa para gerar novidades, sem mencionar o estímulo às indústrias fornecedoras, universidades e outras atividades locais. A opinião segundo a qual fusões no país-sede torna a empresa mais competitiva no estrangeiro não parece se sustentar."

Os frutos do imenso trabalho de Porter serão publicados sob o título *The Competitive Advantage of Nations*. O livro desafia muitas das torres de marfim da competitividade internacional. Por exemplo, Porter sustenta que vantagens competitivas podem ser extraídas daquilo que geralmente é encarado como desvantagens. A carência de matérias-primas do Japão, por exemplo, atiçou o país para entrar em maior atividade inovadora em muitos setores. Porter também sustenta que a competitividade local é bem mais relevante do que antes se pensara. O provincianismo é visto por ele como uma força tão potente nos negócios quanto o internacionalismo.

Uma vez que encerre o trabalho nessa área, que também abrangerá uma pesquisa em países subdesenvolvidos, Porter espera passar para a empresa diversificada, perguntando: como vocês elaboram uma estratégia empresarial global para uma empresa altamente diversificada?

Por que ele causou tamanho impacto? "Tive sorte. Não há (ou não havia) muita gente trabalhando nesse tema. Também, estive dedicado a isso num período quando o interesse pela concorrência era muito intenso pelo mundo afora. Havia apetite por qualquer coisa capaz de ser útil nesse assunto. Maus precursores eram sobretudo consultores, que propuseram idéias um tanto simplistas, projetadas para pacotes fáceis destinados a clientes potenciais. Nos primeiros anos da década de 1980, o campo amadurecera a ponto de trabalho como o meu já ser aceitável pelos administradores em geral."

"Nos anos 70, a idéia de posicionamento estratégico da maioria das empresas era que se tinha de deter a maior fatia do mercado, colocar seu negócio na curva da experiência e analisar o portfólio. Avançamos muito a partir daí. Há hoje poucas empresas importantes nos Estados Unidos, Japão ou Europa, que não tenham mudado para a geração seguinte de idéias na forma pela qual encaram estratégia."

"Tentei escrever um assunto intrincado em linguagem clara e com um mínimo de complicações. Procurei escrever livros que se enquadrem entre um livro leve sobre negócios e uma obra teórica acadêmica. Quero desafiar o leitor, mas sendo acessível e prático."

Uma das suas ex-alunas, Kathryn Rudie Harrigan — hoje em dia um talento em ascensão — resume o sucesso dele desta forma: "Mike tinha uma visão do livro que estivesse escrevendo (*Competitive Strategy*) que parecia exatamente o que era necessário na ocasião — um exame rigoroso das forças que tornam algumas indústrias mais receptivas à reestruturação do que outras, assim como um exame cuidadoso no que as empresas podem fazer para melhorar o potencial de lucratividade das indústrias onde competissem. As idéias colocadas nesse livro (assim como em seu radical *Competitive Advantage*) são leitura obrigatória em toda escola de administração e na maioria dos programas de formação de executivos. O arcabouço que ele popularizou forma a base para a próxima década de pesquisa referente à formulação de estratégia. Mais importante ainda, essas idéias mobilizaram os administradores a *fazerem algo* acerca das situações onde a indústria mostrava-se débil. O primeiro capítulo do livro que ele organizou a respeito de concorrência global contribui com o que se tornou o modelo predominante no exame de problemas de estratégia global."

Tal como Peter Drucker, Porter não vê suas idéias restritas ao mundo dos negócios. "Gosto de aplicar conceitos estratégicos a organizações incomuns, tais como museus de arte", declara ele. Resolveu não virar golfista profissional "porque estava ficando muito chato". Analogamente: "Eu estava preparado para conseguir um doutorado em Engenharia, mas mudei de idéia... Acredito que sempre que a gente se sentir à vontade naquilo que estiver fazendo, deve descobrir um meio de tornar-se desconfortável, porque é assim que ocorrem as inovações."

Kathryn Rudie Harrigan

Nascida em Minnesota em 1951
Professora de Administração Estratégica na Universidade de Columbia, Nova York

Kathryn Rudie Harrigan, da Universidade de Columbia, é um talento da administração estratégica em rápida ascensão. Certa vez rotulada "a própria encarnação da mulher de negócios sem ninharias", Harrigan especializa-se em estratégias de sobrevivência industrial, fusões e aquisições de empresas e *joint-ventures*. Seu discurso é freqüentemente ríspido, desafiando os preconceitos de administradores. "Meu material pode ser utilizado por um administrador ponderado, mas não é o tipo de coisa que se lê no metrô ao ir para o trabalho pela manhã", diz ela.

Harrigan tem antecedentes teatrais e isso sem dúvida auxiliou-a a dar seu recado. "Harrigan é intensamente dramática. Logo que viu a câmara, ela se transformou em Sarah Bernhardt", disse o jornal *New York Post* a seu respeito. Ela tem uma explicação simples para renunciar ao teatro pela vida acadêmica: "Teatro não paga lá muito bem. É uma indústria com reduzidas barreiras à entrada. Sempre há alguém disposto a bancar sua entrada. Tenho algo original que funciona bem nesse mercado, mas talvez não dê tão certo em outro."

Ela contribui com esta avaliação de suas carreira: "Sou em grande parte uma mulher que se fez por si mesma. Conquistei cada um de meus títulos acadêmicos sem ajuda dos pais — graças a bolsas de estudo, trabalhando enquanto estudava e tomando empréstimos vultosos. Tenho diploma de Bacharel em Artes Cênicas e estudei para o Mestrado em Belas-Artes. Minha primeira aventura foi a criação de uma companhia teatral: o North Suburban Young People's Theater. Provavelmente fui uma empreendedora desde o nascimento. A vida inteira consegui manobrar e lidar com pessoas e persuadi-las a verem meu ponto de vista. Todos os quatro empreendimentos que iniciei deram dinheiro. Finalmente conquistei um diploma de MBA para legitimar o que vinha praticando desde 1966."

Após conseguir seu mestrado, Harrigan trabalhou sob a direção de Michael Porter em Harvard, onde admite "Não me enquadrei em nenhum dos escaninhos". Seu primeiro livro (*Strategies for Declining Businesses*, de 1980) concentrou-se em um assunto de sua particular predileção — negócios em declínio. Harrigan explica: "Crescendo em Minnesota e vendo as indústrias que o engrandeceram, impressionava-me consideravelmente a visão de minas esgotadas e de toda aquela gente que tinha de ser realocada. Se você é um mineiro, não tem muito o que fazer quando as minas se esgotam."

"Não creio que os empregados sejam dispensáveis, apesar de um bocado de empresas agirem como se o fossem", diz ela. "Tenho um sentimento muito acentuado de intendente. Os adminstradores recebem recursos para gerir e deveriam fazer o melhor uso possível deles."

Harrigan acredita existir um ciclo vital para os negócios e que estes têm de revitalizar-se constantemente para evitar o declínio. "Todos querem falar acerca de crescimento, mas pouca gente fala de negócios em declínio", ela admite. "Demasiado número de administradores recusa-se a enfrentar a feia realidade de trabalharem em uma companhia moribunda."

De negócios em declínio, Harrigan passou para o tema da integração vertical e do desenvolvimento de estratégias para lidar com isso. "Minha pequisa investigou como as firmas administravam suas necessidades de um suprimento estável de matérias-primas e acesso estável aos consumidores finais de seus produtos. Uma premissa central da estrutura que criei e testei era que, à medida que as firmas se esforçavam por aumentar seu controle sobre o suprimento e a distribuição, também aumentavam sua inflexibilidade estratégica final (ao aumentar as barreiras à saída)." É essa inflexibilidade que enraivece Harrigan. Em busca de abordagens mais flexíveis, levou a cabo extensa pesquisa sobre *joint-ventures*. A despeito do surto destes, a pesquisa de Harrigan revelou que entre 1924 e 1985 a média de sucesso de *joint-ventures* foi apenas de 46% e a duração média meros três anos e meio.

Em seus dois livros sobre *joint-ventures* ("entidades separadas com duas ou mais firmas ativamente envolvidas como patrocinadoras"), Harrigan sustenta que se tornarão um elemento decisivo na estratégia competitiva. As razões para isso são: desregulamentação econômica, mudança tecnológica, crescentes exigências de capital com a criação de novos produtos, crescente globalização dos mercados. "Uma nova linguagem de cooperação, e não de guerra, é obrigatória", escreveu ela em *Strategies for Joint-Ventures*.

Ela prediz:

1. A concorrência de um contra outro será substituída por concorrência entre constelações de firmas que rotineiramente se arrisquem juntas.
2. Equipes de firmas que cooperam, procurando umas às outras como parceiros de dança favoritos, em breve substituirão muitas atuais estruturas industriais em que as firmas ficam sozinhas.
3. Para fazer face a essas mudanças, os gerentes têm de aprender a cooperar, tanto quanto competir, com eficiência.

Isto, em grande parte, contraria as tendências atuais, que Harrigan descreve depreciativamente como "Quando você está à procura de uma *marmelada*, acaba comprando qualquer coisa".

Mais recentemente, Harrigan concentrou-se em negócios já amadurecidos. Cunhou a frase "O último vendedor de gelo sempre ganha dinheiro", que ela explica como sendo "O último jogador sobrevivente ganha dinheiro atendendo ao último pedido, quando os concorrentes caem fora." *Managing Maturing Businesses* (1988) examina "a segunda meta da vida de um negócio" ou, como é mais teatralmente dito, a jogada final. A importância de sua obra nessa área é creditada pelo fato de mais de dois terços das indústrias em economias amadurecidas estarem passando por crescimento lento, nenhum crescimento ou crescimento negativo na procura de seus produtos.

"Para o típico dirigente de empresa norte-americano, a maturidade (também descrita como crescimento lento ou nenhum crescimento) é sinônimo de estagnação, que é igualada a declínio, e que por sua vez é um mero eufemismo para morte", assinala Boris Yavitz, ex-reitor da Universidade Columbia, em sua introdução a esse livro. O argumento de Harrigan é que a jogada final pode ser bastante lucrativa, se as companhias adotarem uma estratégia coerente com suficiente antecedência. As opções estratégicas são:

- termine agora — a primeira companhia a cair fora geralmente consegue o melhor preço; os retardatários talvez nada consigam;
- tenha a cabeça fria — concentrar-se em nichos de consumidores que continuarão a longo prazo e estarão prontos para pagar uma bonificação;
- saber encolher — ficando com as terras lucrativas e deixando as menos lucrativas para os concorrentes;
- esgotar o negócio até a última gota — a última opção, mas que nem por isso deixa de ser uma alternativa prática em muitas situações.

Aliviar a dor e evitar a morte prematura são os fatores motivadores da obra de Harrigan. "Os verdadeiros heróis dos anos 80 são os administradores que trabalharam com concorrentes para fortalecer suas indústrias maduras e conservar suas capacidades de produção ao melhorar as praxes de trabalho das suas empresas", conclui.

CAPÍTULO 5

A LIDERANÇA VISTA AO MICROSCÓPIO

Escrevendo no *McKinsey Quarterly*, Louis Barnes e Mark Kriger citam um livro que relaciona 130 definições do termo liderança e outro livro que "registra mais de 5.000 estudos de pesquisa e monografias sobre o tema". Um dos mais influentes autores sobre o tema liderança, James McGregor Burns, descreve-a como "um dos fenômenos mais observados e menos entendidos do mundo".

Quase todos os autores importantes em Administração sentiram ter de dedicar pelo menos algumas páginas a expor seu ponto de vista sobre liderança — Argyris, Mintzberg e Drucker pronunciaram-se acerca da natureza da liderança eficiente e como esta se vincula à consecução dos objetivos da organização. Mas relativamente poucos focalizaram a liderança como elemento primordial em sua observação e teorização.

Entre os mais influentes autores dessa área encontram-se (em ordem alfabética): John Adair, Warren Bennis, Blake e Mouton, James McGregor Burns, Fred Fiedler, Paul Hersey, John Kotter, Harold Leavitt, Kurt Lewin, Rensis Likert, Bill Reddin e Abraham Zaleznik.

Esta relação está longe de ser completa, e certamente exclui alguns escritores que, apesar de menos conhecidos, alteraram significativamente nossa compreensão do que a liderança é e de como funciona. Exclui também esclarecedores estudos atuais por observadores como Andrew Kakabadse e John Nicols na Grã-Bretanha, nenhum dos quais teve ainda sua obra amplamente divulgada. Entretanto, para nossas finalidades limitar-nos-emos aos da relação acima, dos quais somente um tem sua seção própria neste livro. Por ser tão difícil, em muitos casos, estabelecer quem influenciou quem, mantivemos os nomes em ordem alfabética.

John Adair realizou uma das primeiras tentativas para coligir múltiplos estudos e teorias de liderança. Adair dá atualmente um curso sobre liderança na Universidade de Surrey (o único cargo desses no Reino Unido). Sua pitoresca carreira inclui temporadas no Exército, em um regimento beduíno e como conferencista da Real Academia Militar de Sandhurst; trabalho como taifeiro em uma traineira no Oceano Ártico e como ordenança em um teatro de operações.

Em uma entrevista a *The Director* (novembro de 1988), Adair explicou: "Liderança diz respeito a um senso de direção. A palavra 'lead' vem do anglo-saxão, comum a línguas do Norte da Europa, e significa uma estrada, um caminho, a rota de um navio no mar. É saber qual será o próximo passo." Ele prossegue dando uma importante diferenciação: "Administração* é uma imagem diferente. Vem do latim *manus*, que quer dizer mão. É manejar uma espada, um navio, um cavalo. Tende a estar ligado de perto à idéia de máquinas. Administração teve suas origens no século XIX com engenheiros e contadores que chegavam para dirigir e organizar empreendimentos. Eles tendiam a encará-los como sistemas.

Mas há ingredientes valiosos no conceito de administração que não se acham presentes em liderança. Administração é muito acentuado na idéia de controlar, particularmente de controle financeiro, e na de gestão. Os líderes não são obrigatoriamente bons administradores ou gestores de recursos."

A contribuição de Adair para os estudos sobre liderança é dupla. Primeiro, é essencialmente *prática* (quem quer que tenha liderado expedições de soldados através do deserto jordaniano em camelos deve ter certo conhecimento prático de liderança). Em segundo lugar, proporciona uma análise clara de outras teorias, que caracteriza como de qualidades — situacionais, e de grupo ou funcionais. A abordagem das qualidades admite que os traços de liderança vêm de nascença ou da primeira infância — há "líderes naturais". Por extensão, isso quer dizer que pessoas que não sejam líderes naturais acharão difícil aprender qualidades de liderança, a maioria das quais tende a ser vaga, tais como coragem e visão.

Abordagens situacionais admitem que diferentes tarefas ou situações requerem um tipo diferente de líder. Provas disto podem ser vistas na dificuldade que muitos "médicos de empresas" experienciam ao tratar da subseqüente consolidação e desenvolvimento das empresas que salvam. É mister um tipo diverso de líder. Adair assinala que,

---

* *Managing*, em inglês. (N.T.)

levada ao extremo, esta teoria exige uma constante troca de líderes para se adequarem a mudanças da situação.

Embora critique muito da bibliografia que trata de observações em laboratório de grupos trabalhando, a própria teoria de Adair parte das mesmas questões fundamentais — o que precisa acontecer para o grupo cumprir sua missão? Ao analisar as funções de todo grupo, ele identifica três necessidades cruciais:

- Necessidades da tarefa — o objetivo final e as ações e comportamentos necessários para fazer com que estas aconteçam
- Necessidades de manutenção da equipe — tudo que ajude o grupo a manter sua coesão, motivação e boa vontade generalizada para trabalhar na missão
- Necessidades individuais — tudo que ajude o indivíduo a sentir-se parte do grupo e possibilite-lhe dar o máximo de contribuição.

O papel do líder, diz Adair, é cuidar ao mesmo tempo de todas essas necessidades. Líderes potenciais podem aprender a fazê-lo através da prática e da observação de como outros líderes se comportam.

James McGregor Burns é citado por diversos dos principais gurus da administração como a pessoa que enunciou para eles a diferença entre líderes de transações e líderes de transformação. Burns explica: "As relações entre a maioria dos líderes e seus seguidores são transacionais — os líderes aproximam-se dos seguidores com vistas a trocar uma coisa por outra: empregos por votos, ou subsídios por contribuições para a campanha. Tais transações compreendem o grosso dos relacionamentos entre líderes e seguidores, especialmente em grupos, órgãos legislativos e partidos.

A liderença de transformação, embora mais complexa do que a liderança de negociação, é mais poderosa. O líder de transformação reconhece uma necessidade ou exigência de um possível seguidor. Mas, além disso, o líder de transformação busca motivos potenciais em seus seguidores, busca satisfazer-lhes as necessidades mais importantes, e absorve a personalidade total do seguidor ... Woodrow Wilson ansiava por líderes que, por ousadamente interpretar a consciência da nação, pudessem soerguer as pessoas de seus egos quotidianos."

Um cientista político, Burns, concorreu ao Congresso como democrata e escreveu biografias, tanto de Franklin D. Roosevelt quanto de John F. Kennedy. Ele sustentou a necessidade que os americanos têm de liderança forte e desempenhou papel ativo na campanha presidencial de Kennedy.

A grade gerencial de Robert Blake e Jane Mouton (ver Capítulo 3) é vista como uma das primeiras tentativas sistemáticas para definir liderança situacional.

Fred Fiedler pertence decididamente ao campo da liderança situacional, mas, com seu co-autor Martin Chemers, ressaltou o aspecto de tarefa da matriz situacional. Seu "menos preferido companheiro de trabalho" era o enunciado de um teste destinado a identificar se líderes eram mais orientados para o aspecto pessoal ou para o da tarefa em sua atuação como administrador. Dependendo dessa sua orientação, eles seriam menos ou mais adequados para proporcionar o tipo de liderança apropriado a várias situações. Fiedler definiu tais situações em função de três dimensões:

- quão bem o líder se dava com os membros de sua equipe e quão dispostos estes estariam a fazer o que ele pedisse
- quão clara ou indecisamente estava definida a tarefa da equipe (quanto mais bem definida, maior controle ele poderia exercer)
- que dose de autoridade a organização lhe delega — sua posição no poder

Resumindo, não importa qual estilo de liderança adote, o administrador que é do desagrado dos subordinados não consegue definir a tarefa da equipe com precisão e nem tem autoridade para exigir obediência, sendo improvável que se revele eficiente.

Paul Hersey prontamente ganhou fama em conseqüência de um único livro, publicado em 1984 — *The Situational Leader*. Hersey aprendeu uma lição significativa em *The One Minute Manager*, de Robert Blanchard: acondicionadas de forma simples e viva, como leitura rápida, idéias antigas podem atrair uma platéia de administradores que não têm tempo nem predisposição para ler mais do que o absolutamente indispensável. Seria fácil rejeitar *The Situational Leader* como simplório demais para ser levado a sério. Sua definição de liderança, por exemplo ("qualquer tentativa para influir no comportamento de outro indivíduo ou grupo"), poderia ser considerada como descrição adequada da indústria publicitária mas não do comportamento do líder. Contudo, como *The One Minute Manager*, o livro de Hersey tinha uma única mas significativa superioridade sobre publicações acadêmicas mais merecedoras de crédito — grande número de administradores não só o adquiriram como também o leram.

John Kotter, professor de Comportamento Organizacional e Administração de Recursos Humanos, na Harvard Business School, fez-se notar primeiramente graças a um estudo das atividades de gerentes gerais, publicado com o título *The General Managers* (1982). Também escreveu acerca de poder e influência como aspectos da liderança, sustentando que "muitas das complexas capacidades e dotes pessoais que os gerentes gerais possuem são também necessárias a cada vez maior número de administradores de médio escalão, porquanto seus cargos estão crescentemente exigindo o tipo de liderança necessário a cargos de administração geral". Em suas últimas obras, ele se concentra em como empresas adquirem uma administração fraca ou forte e as implicações de cada caso.

As teorias de Kotter foram sucintamente resumidas por Warren Bennis em uma resenha na revista *Fortune*: "Segundo Kotter, nem todos têm potencial de liderança. Líderes nascem, e depois se fazem. Como sempre, isso é mais fácil de dizer do que de fazer. Formar líderes é mais árduo do que formar administradores, diz Kotter, e formar administradores capazes de liderar é ainda mais árduo.

"Ele crê que o potencial de liderança baseia-se em traços inatos, tais como um nível elevado de energia, que são então construídos na primeira infância, nas escolas e, depois, graças a experiências no emprego. Muitos têm esse potencial, mas os esforços das empresas para desenvolvê-lo têm sido na maioria insuficientes." Kotter crê existir uma crítica falta de líderes no mundo dos negócios norte-americano.

Harold Leavitt é Professor "Walter Kilpatrick" de Comportamento Organizacional, na Escola de Pós-graduação em Administração da Universidade de Stanford. Ele divide os responsáveis por cargos de administração em dois tipos:

- executores, preocupados com ação, tendem a ser extremamente sociáveis, conversadores e abrem caminho por meio de persuasão, comando e manipulação
- solucionadores de problemas, sentem-se melhor realizando análises, tendem a ser lógicos e racionais, exercendo a influência cautelosa do intelectual; passam grande parte do tempo na busca de respostas "certas" para problemas
- desbravadores, são visionários; com freqüência, teimosos, sem espírito prático, impacientes com regulamentos (que ou bem ignoram ou desbordam quando os atrapalham) e impulsivos, preocupados sobretudo em fazer as perguntas certas.

Kurt Lewin era um imigrante europeu nos Estados Unidos. Professor de Filosofia e Psicologia na Universidade de Berlim até 1922, seus estudos nos Estados Unidos concentraram-se inicialmente em crianças. Foi professor de Psicologia Infantil na Child Welfare Research Station, em Iowa, até 1944 quando foi para o Instituto de

Tecnologia de Massachusetts em busca de um centro de pesquisa de dinâmica de grupo.

As experiências de Lewin ocorreram em clubes de rapazes, onde pediu aos líderes adultos para adotar um dentre três diferentes estilos e variar de estilo ao mudar de um grupo para outro. Os três estilos eram intrinsecamente: o autoritário (fragmentando informações, não dando aos membros do grupo oportunidade para pensar ou decidir por si mesmos), participante (em que o líder discutia a tarefa com eles e estava presente para ajudar e aconselhar, mas sem insistir em como deveriam agir), e distante (o líder explicava a tarefa, dizia-lhes para lhe apresentarem quaisquer dúvidas e deixava-os cuidar do assunto). Os estudos revelaram que era o estilo de liderança, mais do que o líder como indivíduo, o que condicionava o comportamento dos grupos, causando variações expressivas no nível de agressão e de produtividade. É interessante que na experiência de Lewin o estilo de liderança distante foi o menos produtivo, mas em experiência semelhante trinta anos depois, usando adultos, o estilo distante mostrou-se mais eficiente.

William (Bill) Reddin estava realmente interessado na eficiência administrativa. Mas o aspecto que mais o intrigava era como administradores persuadiam outras pessoas a fazer coisas para eles. Às duas dimensões da liderança situacional, acrescentou uma terceira — eficiência — que lhe permitiu identificar quatro estilos básicos de administração. Estes eram:

- relacionado: em que o administrador está mais seriamente preocupado com seus relacionamentos com outras pessoas e passa grande parte do tempo conversando, aconselhando e escutando
- separado: em que o gerente não passa muito tempo conhecendo os companheiros de trabalho mas prefere fazer as coisas acontecerem por meio de regras, normas e memorandos
- dedicado: onde o gerente preocupa-se sobretudo com a produtividade; tende a dominar seu departamento, dando uma série de ordens e concentrando-se bem de perto na tarefa do momento, freqüentemente à custa de questões mais remotas
- integrado: onde o gerente está igualmente interessado nas pessoas e no cumprimento da missão.

Todos esses estilos podem ser apropriados em diversas situações. Quando são apropriados, o administrador é eficaz; quando não o são, ele é ineficiente. Na prática, é claro, as pessoas tendem a empregar uma mistura de estilos, mas também tendem a um estilo predominante. Reddin denomina os estilos extremos de eficiência em cada caso como:

	Eficiente	*Ineficiente*
Relacionado	Fomentador	Missionário
Separado	Burocrata	Desertor
Dedicado	Autocrata benévolo	Autocrata
Integrado	Executivo	Condescendente

Abraham Zaleznik provocou um rebuliço com um artigo controvertido na *Harvard Business Review* em 1977. Em "Administradores e Líderes: Serão Diferentes?" teve a temeridade de sugerir haver uma diferença de vulto entre o comportamento do administrador e o do líder. No fundo mesmo, a distinção entre os dois tinha muito em comum com a entre líderes de negociação e de transformação.

Líderes:

- são antes atuantes do que reativos, forjando idéias ao invés de reagir a estas
- adotam uma atitude pessoal e atuante face às metas
- criam novas maneiras de abordar problemas já antigos e criam aplicações para novas opções
- acham-se mais interessados no que fatos e decisões significam para as pessoas do que em seu próprio papel em fazer as coisas acontecer
- muitas vezes são encarados com emoção pelos outros
- tendem a sentir-se um tanto à parte do seu meio e de outras pessoas.

Administradores:

- concentram-se mais no processo de tomada de decisões do que nos fatos definitivos
- agem para limitar escolhas
- evitam soluções capazes de levar a confronto
- concentram a atenção dos subordinados em processos ao invés de no conteúdo das decisões
- comunicam por sinais ao invés de mensagens claramente enunciadas
- ganham tempo para mitigar situações de perde-ganha
- precisam sentir-se integrados na equipe, preenchendo um papel nítido e útil no âmbito da organização.

O influente artigo (posteriormente convertido no livro *The Managerial Mystique*) sustentou que "uma vez que líderes e administradores são basicamente diferentes, as condições favoráveis a uns podem ser adversas ao crescimento dos outros". No artigo, Zaleznick observou: "Administradores tendem a encarar o trabalho como um processo facilitador, envolvendo uma combinação de pessoas e idéias interagindo, a fim de estabelecer estratégias e tomar decisões. Administradores auxiliam o processo por meio de uma série de habilidades, inclusive o cálculo dos interesses opostos, encenando e cronometrando o surto de questões controvertidas, e reduzindo tensões." Prosseguiu: "Enquanto administradores agem para limitar escolhas, líderes trabalham em sentido oposto, procurando criar novas abordagens a problemas antigos e abrir saídas para novas opções."

Não seria próprio deixar uma discussão sobre liderança sem pelo menos mencionar os próprio líderes do mundo dos negócios. De modo geral, a maioria dos homens de negócios preferiu sempre cuidar dos negócios e deixar outros escreverem a teoria. No passado, alguns deles sentiram-se suficientemente seguros a respeito de seu estilo particular de administração para querer difundi-lo por meio de livros e artigos — diversos dos pioneiros assim o fizeram, dentre eles Alfred P. Sloan nos Estados Unidos e Wilfred Brown na Grã-Bretanha, que escreveu com Elliott Jacques um livro acerca das experiências em sua empresa, a Glacier Metals. Mas nos anos 80 houve uma exurrada de altos executivos explicando sua particular filosofia de administração. Isso abrangeu Sir Michael Edwardes, que deu meia-volta na estropiada British Leyland, adotando atitude firme contra a militância tanto entre trabalhadores sindicalizados quanto entre administradores de nível médio; Sir John Harvey-Jones, ex-presidente da Imperial Chemical Industries; Jan Carlzon, da empresa aérea escandinava SAS; Lee Iacocca da Chrysler; Akio Morita, presidente da Sony; Sir Marcus Sieff, dos exemplares varejistas britânicos Marks and Spenser; e H. Ross Perot, o controvertido ex-dirigente da EDS. Este último não escreveu sua própria filosofia. Ao invés, despejou-a para Ken Follett. O resultado foi *On Wings of Eagles*, uma descrição no estilo novela de aventuras extraída da vida real, de como Perot e seus diretores resgataram seus atormentados empregados cativos no Irã. O estilo de gerência de Perot mostra-se altamente militarizado. Dentre esses, Harold S. Geneen se destaca por seu estilo de liderança, que faz dele um administrador ímpar.

Uma explicação para este fenômeno é que, dada a oportunidade para reafirmar sua autoridade e influência na crise oriunda da recessão, administradores de fato começaram a exercer liderança. Isso tornou-os mais interessantes como pessoas (ou heróis, segundo diriam Deal e Kennedy), tanto para outros administradores quanto para o público. Nenhum desses autores (uma proporção elevada, é claro, pagou a outros para escrever por eles) tem muito a acrescentar no tocante à teoria, mas podem contribuir com inspiração em questão de prática.

No capítulo a seguir, examinaremos como o movimento pró-excelência expandiu-se de um interesse pela cultura empresarial para abarcar qualidade, atenção aos clientes, administração de mudanças e *liderança*. A atual preponderância de livros e teses acerca da natureza da liderança não foi mero acaso. Baseia-se na percepção de que a mudança controlada da cultura só pode decorrer de liderança competente.

Harold S. Geneen

Nascido em Bournemouth, Inglaterra, 1910
Empresário

"Realizar bons negócios vale mais do que passar todos os dias jogando golfe", disse Harold Geneen. A carreira dele como negociante foi certamente uma das mais dinâmicas deste século. Era um *workaholic* e sua folha de serviços na ITT (International Telephone and Telegraph) é lendária. William Skinner, professor de Harvard, cognominou-o "um modelo da administração científica".

Geneen, o arquético do obstinado executivo norte-americano, nasceu na Grã-Bretanha, sendo sua mãe uma cantora de ópera e o pai um empresário teatral. Mudando-se para os Estados Unidos em tenra idade, sua carreira foi altamente independente. Estabeleceu-se em Nova York, trabalhando como garoto de recados, contínuo na Bolsa de Valores, vendedor de livros ambulante e guarda-livros (Geneen mais tarde admitiria ser ainda "no fundo, um guarda-livros da velha guarda"). Estudando à noite, conseguiu formar-se contador. Após progredir paulatinamente na carreira administrativa, acabou sendo designado para dirigir uma empresa de engenharia, a Raytheon. Seus ganhos triplicaram em quatro anos ali, mas seus triunfos como administrador mal haviam começado.

Enquanto Geneen fomentava a sorte da Raytheon, uma outra companhia, bem maior, exibia lucros exíguos e caminhava para a astagnação. A companhia era a ITT, fundada pelo coronel Sosthenes Behn em 1920. Behn morreu em 1957 após a companhia — com a maior parte de suas operações no além-mar — sair-se mal durante a guerra. Seu sucessor foi o general Edmund Leavey, a dois anos de sua aposentadoria. Em seus dois anos à testa, foi instruído para designar um sucessor. Ele escolheu a si próprio. O conselho de administração não concordou e colocou Geneen no lugar.

Geneen tornou-se presidente e diretor-geral da ITT em 1959, permanecendo na companhia até 1979, após o que prosseguiu como consultor. Ele transformou a ITT em um conglomerado multinacional. Quando assumiu, a empresa dependia dos ganhos de ultramar e tinha baixa margem de lucro. Ao aposentar-se, Geneen havia comprado, incorporado ou adquirido 350 companhias. A ITT passou de uma relativamente instável sociedade anônima, valendo 760 milhões de dólares, para um gigante valendo 22 bilhões, com 375.000 empregados em oitenta países. Em 1959, as vendas da ITT foram de 756,6 milhões e seu lucro 29 milhões. No final dos anos 60, a ITT era a nona maior companhia industrial dos Estados Unidos e as vendas, em 1977, chegaram a 16,7 bilhões, com um lucro de 562 milhões de dólares.

Geneen alega que essa ressurreição empresarial foi alcançada pela crença na prática ao invés de na teoria. Deu exemplo de motivação instigadora e de incansável trabalho enérgico que poucos são capazes de superar e igualmente de uma tendência para escolher dirigentes abnegados se mexendo pelo mundo afora dedicados ao trabalho. Seu estilo de administração é competitivo e prático. "Teorias são como cintas de papel", diz ele, "não se pode dirigir um negócio, ou qualquer outra coisa, baseado apenas em uma teoria." Ele fornece em três frases um curso de administração: "Lê-se um livro do começo ao fim. Dirige-se um negócio de maneira contrária. Parte-se do fim, e aí faz-se tudo que for preciso para chegar a ele."

Para alcançar sua meta de crescimento de 10% de lucro ao ano, Geneen instituiu encontros semanais da administração em que os diretores de todas as operações da ITT de um determinado continente se reuniam. Os encontros duravam um dia inteiro e muitas vezes iam pela noite adentro. A despeito desse rigoroso planejamento e discussão, Geneen escreve em seu livro *Managing*: "Meu estilo próprio de liderança na ITT não era calculado deliberadamente para alcançar metas estabelecidas. Com efeito, não era nada calculado. Foi muito mais baseado no instinto."

Os instintos de Geneen exigiam comunicações desimpedidas; tinha aversão à burocracia fútil. Seus próprios arquivos eram destruídos ao cabo de noventa dias. Sob tal regime, Geneen alegou haver convertido a ITT em "um lugar empolgante para se trabalhar". A maior crítica que se faz a seu estilo de administrar é de ter uma preocupação implacável com números e resultados. Geneen sustentava: "A monotonia dos números lhe libertará", e para os dirigentes da ITT havia números em abundância.

Geneen encorajava um fluxo contínuo de informações concretas e esperava dedicação absoluta dos administradores seniores. O Departamento de Pessoal da ITT monitorava o desempenho e a evolução psicológica de cada candidato a administrador. Para estimular o crescimento, Geneen instituiu incentivos salariais, comunicações desimpedidas, monitoração financeira rigorosa e relatórios mensais regulares. A equipe de administração de cúpula da ITT, constituída de 120 "feras", tornou-se, nas palavras dele, "um ativo repositório de criação... um mecanismo solucionador de problemas da administração de negócios".

Geneen não dá importância aos aspectos científico e analítico de seu estilo de administração. Em *Managing*, afirma:

> Tínhamos um enorme grupo de peritos para analisar os dados numéricos que eram despejados em nossa sede. Mas nunca nos iludimos. Nunca acreditamos que qualquer um ou todos esses aspectos tornavam científica a nossa administração da ITT. Tudo o que os computadores, relatórios, levantamentos e análises dos assistentes nos proporcionavam era só uma coisa: informação — informação concreta e, às vezes, desinformação. Quando chegava a hora de decidir, eu perguntava a uma, duas, ou mais pessoas: "Que você acha?" Da troca de idéias, uma estimulando a outra, baseados nos fatos disponíveis chegávamos a uma decisão, para o que desse e viesse.

A busca a curto prazo de resultados trimestrais melhores era, sem dúvida, fator dominante no estilo de Geneen. Funcionava. Foi só no começo de 1977 que os ganhos da ITT declinaram após cinqüenta e oito trimestres seguidos de crescimento dos lucros. "Não haverá mais planejamento a longo prazo", dizia um famoso memorando de Geneen. As atividades anuais dele eram meticulosamente planejadas. "Passávamos três semanas, em fevereiro e março, rascunhando nossos planos e orçamentos comerciais para o ano vindouro, e depois doze semanas no final do ano revisando e chegando a um acordo acerca desses planos. Total de quinze semanas. Reunião de gerentes gerais, uma em Bruxelas e uma em Nova York, durando uma semana cada, dez meses do ano, e com isso se tinha mais vinte semanas. Isso soma trinta e cinco semanas. Acrescente-se quatro semanas para férias e festas de fim de ano, e tem-se trinta e nove semanas. Isso deixava escassas treze semanas para dirigir a companhia", ele escreveu em *Managing*.

Uma significativa proporção do "escasso" tempo de administração de Geneen era passada adquirindo outras empresas. Inicialmente, sob a direção de Geneen, a ITT adquiriu empresas como Jennings Radio, National Transistor, General Controls, Cannon Electric e Gilfillan, todas de ramos semelhantes. Em breve, contudo, os interesses da ITT ultrapassariam o ramo dos equipamentos telefônico e telegráfico. Seu império estendeu-se a seguradoras, edição de livros, hotéis, panificadoras e muito mais. A idéia, segundo Geneen, era exercer uma administração unificada sobre os vários produtos.

O sucesso não foi, segundo Geneen, conseguido por meio de aquisições. Elas, afinal de contas, tinham de ser administradas: "Há quem diga que a ITT cresceu devido a seu programa de rápidas aquisições. Mas passamos 90% de nosso tempo administrando a empresa, incluindo as aquisições, de sorte a crescer internamente, o que nos habilitou a trocar nosso capital pelo ativo de outras companhias. Gastamos apenas uns 10% de nosso tempo fazendo aquisições."

Avaliar a contribuição de Geneen é uma missão árdua. Seu implacável estilo de administração não é facilmente copiado. Revendo o livro de Geneen em *Management Today* (maio de 1985), Robert Heller escreveu: "Geneen construiu um sistema que só poderia ser concebido e ativado por um homem dinâmico e brilhante: Harold S. Geneen." A maioria dos dirigentes de empresas precisaria de um mês em uma estação de repouso após poucas semanas de trabalho com Geneen. Em seu prefácio ao livro de Geneen, Sir Michael Edwardes observa: "Ele foi, é claro, um excepcional administrador que lidou com cada situação de maneira excepcional. O discernimento necessário para levar avante seu estilo de administração sem, aparentemente, solapar os administradores envolvidos, deve ser ímpar. Com efeito, a presença e personalidade de Geneen foi um fator central para assegurar o sucesso dessa abordagem incomum."

Wickham Skinner, comentando um livro a respeito de Geneen, na *Harvard Business Review* (setembro-outubro de 1985), disse: "Geneen aparece como uma pessoa extraordinária e, acima de tudo, um dirigente com um único propósito. Ele subiu partindo de um medíocre início como perito contador e aprendendo bem cedo a força da análise de dados empresariais. Devido à sua análise minuciosa de fatos oriundos de todas as fontes (não apenas dados financeiros como também sobre produção, mão-de-obra, vendas, e informações logísticas), podia rapidamente tomar conta de qualquer discussão em que estivessem sendo tomadas decisões. Seu discernimento era comumente de idéias em que ninguém havia pensado, o que lhe dava uma posição de superioridade e um arsenal para persuasão." Um arsenal pode ter tido, mas suas fraquezas foram expostas após seu afastamento nos anos 70. Ele deixou um vácuo, um estilo de administração sem competidor.

Em seu autorizado livro *Geneen* (1985), Robert Schoenberg contribui com uma avaliação eficaz da contribuição de Geneen para a prática da administração:

> Ele glorificou o racional e o analítico. Não foi apenas o fato de antes dele os contadores serem apenas contadores de feijões, e depois puderam ser presidentes de empresas. Planejamento, análise e controle sempre haviam sido identificados como notáveis, mas dispensáveis na vida real. Geneen mostrou serem indispensáveis para quem quer resultados garantidos... O outro lado da moeda foi uma tendência nociva para supervalorizar a administração através dos números. Os analistas, os contadores, os negociadores, os advogados, os fiscais — todos manipuladores de números — assumiram o controle e não sobrou ninguém para fazer qualquer trabalho honesto. A produção e o produto não mais eram atraentes. Era a razão desnorteada, desfigurando a finalidade da empresa... A tristeza da história de Harold Geneen não é ele ter deixado de atingir sua meta, mas o fato de tais dons terem servido a uma finalidade tão mesquinha.

Warren Bennis

Nascido em Nova York, 1925
Professor de Administração na Universidade da Califórnia do Sul

Em *O choque do futuro*, Alvin Toffler asseverou: "Se Max Weber foi quem primeiro definiu burocracia, predizendo-lhe o triunfo, Warren Bennis pode ficar como o homem que primeiro predisse com convicção o fim dela e esboçou os contornos das organizações que estão surgindo para substituí-la." Bennis, discípulo dos pioneiros da administração que foram Douglas McGregor e Joseph Scanlon, previu a rápida extinção da burocracia em seu livro *The Temporary Society* (1968). Transitoriedade e participação eram as palavras-chave, proclamou ele, na organização do futuro.

Bennis ligou-se ao movimento de desenvolvimento das organizações nos últimos anos da década de 1950, quando este ganhava ímpeto. O desenvolvimento organizacional visava a proporcionar um programa a longo prazo para melhorar a eficiência de uma organização total. Quando o abandonou mais tarde, Bennis comentou: "Creio que o campo se encontra em algo parecido com um beco sem saída. Acho o desenvolvimento organizacional intelectualmente um tanto estéril."

Sua carreira abrangeu educação, administração, consultoria, a autoria de quinze livros e uma série de quinhentos artigos. Foi classificado como "o filósofo-poeta-erudito da vida das organizações... como o lendário Dom Quixote machucado e coberto de cicatrizes mas impávido". O psicólogo Abraham Maslow denominou Bennis "uma das mentalidades olímpicas de nossa época". Nos anos 70, um artigo de Bennis levou um crítico a recomendar que "todos ligados ao Vietnã, Watergate e outros pecados capitais de nossa república" deviam lê-lo.

Bennis tem levado sua mensagem pelo mundo afora. Passou tempos trabalhando na Suíça, França e Índia, tanto quanto na Sloan School of Management do Massachusetts Institute of Technology, na Universidade do Estado de Nova York, e como reitor da Universidade de Cincinnati durante seis anos na década de 1970. Nos últimos anos, ficou mais conhecido por seu trabalho no tema da liderança. Os alicerces desse interesse foram lançados na Sloan School of Management do MIT, onde foi influenciado por Douglas McGregor, criador das Teorias X e Y. "McGregor foi meu principal mentor, porque esclareceu que eu poderia ter uma carreira em uma área que sempre me interessara, mas não foi de fato uma vocação." A crença dele na obra de McGregor continua forte: "O recado de McGregor ainda é profundamente verdadeiro. Se se examinar a obra de Peters e Waterman e outros, tudo brotou daquela teoria inicial de McGregor." No MIT, Bennis passou também por seis anos de psicanálise. "Não é muita gente que afirma isso, mas meu psicoterapeuta foi outra influência importante. Ensinou-me tudo a respeito de mim mesmo."

Os frutos das idéias de Bennis sobre liderança produziram dois livros. *The Unconscious Conspiracy: Why Leaders Can't Lead* (1976) e *Leaders* (1985). Foi *Leaders*, em co-autoria com Burt Nanus, que cimentou o sucesso de Bennis. Ele reuniu-se com noventa dos líderes norte-americanos, na pesquisa de fatores comuns a todos, antes de sair-se com o muito citado aforismo: "Os administradores fazem as coisas direito. Líderes fazem as coisas certas." Bennis deixa claro que não é bem assim, tão simples. Afinal de contas, existem mais de quatrocentas definições de liderança. "Provavelmente ela é o tema mais estudado e o menos compreendido de qualquer assunto ligado à administração. É uma discussão infindável", diz Benny.

Atribui-se geralmente a Bennis forte influência no campo da liderança. Tom Peters, co-autor de *In Search of Excellence*, disse: "Warren Bennis percebeu há vinte e cinco anos o que só agora despontou para o restante de nós. Ele é a personificação e o guru da presente revolução ocidental na administração... Nossa primeira revolução em quarente anos. Seu novo trabalho sobre liderança é o máximo com que já deparei." Theodore Levitt também manifestou entusiasmo: "Ninguém, desde Chester Barnard, combinou tão bem a aprendizagem oriunda da prática com a do estudo e meditação para dar ao mundo contribuição tão grande sobre como se tornar e ser um líder eficaz."

O pintor francês Braque certa vez disse que a única coisa realmente importante acerca de pintura não podia ser explicada. O mesmo, segundo Warren Bennis, pode ser dito a propósito de liderança. Ele vê o assunto como abarcando tudo e, no final dos anos 80, como importantíssimo. Em busca de uma definição de liderança, diz: "A capacidade para criar uma visão irresistível, traduzi-la em ação e sustentá-la." Os líderes com quem Bennis se reuniu foram extremamente diversificados, incluindo o astronauta Neil Armstrong, o treinador do time Rams de Los Angeles, dirigentes de orquestras e homens de negócios como Ray Kroc da McDonald's e William Kieschnick, principal dirigente da ARCO. "Sinto as respostas se despejando em cima de mim", recorda Bennis.

Vínculos evidentes entre um grupo assim diversificado de líderes bem-sucedidos, admite Bennis, foram difíceis de descobrir. "Eram destros e canhotos, altos e baixos, gordos e magros, loquazes e caladões, expansivos e retraídos, preparados para o sucesso e preparados para o malogro, participantes e autocráticos." A vasta maioria era de homens brancos — as seis mulheres e os seis negros tiveram de ser solicitados. A única surpresa no grupo foi o fato de quase todos terem permanecido casados com o primeiro cônjuge e apoiarem com entusiasmo a instituição do casamento.

A despeito da evidente disparidade de habilidades e ocupações, Bennis acabou identificando quatro características comuns entre os noventa líderes: controle da atenção, significado, confiança e personalidade. Entusiasta pela literatura, Bennis rapidamente assinala que isto corrobora as palavras de Tolstoi em *Ana Karenina*: "Todas as famílias felizes se parecem, enquanto cada família infeliz o é à sua maneira."

O controle da atenção, Bennis salienta continuamente, é uma questão de visão. Líderes bem-sucedidos têm uma visão em que outras pessoas acreditam e que encaram como sendo a sua própria. "O que descobri foi que todos tinham uma visão robusta, plausível e compulsiva de para onde queriam que sua empresa fosse", diz ele. "Os melhores líderes são os homens de idéias, os conceptualistas."

Colocar em prática uma visão é um processo a longo prazo. O curto prazo é determinado pelo mercado, diz Bennis, enquanto estratégias transpõem o hiato entre o prazo longo e o curto. "Com uma visão, o líder proporciona a ponte importantíssima do presente para o futuro da organização." Ele aponta para a força da visão de Lee Iacocca na Chrysler e as do Presidente Kennedy e de Martin Luther King ao afirmar: "Estou preocupado com a visão restrita de administradores sem alma do tipo Geneen, que dominam a cena — os especialistas em recuperação, o pessoal que só pensa em dados numéricos, quase moralmente hipnotizados pela última linha do balanço. Acho isso tudo muito perigoso." Bennis prevê a iminência de mudança: "Acho que vai haver uma reviravolta para uma liderança mais visionária. Vejo o anseio de todos por isso. Mas há muitos líderes sendo subvertidos."

A segunda capacidade compartilhada na seleção de líderes de Bennis foi o controle do significado, a capacidade para se comunicar continuamente com sucesso. Possuir visão é de escassa utilidade prática se estiver encaixada dentro de quatrocentas páginas de um texto verborrágico ou murmurada por trás de uma mesa repleta de papéis. Bennis aponta para a diferença entre os presidentes Carter e Reagan. Jimmy Carter absorvia-se em minúcias. Foi um dos presidentes mais bem-informados desde Woodrow Wilson, mas era evidentemente incapaz de transmitir eficazmente sua mensagem. Um dos auxiliares de Carter contou a Bennis: "Trabalhar para ele era como olhar para o avesso de uma tapeçaria — embaçado e indistinto." Reagan, pelo contrário, é um mestre da comunicação. Um levantamento revelou que o apoio à invasão de Granada pelos Estados Unidos duplicou após a explicação de Reagan. Seu primeiro discurso sobre o orçamento comparou graficamente o tamanho de um trilhão de dólares com o edifício Empire State. As imagens são simplistas, mas comunicam uma visão. Reagan foi reeleito; Carter não.

Bennis também oferece exemplos empresariais. Johnson and Johnson tem um credo regularmente atualizado e o efeito é descrito pelo principal dirigente da empresa: "Demasiadamente comum, neste e em outros negócios, é as pessoas tenderem a pensar: 'É melhor fazer isto porque, se não fizermos, vai aparecer nos números a curto prazo.' Este documento lhe permite dizer: 'Espere um momento. Não tenho de fazer isso. A administração me disse que eles estão realmente interessados no longo prazo, e estão interessados em mim agindo dentro destes princípios. Por isso, não o farei'."

Na General Motors, o principal dirigente Roger Smith levou os novecentos executivos de primeiro escalão para uma reunião fechada de cinco dias, a fim de discutir a visão da companhia e certificar-se de que seria realmente compartilhada por toda a empresa. Bennis acredita que a comunicação eficaz apóia-se no emprego de analogia, metáforas e explanações vívidas (como exemplificado por Ronald Reagan) tanto quanto em emoção, confiança, otimismo e esperança.

O terceiro aspecto da liderança identificado por Bennis é confiança, "a cola emocional que gruda seguidores e líderes uns aos outros". Os líderes têm de se mostrar coerentes. Ele crê que Margaret Thatcher deu um bom exemplo disto. "Ela tem se mostrado concentrada, constante e coerente — e daí resultou ter sido reeleita", diz Bennis. Cita a coerência do Papa João Paulo II ao expressar idéias que não são forçosamente populares. Em uma entrevista à imprensa, perguntaram ao Papa como ele justificava a construção de uma piscina na residência de verão papal. A resposta do Papa foi franca: "Gosto de nadar. Próxima pergunta."

O que Bennis chama "disposição do ego" é o laço menos comum entre os líderes que estudou. Os noventa escolhidos, recorda ele, não falaram acerca dos lugares-comuns geralmente associados a líderes. Pelo contrário, a ênfase foi em persistência e conhecimento de si próprio; correr riscos; dedicação e desafio; mas, sobretudo, aprender. "A pessoa que aprende procura falhas ou enganos", diz Bennis. "O pior problema para as lideranças é basicamente o sucesso prematuro: não há oportunidade para aprender com a adversidade e os problemas."

A recessão do final da década de 1970 e início da de 1980 contribuiu com a adversidade e os problemas que puseram em evidência muitos dos atuais líderes. Na Grã-Bretanha, Michael Edwardes, Christopher Hogg e John Harvey Jones assumiram cargos de reestruturação em grande escala, tal como Iacocca e Roger Smith, da General Motors, nos Estados Unidos. Bennis vê sua mensagem comprovada. "A liderança tem de vir de cima. Até meados dos anos 70 tivemos tamanha superioridade tecnológica que a liderança não era um problema crucial", diz ele. "As indústrias que então eram entediantes e rotineiras estão agora entre as mais empolgantes. A mudança rápida está fazendo as pessoas se indagarem de que tipo de liderança carecem."

O tipo de liderança que Bennis forneceria já foi posto à prova. Ele deixou a Universidade de Cincinnati em 1977, após seis anos como seu reitor. Com 70.000 alunos e 2.600 docentes, o desafio da administração foi enorme para as idéias de Bennis. "Minha teoria desapontou minha prática", recorda ele. "Achei muito difíceis duas coisas. Minhas teorias baseavam-se em um modelo interpessoal mas, dirigindo uma organização grande, achei muito difícil estabelecer conexões em nível interpessoal. Foi difícil criar, implementar e orquestrar uma visão em uma organização fragmentada, só mantida unida por um sistema de aquecimento central."

Na época, Bennis disse a um entrevistador: "Como líder por hipótese, observo com inveja a autoridade superior do homem capinando o gramado da universidade, no controle absoluto da máquina que dirige, árbitro absoluto de que corte dar, onde o quando. Não posso fazer o mesmo." Conversa fiada, admite hoje Bennis, mas os problemas são igualmente aplicáveis aos negócios. "Como devoto da participação, vi-me indagando como conseguir fazer todo mundo participar e ainda assim conseguir alguma ação", diz ele. "Especialmente no setor público, o número de participantes a considerar é espantoso."

Bennis aprendeu com a experiência. A lição, diz ele, foi: "Pode-se ser muito ousado como teórico. Boas teorias são como boa arte. Na prática temos de fazer concessões." Ele tentou vincular teoria e prática em um diário onde as compara. "Nunca sei como penso ou se estou me acomodando até escrever. Escrever no diário me força a ser honesto. Ajudou-me a entender a diferença entre a verdade do observador e a do participante. Um jornalista ou psicólogo social está na platéia e pode enxergar coisas que os participantes não conseguem."

Bennis continua a preferir a ousadia de teorizar e é agora professor de Administração na Universidade da Califórnia do Sul. Como seu amigo Peter Drucker, ele alega "Sou fundamentalmente um jornalista", e preocupa-se em não ficar isolado: "Há um risco de ficar tão distante da experiência que chega a ser pornográfico." Mas com uma ampla gama de interesses e empreendimentos, Bennis nunca esteve muito afastado do processo real de liderar. Foi conselheiro de quatro presidentes norte-americanos. "Acho a maior parte do que se escreve sobre administração realmente tedioso e sem graça. Estou interessado em continuar conversando e me encontrando com grandes líderes," diz ele. "Inspiro-me mais numa prática bem-sucedida do que nas coisas que leio. Minhas leituras são de filosofia, história e teatro."

Seu próximo livro, *On Becoming a Leader*, visa a proporcionar reflexões sobre como aplicar na prática as habilidades de líder. "O novo livro lidará com três questões — como as pessoas aprendem a liderar, o que as organizações fazem para estimular ou refrear isso, e como se pode ensinar isso?" Ele crê firmemente que pode se aprender a liderar. O otimismo de Bennis brilha em sua conversa. "Todas as pessoas têm de dar uma contribuição autêntica em suas vidas. A instituição do trabalho é um dos principais veículos para conseguir fazer isso." Mas o trabalho exige líderes. "Estou cada vez mais convicto de que líderes individuais podem criar uma comunidade humana que, a longo prazo, conduzirá a organizações melhores." Ele conclui com uma citação de Churchill — que apóia fervorosamente e divulga mundo afora — "O imperador do futuro será o imperador de idéias".

CAPÍTULO 6

CULTURA, QUALIDADE E EXCELÊNCIA

Por mais que se tente, tem se mostrado impossível separar estas três meadas do pensamento moderno. A busca de suas raízes leva-nos a Murphy (ou lei de Murphy), Rolls-Royce e aos fundadores de Marks and Spencer, mas ao evoluírem e influenciarem-se mutuamente, fundiram-se em uma única abordagem e conjunto de teorias.

Cultura

Definir exatamente o que temos em vista por cultura da empresa é quase tão difícil quanto definir liderança. Uma definição que se afigura razoavelmente aceitável é "um conjunto de normas de comportamento e atitude, aceitas pela maioria ou todos os membros de uma organização, seja consciente ou subconscientemente, e que exerce influência poderosa na maneira pela qual as pessoas resolvem os problemas, tomam decisões e levam a cabo as tarefas do quotidiano".

Há várias reivindicações acerca do primeiro emprego da expressão cultura da empresa, mas uma das mais sólidas é a de Stanley Davis, cujo livro *Comparative Management: Organizational and Cultural Perspectives* foi publicado em 1970. Por certo, o nome não se tornou de uso comum nas empresas até o final da década de 1970; a seguir, o conceito recebeu um impulso em 1980 quando a revista *Business Week* publicou um artigo sobre ele. Davis, que lecionara em Harvard e Columbia, é agora professor pesquisador na Escola de Administração da Universidade de Boston.

Davis distingue entre *crenças quotidianas* e *crenças orientadoras*, explicando assim a distinção: "Crenças orientadoras aparecem sob duas variedades. Há crenças externas acerca de como competir e como dirigir o negócio, e há crenças internas sobre como administrar, como dirigir a organização. Tomadas em conjunto, elas são as raízes e os princípios sobre os quais se ergue a empresa, sua fundação filosófica. Como preceitos fundamentais, as crenças orientadoras raramente mudam. São mantidas no reino das verdades universais e são suficientemente amplas para acomodar qualquer variedade de circunstâncias.

Crenças quotidianas, pelo contrário, são uma espécie diferente. Embora façam igualmente parte da cultura de uma empresa, não devem ser confundidas com crenças orientadoras. Crenças quotidianas são regras e sentimentos acerca do comportamento quotidiano. São específicas e modificam-se para atender às circunstâncias. Ensinam às pessoas os truques e macetes. São o manual de sobrevivência de cada indivíduo."

Crenças orientadoras trabalham em prol ou contra objetivos estratégicos. Ao estabelecer a estratégia, afirma Davis, é importante medir o grau de "risco cultural". Uma forma de fazê-lo é comparar quão importante é cada elemento da estratégia para o bem-estar e os objetivos da companhia com a compatibilidade de cada elemento com a cultura. Uma estratégia de alta importância e baixa compatibilidade cultural apresentará grandes dificuldades para ser implementada e tornar-se-á, segundo Davis, um risco inaceitável.

Edgar Schein, do Instituto de Tecnologia de Massachusetts, onde leciona na Sloan School of Management, encarou a cultura sob vários pontos de vista. Foi um dos primeiros autores a investigar em pormenores o conflito entre trabalho, carreira e família, que hoje é conhecido mais popularmente como bigamia empresarial. Também estudou o papel da cultura na mudança provocada pela estratégia. Acredita que as definições mais úteis de cultura são as que ressaltam seu papel como "aprendizagem social". Ele explica: "A cultura de uma organização é o que ela aprendeu como unidade social total através de sua história." A cultura é composta, diz ele, por três elementos principais:

- artefatos: *layout* físico, códigos sobre como vestir-se, panorama do escritório, lemas e divisas, "o clima emocional tal como um estranho o sentiria"; os artefatos são freqüentemente visíveis mas muitas vezes não decifráveis
- valores: estes são os princípios sobre os quais as pessoas baseiam seu comportamento, amiúde reforçados por histórias e mitos, e todos se dão conta suficientemente deles para debatê-los quando compelidos
- suposições latentes: estas são a fonte de que derivam os valores e comportamentos da organização; podem abarcar o relacio-

namento da organização com seu meio, a natureza da natureza humana, como as pessoas devem relacionar-se umas com as outras, e são geralmente aceitas como dados menos visíveis e que funcionam mais no fundo da consciência.

Schein sugere que a cultura apoiará a estratégia da organização quando houver ampla dose de consenso entre empregados e administradores. Ele especifica cinco áreas principais onde é indispensável esse consenso:

- consenso sobre a missão essencial ou tarefa primordial — em que negócio nós estamos e para quê?
- consenso sobre metas — o que especificamente todos têm de fazer?
- consenso sobre o modo de alcançar essas metas — como as tarefas devem ser divididas; o tipo de sistemas de recompensa e incentivos a usar; como integrar todas as atividades separadas
- consenso sobre como avaliar o progresso — a natureza dos sistemas de relatórios e de *feedback*
- consenso sobre estratégias corretivas ou remediadoras — quando e como intervir quando as coisas saem erradas.

Com efeito, Schein conseguiu vincular a cultura empresarial à administração por objetivos.

Charles Handy também exerceu intensa influência sobre como os administradores (pelo menos na Europa) concebem suas culturas empresariais. Em *Gods of Management* ele retrocede à procura de analogias clássicas para descrever os fatores culturais que agem em quatro tipos de organização, que define como "a cultura do clube" (Zeus), "a cultura do papel" (Apolo), "a cultura da missão" (Atenas), e "a cultura existencial" (Dionísio).

Max Boisot, um francês, começou como arquiteto e depois mudou de idéia, decidindo estudar administração no MIT. Sua pesquisa no INSEAD levou-o a estudar as empresas em uma variedade de culturas nacionais, particularmente no Sudeste da Ásia. (Ele é presentemente reitor do China-EEC Management Programme, em Beijing.) Boisot alvitra que grande parte do estudo da cultura empresarial poderia ser melhor denominada "antropologia gerencial". Sua abordagem à cultura gira em torno dos tipos de conhecimento ou informação dentro de uma organização e como são usados. Entre suas classificações há:

- Conhecimento público, como compêndios e jornais, que é codificado e difundido

- Conhecimento de propriedade, tal como material patenteado e segredos oficiais, que são codificados mas não difundidos — nesse caso têm de ser instalados obstáculos à difusão
- Conhecimento pessoal, tal como conhecimentos biográficos, que não são codificados nem difundidos
- Senso comum — isto é, o que "todo mundo sabe", que não é codificado mas sim amplamente difundido.

Estes podem ser representados em uma matriz, que ele descreve como o espaço cultural da organização ou "espaço C". O conhecimento não terá obrigatoriamente de permanecer estático em qualquer caixa do "espaço C"; poderá passar para outra, como, por exemplo, à medida que normas *ad hoc* ficam registradas por escrito.

Essa representação básica ajuda a explicar muitas das diferenças "culturais" entre, digamos, firmas japonesas e norte-americanas. Cada tipo de organização (Boisot classifica estas como burocracias, clãs, feudos e mercados) sente-se mais à vontade com um tipo de conhecimento e o tipo de relacionamento que este subentende. O mesmo é verdade, em termos gerais, quanto às culturas nacionais. Firmas norte-americanas, com sua sólida consciência de mercado, gravitam rumo ao conhecimento público. As firmas japonesas, mais à guisa de feudos, gravitam rumo ao conhecimento pessoal.

Terrence Deal, professor do Peabody College da Universidade Vanderbilt, e Allen Kennedy, um ex-consultor da McKinsey que hoje dirige sua própria firma de computadores em Boston, são autores de *Corporate Cultures: The Rites and Rituals of Corporate Life*, publicado em 1982. Livros anteriores sobre esse tema — por exemplo, *Managers and Magic* de Graham Cleverly — tenderam a concentrar-se nas peculiaridades e anomalias do comportamento empresarial. Deal e Kennedy, contudo, partiram da premissa de que uma cultura sólida é importante ingrediente no sucesso dos negócios. Provaram isso traçando o perfil de oitenta empresas; as dezoito que haviam expressado claramente valores ou crenças qualitativas "tinham todas uniformemente *performances* destacadas".

A cultura dessas organizações escorava-se, constataram, em:

- os próprios valores
  Para os que os sustentam, valores compartilhados definem o caráter fundamental de sua organização, a atitude que o distingue de todas as demais. Desta forma, criam um sentimento de identidade para os membros da organização, fazendo os empregados sentirem-se excepcionais. Valores são uma realidade na mente da maioria dos funcionários de uma companhia

inteira, não apenas na dos dirigentes seniores. É esta acepção de trabalharem em harmonia que torna tão eficazes os valores compartilhados.

- heróis
  Heróis ("mocinhos") são visionários voltados para a ação, conforme o figurino dos "bandeirantes" de Leavitt. Ajudam a criar sólidos valores empresariais:
  — tornando o sucesso alcançável e humano
  — proporcionando modelos para diversos papéis
  — simbolizando a empresa perante o mundo exterior
  — preservando o que torna a companhia "diferente"
  — estabelecendo um padrão de desempenho
  — motivando os empregados.
- ritos e rituais
  Essas empresas recorrem amplamente ao uso de jogos, rituais e cerimônias para ressaltar os valores básicos.

Se alguns destes temas soam evidentemente análogos aos do movimento pró-excelência, é porque assim deveria ser. Os autores dizem: "Tom Peters é o padrinho intelectual e espiritual deste livro", e prosseguem agradecendo a outras figuras da McKinsey, inclusive Bob Waterman. Mas a influência não foi de maneira alguma em mão única — Peters admite que suas próprias idéias são enormemente influenciadas por Kennedy em particular.

Geert Hofstede provavelmente se divertiria com a descrição de ser um "desajustado holandês errante". Muitos de seus colegas da universidade têm dificuldade para enquadrar a sua pesquisa desafiadora em um campo acadêmico bem preciso. No entanto, Hofstede é amplamente reconhecido como o pai do "gerenciamento transcultural" — uma abordagem que admite que a cultura regional ou nacional exerce forte influência no comportamento das pessoas no mundo dos negócios. Hofstede explica sua concepção de cultura assim:

> Cultura consiste dos modelos de pensamento que pais transferem aos filhos, professores aos estudantes, amigos a seus amigos, líderes a seguidores, e seguidores a seus líderes. A cultura reflete-se nos significados que as pessoas vinculam a vários aspectos da vida — isto é, no que elas consideram "bem" e "mal"; suas crenças coletivas — o que consideram "verdadeiro" ou "falso"; suas expressões artísticas — o que consideram "bonito" e "feio". Cultura, apesar de basicamente "morar" na mente das pessoas, fica cristalizada nas instituições e nos produtos tangíveis de uma sociedade, que por sua vez reforçam as

programações mentais. A administração dentro de uma sociedade é bastante restringida por seu contexto cultural, por ser impossível coordenar as ações das pessoas sem uma profunda compreensão de seus valores, crenças e manifestações.

Atualmente, Hofstede encontra-se na Universidade de Limburg — um foro cômodo para gerenciamento transcultural, situado nas fronteiras da Holanda, Alemanha e Bélgica. Seus conceitos evoluíram em parte de suas experiências durante a guerra na Holanda ocupada, em parte de viagens pelo mundo afora com sua família e, em parte, de um estudo maciço de 116.000 empregados em cinqüenta países, com empregos semelhantes dentro de uma grande empresa multinacional. Da sua experiência de tempo de guerra, ele escreve: "Nossos relacionamentos de família foram razoavelmente harmoniosos. Meu pai contava com uma renda modesta mas fixa, de sorte que não sofreu com a crise econômica dos anos 30. Havia o suficiente, mas sem luxo; o dinheiro era realmente pouco importante e dele pouco se falava. O que importava era o saber e a atividade intelectual, no que éramos todos bons. Freqüentei escolas públicas e gostei delas. Vivemos durante a ocupação alemã inteira (1940-1945) sem sofrimento físico, mas detestando os ocupantes. Eu era jovem demais na época para entender todo o alcance das questões éticas implícitas no nazismo, mas vira meus colegas de escola judeus sendo deportados para nunca mais retornar. Só nos anos após 1945 dei-me conta plenamente de que durante cinco anos eu vivera num sistema em que tudo que julgava branco era chamado preto e vice-versa; tudo isso tornou-me mais cônscio de quais eram meus valores, e que às vezes é necessário assumir posições claras."

Após formar-se engenheiro, Hofstede escreveu sua tese de doutorado sobre "O Jogo do Controle Orçamentário". Acerca do orientador de sua tese, professor Herman Hutte, Hofstede diz: "Ele conseguiu transformar um engenheiro mecânico em psicólogo; um milagre não muito diferente de transformar água em vinho." Então, para conhecer como as fábricas de fato funcionavam, passou seis meses incógnito trabalhando em fábricas, observando o comportamento de administradores e operários. Sua carreira em companhias holandesas levou-o do estudo do trabalho à pesquisa sobre pessoal, antes dele ingressar no IMEDE, escola de administração suíça, em 1971.

Foi no IMEDE, e depois no European Institute for Advanced Studies in Management, em Bruxelas, que Hofstede levou a cabo seu clássico estudo dos valores subjacentes às culturas de empregados em diferentes países. O estudo identificou quatro dimensões de valores onde havia variações significativas e relativamente constantes entre indivíduos de diferentes culturas. Estas eram:

- Coletivismo — Individualismo
  Algumas culturas preferem um sistema social cerradamente entrelaçado; outros um sistema bem mais frouxo. Na ponta coletivista da escala, as pessoas cuidam e dependem muito umas das outras; culturas individualistas, pelo contrário, destacam autosuficiência e independência.
- Distanciamento do poder
  As culturas diferem na maneira como se sentem à vontade com as desigualdades da distribuição do poder. Pessoas capazes de aceitar tais desigualdades (isto é, que esperam e toleram grandes distâncias dos centros do poder) tendem a sentir-se bem em uma hierarquização excessiva e liderança paternalista. As pessoas que ficam mais acomodadas com distâncias menores em relação umas às outras aceitam bem consultas, participação e técnicas tais como administração por objetivos. Uma das razões desta última não funcionar em muitos países é pelo fato de ser incompatível com o sistema baseado nas grandes distâncias do centro do poder.
- Evitar incerteza
  Culturas com forte aversão à incerteza ficam perturbadas com a ambigüidade e a imprevisibilidade. Tendem a reagir à incerteza criando regras e normas oficiais. Culturas com escassa aversão à incerteza não precisam de tantos regulamentos, por terem maior tolerância diante da ambigüidade.
- Feminilidade — Masculinidade
  Valores femininos ressaltam cuidados e alimentação; valores masculinos enfatizam afirmação. Hofstede descreve o Japão como masculino; no Japão, a diferença de papel entre os sexos é exagerada. Na Suécia, pelo contrário, há uma cultura "feminina"; se bem que os homens ainda dominem a sociedade, existe bem menos diferenciação entre os papéis dos sexos. As culturas masculinas atribuem grande importância ao desempenho e à produtividade; as femininas também valorizam a satisfação no emprego e a qualidade de vida no trabalho.

A importância da obra de Hofstede consiste em demonstrar que não existe um estilo "certo" universal de administrar: "A natureza das habilidades administrativas é tal que são culturalmente específicas: uma técnica ou filosofia de administração apropriada a uma cultura nacional não o é necessariamente apropriada a outra."

Qualidade

Desde Murphy, a qualidade no Ocidente (e particularmente nos Estados Unidos da América) tem sido uma atividade técnica. Junto com a mensuração do trabalho surgiu uma variedade de técnicas de garantia de qualidade. Mas no Japão do pós-guerra, sob a orientação de dois norte-americanos, que não conseguiram ser ouvidos em sua pátria, a idéia de "Administração da qualidade total" começou a desenvolver-se. Os dois norte-americanos foram W. Edwards Deming (nascido em 1901) e J.M. Juran (nascido em 1904).

"Deming está para a administração como Benjamin Franklin esteve para a República", comentou um observador. Ele pregou o evangelho da qualidade pelo mundo afora, criando arrebatada lealdade entre seus discípulos e antagonismo de parte das empresas que não queriam percorrer todo o caminho receitado por ele para obter boa qualidade. Todavia, foi só em 1980, com o relatório da NBC "Se o Japão Pode, Por Que Nós Não Podemos?" que ele consagrou sua reputação nos Estados Unidos. Esta pode bem ser a razão por Deming ter em tão pouca conta os padrões de administração de seu país natal. "Exportem tudo para um país amigo exceto administração norte-americana", falou uma vez.

No Japão, foi totalmente diferente. Deming foi consagrado como um visionário sagaz que oferecia meios práticos para revitalizar a indústria japonesa. Suas idéias foram recebidas com entusiasmo e, nos anos 50, era considerado o mais reverenciado norte-americano no Japão depois do general MacArthur. Em 1951, criou-se o Prêmio Deming para aqueles que demonstraram melhoria da qualidade; foi conquistado pelas empresas Nissan, Fuji e Mitsubishi entre outras, e continua a ser uma das mais cobiçadas recompensas da indústria japonesa. Em 1960, Deming recebeu a Segunda Ordem do Tesouro Sagrado, o primeiro norte-americano a ser condecorado.

Deming conseguira um diploma de Doutor em Física na Universidade de Yale em 1928 e passara um tempo na usina Hawthorne Western Electric em Chicago, na década de 20. (J.M. Juran, o outro conhecido mestre da qualidade, também trabalhou por lá.) Tornou-se estatístico do governo dos Estados Unidos e sua abordagem à melhoria da qualidade permanece fortemente estatística. A idéia é simples: todos os processos estão sujeitos a certo nível de variação que reduz a qualidade; se o nível de variação é gerenciado e diminui, melhorarão os padrões de qualidade. A implementação desta e de outras teorias de Deming foi bem-sucedida em algumas das maiores empresas do mundo. A Ford, por exemplo, deu grande parte do crédito a Deming por sua reviravolta nos primeiros anos da década de 1970. Procter and Gamble, AT&T, NEC e o Banco Irving acham-se entre as muitas empresas que se beneficiaram com a obra de Deming. A Ford estimou que 95% de seus empregados tornaram-se cônscios de que a qualidade era sua maior prioridade; a Nashua aumentou sua eficiência e baixou os preços em até 20%, ao mesmo tempo em que ampliava as margens de lucro.

Deming alega que só 15% dos defeitos de produção são culpa dos empregados; 85% cabem à administração. Ele estabeleceu quatorze pontos para a administração. Deixar de obedecer a um deles pode, previne ele, ser catastrófico. As prioridades que pregou primeiro no Japão — precisão, desempenho e atenção aos clientes — continuam de pé. Os quatorze pontos a serem seguidos pela administração segundo Deming são:

1. Criar constância na finalidade de aperfeiçoamento do produto e do serviço — "Não mais basta que os clientes não se queixem. Para bons negócios, é preciso que os clientes elogiem o seu produto ou serviço, permaneçam fiéis a você e tragam um amigo para novos negócios."
2. Adotar a nova filosofia.
3. Parar de depender da inspeção em massa — o custo da atividade de "refazimento" chega com freqüência a 25 ou até 40% dos custos totais de funcionamento.
4. Acabar com a praxe de só aceitar um negócio conforme o marcado na etiqueta do preço — "Normas de ação tradicionais podem servir como obstáculos ao aperfeiçoamento."
5. Melhorar constante e permanentemente o sistema de produção e de atendimento — "Se ficar esperando as pessoas irem até você, só conseguirá miudezas. Terá de ir em frente e achá-las. Os grandes problemas encontram-se onde as pessoas nem sequer percebem que têm um problema."
6. Instituir treinamentos — gerentes e trabalhadores devem trabalhar juntos para identificar oportunidades de aperfeçoamento.
7. Instituir liderança
8. Afastar o medo
9. Derrubar as barreiras entre equipes — os trabalhadores simplesmente desejam uma oportunidade para orgulharem-se de seu trabalho; os gerentes devem ser encarados como treinadores e não como juízes

10. Eliminar *slogans*, exortações e alvos para a força de trabalho
11. Eliminar quotas numéricas
12. Retirar os obstáculos ao orgulho pelo trabalho bem-feito
13. Instituir vigoroso programa de educação e retreinamento
14. Agir para realizar a transformação.

Todavia, J.M. Juran admitiu que Deming se sente mais à vontade com estatísticas do que com questões relacionadas à gerência e que faz a respeito "declarações à distância e extremamente banais". Porém Deming expressou suas teorias na Escola de Administração da Universidade do Estado de Utah, durante a Série de Conferências Eminentes George S. Eccles em 1983:

> Alguns de vocês são alunos do curso de Finanças. Aprendem como expressar numericamente e como dirigir a companhia através dos números. Se dirigirem uma empresa só pelos números, fracassarão. Quanto tempo levará a companhia para afundar e se afogar? Não sei, mas por certo que fracassará. Por quê? Porque os números mais importantes não se acham lá. Aprenderam isto na escola de finanças? Aprenderão, daqui a dez ou quinze anos, que os números mais importantes são os desconhecidos ou os incognoscíveis.
>
> Que dizer dos efeitos multiplicadores de um cliente satisfeito, seja pelo produto ou pelo atendimento? Estará ele incluído em seus dados numéricos? Que dizer do efeito multiplicador de um cliente descontente? Constará ele dos seus números? Aprenderam isso em sua escola de finanças? Que dizer do efeito mulplicador de se conseguir um material muito melhor a ser usado na produção? Que dizer do efeito multiplicador que se consegue ao longo da linha de produção? Conhece esse lado? Não conhece. Se dirigir a companhia sem ele, não terá uma companhia. Que dizer do efeito multiplicador de fazer um serviço melhor ao longo de toda a linha de produção?
>
> O mundo inteiro pensa que é o operário da fábrica quem causa os problemas. Ele não é o seu problema. Desde que existe algo como a indústria, o operário da fábrica sabe que qualidade é o que protegerá o emprego dele. Sabe que má qualidade nas mãos do cliente fará perder o mercado e lhe custará o emprego. Ele sabe disso e vive com esse medo todos os dias. No entanto, não consegue fazer um bom serviço. Não é permitido fazer isso porque a gerência quer números, mais produtos, e não se preocupa com a qualidade. Ele só mede números. O operário é forçado a fazer produtos defeituosos, obrigando a deixar passar artigos com falhas. É

obrigado a trabalhar com material defeituoso, de modo que, por mais que faça, ainda assim sairá errado. O operário nada pode fazer a esse respeito. Está totalmente indefeso. Se tentar fazer algo, poderá acabar falando com as paredes. Ninguém dá ouvidos...

Um decano duma escola de administração escreveu-me queixando-se de que eu havia sido um tanto áspero num discurso que fiz para 2.400 gerentes de compras em Nova Orleans. Era um encontro da International Benevolent Protective Order of Purchasing Managers. Puderam ouvir o que eu dizia. A acústica era boa no auditório. Só havia uma diferença entre mim e o reitor: eu trato de me virar para ver os materiais que estão chegando; ele não. É necessário trabalho de equipe do departamento de compras com a produção e as vendas. Não conseguirão, contudo, porque a ordem dada pela gerência ao departamento de compras é conseguir o menor preço. A administração de cúpula tem de aprender algo acerca da empresa toda. Não podem mais operar sozinhos ou atuar como prima-donas. Tem de haver trabalho de equipe. Mas o sistema anual de classificação destrói o trabalho de equipe. Como pode alguém nas compras receber uma boa classificação por pagar um preço maior? Mesmo que isso poupe dez vezes mais na produção, não se recebe uma boa classificação ao pagar preço mais alto.

O chefe de turma ou capataz deve preferir não parar a linha de produção. Se o fizer prejudicará o total produzido, e talvez não continue ali amanhã. O medo governa quase todos. Talvez um entre 200 não seja guiado pelo medo. Um encarregado da montagem de máquinas, sentindo com a mão um mancal, informou ao contramestre que o estava sentindo quente. Sugeriu pararem para que cuidassem do assunto antes que o mancal enguiçasse bruscamente e arranhasse o eixo. Se isso acontecesse, por certo ficariam atrapalhados. O contramestre sabia que o aconselhável para a companhia seria parar e consertar o mancal. Sua resposta foi: "Não podemos parar agora, temos de acabar estas peças ainda hoje." Ele não conseguiu. O mancal parou e arranhou o eixo. A linha de produção parou por quatro dias, mas o chefe de turma fez sua tarefa.

Mesmo com mais de oitenta anos, Deming continua a desafiar muitas das praxes gerenciais em moda. Aquisições por alavancagem, administração por objetivos e a gerência "perambulante" foram todas, em certa época, objeto de seu escárnio.

Nascido na Romênia, J.M. Juran tem fascinações semelhantes e antecedentes que, extraordinariamente, se assemelham aos de Deming.

Agora diz-se que "ele é um profeta cuja hora chegou", mas no decorrer de uma longa carreira teve de labutar muito para ser aceito nos Estados Unidos.

O trabalho pionèiro de Juran sobre controle de qualidade iniciou-se na década de 1920, quando ingressou no setor industrial da American Telephone and Telegraph. Tornou-se engenheiro industrial na empresa antes de estabelecer-se por conta própria como consultor de qualidade. Em 1951, ele editou, e em grande parte escreveu, o "Manual de Controle de Qualidade". Desde então, tem tentado converter a qualidade em uma filosofia empresarial completa, apesar de, uma vez mais como Deming, só na década de 1980 sua mensagem ter adquirido popularidade no Ocidente. Mas, desde 1954, Juran pregou sua mensagem no Japão e reivindica algum crédito pela reviravolta na má fama dos artigos japoneses.

Posição central na filosofia de qualidade de Juran é a idéia de que o ímpeto tem de partir de cima. Tem criticado o uso de círculos de qualidade no Ocidente, predizendo: "Partimos na direção errada. Voltaremos atrás e faremos melhor daqui a vinte anos." Continua a pregar o evangelho da qualidade pelo mundo afora. Seu curso de "Administração da qualidade" foi freqüentado por mais de vinte mil gerentes em mais de trinta países. Seus clientes abrangem a Motorola, a Texas Instruments, a DuPont, a Monsanto, a Xerox e IRS.

Empresas dos Estados Unidos não ignoraram de todo Deming e Juran. Como vice-presidente da ITT, Philip Crosby foi responsável pelos programas internacionais de qualidade. Sua abordagem foi ainda mais desenvolvida quando criou sua própria empresa de consultoria apoiado em sua concepção de uma "Faculdade de Qualidade". Crosby admitiu que organizações, como sistemas de fluxo de produção, eram formadas por múltiplos relacionamentos cliente-fornecedor. Em uma operação de montagem, por exemplo, um operador é o fornecedor do posto logo a seguir na linha. Concentrando-se nas expectativas do cliente, ao longo de todo o sistema de fluxo até o cliente real no mercado, foi possível afastar muitos dos erros e grande parte do desperdício que ocorria.

Os japoneses em breve consagraram seus próprios mestres na qualidade e também criaram a noção de redução do tempo de ciclo — diminuindo o intervalo entre a encomenda de um cliente até a hora em que ela é entregue. Isso foi particularmente desenvolvido pela Toyota, fabricante de automóveis, que demonstrou a possibilidade de estender o conceito de gerenciamento de qualidade como prevenção do desperdício de modo a incluir o desperdício de tempo. Deste salto conceitual nasceu a abordagem *just in time* (precisamente a tempo), agora amplamente utilizada em todo o Japão, na qual a produção é organizada para um fluxo constante, sem estoques-reguladores, e na qual materiais e componentes são entregues a cada processo apenas na medida em que forem necessários para atender uma determinada encomenda. (Henry Ford I criara uma abordagem análoga para o carro Modelo T, mas seu processo admitia uma variação mínima no produto, enquanto, teoricamente, a JIT admite fornadas de um.)

As idéias da JIT foram levadas mais adiante nos últimos anos. George Stalk e outros do Grupo de Consultoria de Boston, se deram conta, enquanto pesquisavam um livro, de que a idéia da JIT poderia ser, e seria, ampliada para aplicar-se a mais do que mera fabricação — pesquisa e desenvolvimento, distribuição e uma série enorme de operações poderiam ser adaptadas à teoria.

O conceito de tempo de ciclo foi fomentado ainda mais pelo consultor de qualidade Philip Thomas (nascido em 1934). Thomas criou sua abordagem, "Tempo de Ciclo Total", durante uma carreira de mais de vinte e cinco anos na indústria eletrônica trabalhando para os pioneiros do circuito integrado — RCA, Fairchild e a General Instrument Corporation. Seu grupo de consultoria, instalado em 1978, agora consiste de cinqüenta "solucionadores de problemas" em Dallas, San José e Frankfurt. Seus clientes abrangem algumas das maiores e mais prestigiadas firmas desde a General Motors e Xerox até a General Electric e IBM.

O Tempo de Ciclo Total focaliza três elementos, que Thomas encara como fatores de competitividade: serviço ao cliente ("capacidade para satisfazer em tempo a necessidade de um cliente"), tempo até o mercado ("período entre o momento em que um novo produto é identificado e o ponto em que pode ser produzido a custo eficiente") e utilização total dos recursos disponíveis ("emprego eficiente da instalação, equipamento, inventário e pessoal"). A fim de medir a eficiência de uma empresa dentro destes elementos, Thomas criou três níveis de desempenho empresarial a que dá os nomes de linha-base, habilitação e padrão de referência.

- Linha-base é o atual nível de desempenho da companhia e pode ser expresso em função de tempo de ciclo, lucros, produtividade e qualidade.
- Habilitação é o nível de desempenho que uma empresa deve ser capaz de atingir com seus recursos atuais de instalação, equipamento, processos e pessoal. Para calcular a habilitação, Thomas criou um quadro de referência abrangendo mais de 100 firmas e processos industriais. Análise histórica, análise

> teórica, bases de dados dos processos e análise competitiva específica, todas ajudam a estabelecer a habilitação da empresa. Finalmente, o padrão de referência aplica-se ao melhor desempenho que uma firma pode alcançar. Isso envolve comparações com companhias em negócios semelhantes ou até completamente diferentes e pode resultar em uma recomendação para serem acrescentados certos recursos ou tecnologias.

Pôr em execução as modificações recomendadas por Thomas normalmente acarretava uma enorme transformação cultural das empresas. Há cinco etapas para consegui-lo, diz ele: inspiração, identificação, informação, implementação e institucionalização. Pode levar de nove meses a quatro anos para dar esses passos com sucesso.

Em seu livro *Making American Business Unbeatable* (1989), Thomas apresenta um estudo de caso típico de como sua teoria se traduz na prática. Visitando uma linha de produção em uma empresa, ele consegue logo perceber as oportunidades prováveis para redução do tempo de ciclo. Em uma seção, nota pessoas trabalhando na maciota e dizem-lhe: "Deve vê-los daqui a duas semanas: será um corre-corre." As encomendas, ele constata, comumente chegam no fim do mês e evidentemente alongam o tempo de ciclo. O tempo de ciclo é ainda piorado pelo refazimento. "Metade das encomendas que chegam aqui tem apenas uns 80% dos pormenores de que necessitamos", queixa-se um empregado. Há também o problema das rivalidades interdepartamentais. Dizem a Thomas: "Essas encomendas estão em suspenso por causa de problemas de preço ou técnicos, assuntos fora de meu controle. Não seria justo incluí-las no tempo de ciclo de meu departamento." Thomas, contudo, certifica-se de incluí-las.

Partindo deste exemplo, Thomas aponta para alguns dos obstáculos comuns à redução dos tempos de ciclos — grandes lotes de produção, extensos períodos de ajustamento do equipamento, níveis elevados de refazimento e elevada percentagem de equipamento ocioso. O resultado é uma linha-base para desenvolvimento do projeto com duração de trinta meses, contra dezesseis para a habilitação. Para o ciclo de formação do mercado, a linha-base é de 125 dias de trabalho contra um período, sob habilitação, de quarenta e oito. Thomas estima que levaria dois anos a passagem para os níveis de habilitação, daí resultando um ganho na produtividade de 24%. Geralmente, afirma Thomas, reduções do tempo de ciclo resultam em melhoramentos de 20% na produtividade dos empregados da fábrica contra 25% a 50% dos de escritório.

É na produtividade dos empregados de escritório que Thomas localiza o maior hiato entre a linha-base e a habilitação. As razões datam dos métodos de administração científica de Frederick Taylor, que se concentrou na produtividade dos operários. "Todo o movimento de engenharia industrial cresceu para desenvolver a produtividade dos operários. Quando se passa para os empregados de escritório, o terreno está virgem."

Excelência

Conforme ocorreu em outros setores, a ponte entre a filosofia e uma abordagem prática da administração tendo em vista a aplicação geral surgiu em parte da sátira. O irreverente *Up the Organization* (1970) de Robert Townsend continha uma boa dose de aconselhamento rude, desde como encorajar outras pessoas a assumir os erros, passando pelos princípios de delegação, até heresias como "despeça o departamento de pessoal inteiro", como forma de conseguir que os gerentes de linha assumam a responsabilidade adequada pelos problemas de pessoal.

Townsend (nascido em 1920) baseou suas teorias excêntricas em seu trabalho como presidente da Avis,* onde foi responsável pelo ressurgimento da empresa até ser absorvida pelo império da ITT (escarnecida por Townsend como uma companhia "desumana" dirigida por um "contador"). *Up the Organization*, a despeito de sua proverbial frivolidade, estabeleceu muitos dos princípios norteadores do ulterior movimento pró-excelência.

> As pessoas não detestam trabalhar. Isso é tão natural quanto descansar ou brincar. Elas não têm de ser forçadas ou ameaçadas. Se elas se dedicarem a objetivos comuns, se esforçarão mais eficazmente do que se pode forçá-las a fazer. Mas só se empenharão na medida em que possam ver formas de satisfazer seu ego e suas necessidades de desenvolvimento. Trate de conhecer sua gente... E aí trate de criar uma organização em torno dela, não a atire dentro daqueles retângulos do organograma. A única desculpa para a organização é aumentar a oportunidade de cada um, trabalhando com outros, conseguir crescer em sua tarefa. Não se pode motivar as pessoas. Essa porta está fechada pelo lado de dentro. *Pode-se* criar um clima em que a maior parte de seu pessoal venha a motivar-se a fim de ajudar a companhia a alcançar seus objetivos.

---

* Famosa firma internacional de aluguel de automóveis. (N. T.)

O surto da excelência como uma filosofia administrativa foi em parte uma reação norte-americana ao sucesso dos japoneses em sua conquista dos mercados graças à qualidade. O livro *In Search of Excellence* (*Em busca da excelência*), de Peters e Waterman, apareceu em 1982. Admite francamente Peters que o livro deveu grande parte do sucesso a ter saído na hora certa. O desemprego crescia assustadoramente, a produção industrial decrescia a olhos vistos e as pessoas, especialmente na outrora presunçosa América do Norte, procuravam ansiosamente soluções. Os japoneses pareciam tê-la, mas como poderiam suas melhores práticas ser trazidas para o mundo ocidental? A resposta que Peters e Waterman deram foi examinar as melhores empresas dos Estados Unidos, em que as coisas simples eram bem-feitas. Procuraram descrições de sucesso e encontraram. "Há boas novas para os Estados Unidos", dizia o livro. "Uma boa prática gerencial hoje em dia não existe apenas no Japão."

In Search of Excellence foi seguido de estudos na Grã-Bretanha, França, Bélgica e em outros lugares. O estudo britânico, publicado como "The Winning Streak" ("O filão do sucesso") levou em conta as críticas acadêmicas ao livro de Peters e Waterman e incluiu estudos análogos de companhias malsucedidas e de pequenas firmas. Deu mais ênfase ainda ao calibre da liderança como característica máxima de companhias excelentes — uma ênfase refletida no livro seguinte de Peters, *A Passion for Excellence*. O estudo britânico identificou algumas diferenças relacionadas à cultura nacional. Os estudos franceses e belgas avançaram ainda mais. Parece que as características da excelência não são influenciadas apenas pela cultura empresarial como igualmente pela cultura nacional.

O movimento pró-excelência não foi uma história de sucesso sem precedentes. A professora Kathryn Harrigan, da Universidade de Columbia, explica: "Os norte-americanos são dados a cultos, particularmente ao culto da personalidade. Ficam à procura da receita do sucesso e Tom Peters foi quem se saiu melhor nisso. As pessoas sabem exatamente aonde colocá-lo."

Rosabeth Moss Kanter, cujo livro *The Change Masters* apareceu em 1983, também assinala que o livro de Peters e Waterman "destaca estruturas simples em vez de complexas". (O livro de Kanter foi rotulado pelos críticos como "*Em busca da excelência* do homem que pensa".) Outro crítico registrou acerbamente: "Tom Peters, em seu assaz aclamado livro, *Em busca da excelência*, acidentalmente descobriu a mediocridade."

Grandes índices de venda de livros não são, é claro, indicação do efeito do livro sobre os gerentes. Peters diz: "O livro não mudou nada por si mesmo, mas faz parte de alguma coisa que conseguiu isso." No prefácio de *A Passion for Excelence*, a continuação da obra de Peters em cooperação com Nancy Austin, os autores assinalaram sobre *In Search of Excellence*: "Se a história é um guia, dois ou três milhões de pessoas provavelmente abriram o livro. Quatrocentas ou quinhentas mil leram até uns quatro ou cinco capítulos. Umas cem mil leram-no da capa à contracapa. Vinte e cinco mil fizeram anotações."

Um livro não muda a forma pela qual um país faz negócios. Mas o que *In Search of Excellence* conseguiu, quase por si só, foi incluir administração e negócios na agenda. Subitamente, esses temas foram debatidos em círculos onde jamais haviam sido discutidos a sério anteriormente. Isso, por si mesmo, não pode ser subestimado. O gerente de uma pequena companhia provavelmente estava tão interessado quanto o presidente de um conglomerado internacional. Fabricantes de pipoca eram citados ao lado do presidente da IBM, por todos estarem envolvidos em administração.

As companhias citadas no livro acharam difícil manter seus níveis de sucesso. Até a IBM, quiçá a escolha mais óbvia do livro, sofreu um dos piores declínios de sua história no início da década de 1980. People Express, a empresa considerada modelar por muitos leitores de *In Search of Excellence*, também sucumbiu espetacularmente.

Dado o sucesso de vendas sem precedentes de *In Search of Excellence*, não foi absolutamente surpreendente haver dúzias de pálidas imitações. Muito poucas dessas têm qualquer base em pesquisa ou acrescentam algo ao debate. Todavia, essa onda de publicações ajudou (a par do movimento pró-qualidade) a multiplicar o atual interesse mundial pelos cuidados com o cliente. Jan Carlzon, diretor-executivo da Scandinavian Airlines — SAS, foi um dos primeiros a declarar fundamental para o balanço da companhia o impulso decidido de colocar o cliente em primeiro plano.

A crescente consciência de como a cultura de uma organização pode contribuir ou atrapalhar seu desempenho, associada à depressão mundial do final dos anos 70, ajudou a ampliar o interesse pelas questões de liderança e de administração da mudança. No capítulo anterior, consideramos como a liderança se relaciona com a excelência; mudança administrativa e cultura administrativa estão da mesma forma proximamente vinculadas. Um livro recente domina esta última questão — *The Change Masters*, de Rosabeth Moss Kanter — mas há pouco, tanto Peters quanto Waterman produziram separadamente livros que ressaltam a importância, para a sobrevivência da empresa e seu crescimento, de organizações em desenvolvimento que não só possam conviver com a mudança mas possam de fato abraçar esta como uma oportunidade ao invés de uma ameaça.

Robert Hayes

Nascido em Wakenney, Kansas, em 1936
Professor na Harvard Business School

Na introdução de *A Passion for Excellence*, Tom Peters e Nancy Austin escreveram: "o artigo de Bob Hayes e do falecido Bill Abernathy que marcou época na *Harvard Business Review*, 'Managing Our Way to Economic Decline', é a peça que encaramos como pedra angular da revolução empresarial. Ele atacou a mentalidade 'afogada em números' dos gerentes norte-americanos e a ausência de preocupação das empresas americanas para com assuntos fundamentais como a fabricação".

Oficialmente integrante das vendas técnicas da IBM e da pesquisa operacional na McKinsey, Robert Hayes é fascinado pelo gerenciamento da fabricação e produtividade. Sua mensagem é direta. Na *Harvard Business Review* de 1980, ele e Abernathy criticaram sem rodeios a orientação de curto prazo dos gerentes norte-americanos, citando uma "ampla falha gerencial... tanto de visão quanto de liderança". Um editor da revista disse: "Eles estão dispostos a se levantar e dizer que o Imperador está nu." Hayes descreve essa situação: "Nessa época, os Estados Unidos enfrentavam o que o presidente Carter denominou um mal-estar: uma ausência de direção e falha da vontade. O dólar caía e havia enorme preocupação com algo que estava errado com o país. Dentro dos Estados Unidos, as pessoas diziam que se devia isso ao governo, à OPEP (Organização dos Estados Produtores de Petróleo) ou aos sindicatos." O artigo pôs de lado esses equívocos e forneceu um desafio para a indústria norte-americana. Isso proporcionou à dupla acadêmica imediata atenção e alguma notoriedade.

Hayes e Abernathy depuseram a noção convencional de por que o Japão emergira para desafiar os mercados outrora exclusivos das empresas dos Estados Unidos. Os fatores encarados como exclusivamente japoneses — baixos custos de mão-de-obra, fábricas mais automatizadas e modernas, sólido apoio do governo, e uma cultura homogênea — eram, asseverou Hayes, uma ilusão. Num artigo posterior ("Por que as fábricas japonesas funcionam"), ele escreveu:

"A moderna fábrica japonesa não é, como muitos americanos crêem, um protótipo da fábrica do futuro... Pelo contrário, é algo muito mais difícil para nós copiarmos; é a fábrica de hoje funcionando como deveria funcionar."

A gênese do artigo de Hayes-Abernathy ocorreu no centro de pesquisa da Universidade de Harvard em Vevey, na Suíça, onde ambos trabalharam juntos em 1978. Na época, Abernathy estudava a indústria automobilística mundial. Em conversa com Hayes, ficou claro que seus resultados e modo de pensar seguiam orientação análoga. Hayes recorda: "Se eu estivesse sozinho, teria me sentido intranqüilo com as conclusões a que estava chegando, mas quando Bill Abernathy disse que via exatamente as mesmas coisas, fortalecemos a confiança um do outro."

O isolamento da Suíça proporcionou uma nova perspectiva da dificuldade da indústria norte-americana e esclareceu-lhes as idéias. O mundo dos negócios norte-americano, argumentaram, estava preso em uma cápsula do tempo isolada e complacente. "Na época, a maioria dos norte-americanos encaravam o problema visto de dentro dos Estados Unidos. O pessoal da indústria manufatureira não via problema algum, pois todos estavam fazendo as coisas da mesma maneira", diz Hayes. A padronização de abordagens à fabricação e à gerência da tecnologia significava que empresas americanas se comparavam com companhias virtualmente idênticas. "As companhias haviam praticamente parado de concorrer na base de sua melhor fabricação. Tinham padronizado a fabricação — compravam equipamento dos mesmos fornecedores, usavam a mesma espécie de especialistas para aconselhamento, compravam peças dos mesmos fornecedores, pertenciam aos mesmos sindicatos. Se se vendasse os olhos a alguém e o pusesse em uma fábrica de automóveis, ele não seria capaz de distinguir se era Ford, Chrysler ou General Motors. Todas se pareciam."

Um certo grau de complacência se introduzira na indústria. "Muitas das coisas que aceitamos como um bom gerenciamento nos Estados Unidos não mais estão sendo aceitas em outras partes do mundo. Aqui se depende demais de teorias e técnicas que deram certo nos anos 50 e 60 quando os mercados se expandiam rapidamente", disse Hayes quando o artigo foi publicado.

O que Hayes e Abernathy observaram na Europa, contudo, foi assaz diferente. O passado de Hayes em pesquisa operacional foi uma vantagem. "Eu era a pessoa certa no lugar certo e no momento certo. Fui treinado como observador de campo, de sorte que ao ir à Europa tentei observar tão objetivamente quanto possível o que ocorria em fábricas e empresas." O que ocorria na Europa provocou-lhe preocupação imediata. Era bem menos padronizada e mais adiantada tecnologicamente do que ele previra. "Na Europa havia maior variação e um leque de opções bem mais amplo. Os europeus são mais isolados — os franceses, alemães e britânicos tinham seus próprios modos de ver e fazer as coisas. Também dava-se mais destaque à tecnologia e eles estavam ficando bem adiantados." O argumento de que os Estados Unidos estavam deixando de utilizar plenamente seus recursos técnicos e fabris não repercutiu bem quando Hayes e Abernathy tentaram inicialmente empregá-lo com platéias de ex-alunos de Harvard. Foi como pregar sermão para ateus.

Impávidos, Hayes e Abernathy resolveram abalar as colunas com um artigo vigoroso. "Precisávamos fazer algo que chocasse as pessoas e as despertasse, ou até mesmo as fizesse agir." Quando foi publicado, em julho de 1980, após vários rascunhos ("O artigo que saiu era muito diferente, bem mais provocante e menos acadêmico do que o que eu escrevera inicialmente"), Hayes estava em dúvida sobre qual seria a reação. "Eu me achava intranqüilo acerca do artigo conforme saiu por não achá-lo academicamente respeitável. Estava muito mais voltado para mudar a forma pela qual as pessoas envolvidas no mundo dos negócios encaravam o problema. Até sentirem essa pressão, não haveria razão para mudarem nada."

O artigo tornou-se rapidamente um dos mais discutidos e controvertidos da história da revista. Hayes recorda: "O impacto na comunidade dos negócios foi imediato e, espantosamente, apoiaram-no. Pareceu desencadear um apoio efusivo dos que concordavam e discussões assaz violentas com os que discordavam." Uma semana após a publicação, chamou a atenção do Japão. Hayes foi avassalado por solicitações de entrevistas.

O que mais preocupava a Hayes e Abernathy era como seus colegas de Harvard encarariam o estilo agressivo, quase jornalístico. Porém o sucesso imediato alcançado evidentemente afetou a reação. Hayes confirma: "Meus colegas provavelmente começaram a ver o artigo sob ótica diversa ao notarem o impacto que estava exercendo." Em outros lugares, Hayes e Abernathy foram acusados de estarem envolvidos em defesa de uma causa ao invés de "pesquisa".

Quanto ao impacto real do artigo, Hayes é cético. "Não creio que nenhum artigo por si só tenha efeito. Ele pode cristalizar e focalizar a forma pela qual as pessoas vêem as coisas, mas estas têm de estar sentindo a pressão para modificar." Na opinião dele, os argumentos incluídos no artigo ainda estão de pé. "O que fiz desde que saiu esse artigo é bem mais significativo, mas ainda me orgulho dele. Tudo que afirmei então, agora virou parte do conhecimento comum."

Em seus livros e artigos desde 1980, Hayes reforçou e apoiou sua argumentação com penetração acadêmica e algum fervor. "Em certo sentido, passei os últimos sete ou oito anos tentando dar mais respeitabilidade acadêmica, mais provas, aos argumentos, assim como ampliá-los", diz ele. Ele vê a fábrica e a linha de montagem como áreas cruciais e negligenciadas e aponta para "controle remoto gerencial" e um excesso de confiança na análise financeira. "Temos de competir com os japoneses, tal como eles fazem conosco: sempre colocando nossos melhores recursos e talento para o trabalho, fazendo um pouco melhor as coisas fundamentais, todo dia, durante um longo período de tempo. É simplesmente isso — mesmo assim difícil."

No livro *Restoring Our Competitive Edge* (1984), escrito juntamente com Stephen Wheelwright, Hayes sustentou que fábricas bem dirigidas no mundo afora compartilham diversas semelhanças: "uma fábrica alemã bem dirigida é mais parecida com uma fábrica japonesa bem dirigida do que a sociedade alemã o é com a sociedade japonesa. E fábricas americanas bem dirigidas guardam importantes semelhanças com ambas". O livro prega a criação e implementação de estratégias industriais coerentes e fornece uma comparação entre companhias alemãs, japonesas e norte-americanas. Em fábricas japonesas, Hayes e Wheelwright encontraram:

- asseio, silêncio e ordem
- zelo no tratamento e manutenção dos equipamentos
- pressão para reduzir o estoque
- tentativas para eliminar incertezas (reduzir o número de coisas que podem sair erradas)
- conscientização da qualidade.

(Hayes não estivera no Japão antes do artigo "Managing Our Way To Economic Decline".) Nas fábricas alemãs, Hayes e Wheelwright constataram:

- destaque dado a uma administração tecnicamente sólida
- altos níveis de competência da força de trabalho
- efetiva orientação nos clientes
- conscientização da pressão da concorrência
- orientação de longo prazo.

Características análogas foram identificadas por Peters e Waterman (Hayes trabalhou com Waterman enquanto esteve na McKinsey) em *In Search of Excellence*. Hayes e Wheelwright concluíram exortando a indústria americana a desenvolver:

- a capacidade de sua força de trabalho
- o conhecimento técnico de seus gerentes
- a qualidade de seus processos e produtos
- um relacionamento participante entre todos os níveis de gerência e mão-de-obra
- capacidade de engenharia de processo (fabricação)
- a filosofia de trabalho do "devagar e sempre".

A preferência dos gerentes norte-americanos pelo planejamento a curto prazo ao invés do longo é um tema comum na obra de Hayes. Em um artigo na *Harvard Business Review* de 1985, escreveu: "A maior parte das empresas escolhe metas que abrangem prazos muito curtos. É quase impossível para uma empresa criar uma superioridade competitiva realmente sustentável — uma que seja difícil seus concorrentes copiarem — em apenas cinco a dez anos (o prazo que a maioria das companhias utiliza). Metas capazes de serem atingidas dentro de cinco anos comumente são fáceis demais ou baseadas na compra-e-venda. Qualquer coisa que uma empresa possa comprar ou vender, todavia, é suscetível igualmente de ser comprada ou vendida por seus concorrentes."

Ele se mostra cético ao processo comum de avaliação do desempenho exclusivamente baseado no terreno financeiro. Isso encoraja pensar-se a curto prazo. Em contraposição, ele estimula as firmas a investirem mais dinheiro em pesquisa e desenvolvimento, mesmo que isso possa ocasionar efeitos prejudiciais nos resultados a curto prazo.

Embora ligado à Harvard, Hayes não receia atribuir parte da culpa pelo declínio econômico dos Estados Unidos a suas escolas de administração. Explica: "Escolas de administração dos Estados Unidos sofreram um período de rápida mudança nos anos 60. Os mestrados em administração tornaram-se algo desejável e houve uma enorme explosão do raciocínio quantitativo. Antes de 1960, as escolas de administração aqui eram totalmente orientadas para o campo e a instituição. Dizia-se: — É assim que os bancos funcionam, é assim que os negócios são conduzidos. — Eram descritivas e não prescritivas."

Ele crê que a orientação financeira a curto prazo foi favorecida pelas escolas de administração. "Os corpos docentes eram dominados por gente treinada na área quantitativa. O risco com a abordagem quantitativa é que se tende a focalizar tópicos que se prestam a esse gênero de análise e não os que não o fazem. Há uma série de fatores importantes que não se enquadram aí." Hayes dá um exemplo: "A matemática tem seu próprio atrativo. Se a gente encontra um problema e cria uma solução matemática para ele, o passo seguinte para um matemático é tentar aplicar a solução a outro problema. O enquadramento matemático começa logo determinando sua agenda de pesquisa no lugar dos próprios problemas."

A abordagem quantitativa resultou na eliminação do campo de administração de operações de Hayes em muitas escolas. Porém em Harvard o estudo detalhado de práticas de fabricação é encorajado. "Harvard realmente nos obriga a perguntar quais são as implicações disso tudo para os gerentes na prática. Provavelmente temos maior grupo de profissionais concentrados na administração de operações dentre as escolas de pós-graduação em administração do mundo."

Esta insistência em relacionar a pesquisa com a prática industrial contribui com uma orientação sobre os futuros interesses de Hayes. Sua pesquisa atual diz respeito às empresas dos Estados Unidos e Japão voltadas para a produção de semicondutores, bem como para um projeto comparativo a nível internacional sobre *design*. "Fiquei preocupado por não termos ninguém ensinando *design*", diz Hayes. Sua percepção está se ampliando. "Se analiso por que meu ponto de vista está se modificando é porque estou fazendo estudos comparativos."

Tom Peters (nascido em 1942) e Robert Waterman (nascido em 1936)

Consultores

Em 1982, Tom Peters e Robert Waterman publicaram o livro *In Search of Excellence* que viria a transformar o mercado de livros sobre administração virtualmente da noite para o dia. Já vendeu cinco milhões de exemplares no mundo inteiro e fez surgir o movimento pró-excelência, grande gerador de dinheiro. Quanto a saber se esse livro e seus continuadores modificaram a prática da administração ainda está aberto à discussão. Em *Frontiers of Management*, Peter Drucker escreve: "A grande virtude do livro de Peters e Waterman é sua extrema simplicidade, talvez até excessiva simplificação. Mas quando a titia Mary tem de dar a um sobrinho um presente de formatura e lhe compra um exemplar de *In Search of Excellence*, fica-se sabendo que a administração tornou-se parte da cultura geral." Adiante, no mesmo livro, Drucker observa: "O ponto fraco do livro — que é forte sob o ponto de vista de seu sucesso — é fazer parecer tão incrivelmente fácil a todos gerenciar o que quer que seja. Tudo que se tem a fazer é colocar esse livro embaixo do travesseiro, e a coisa estará feita".

O próprio Peters manifestou alguma intranqüilidade acerca dos efeitos do livro em profissionais da administração. Entretanto, Waterman argumenta: "Não creio termos feito mais mal do que bem. Tom diz coisas assim para chamar a atenção. Não temos razão para acreditar que seria diferente com qualquer outro livro sobre negócios." Ele admite que a abordagem otimista, ressaltando o positivo, possa ter tido seus incovenientes. "Há o risco de as pessoas poderem tomar um livro popular como uma receita. Ajudamos a ir adiante algo que de qualquer forma já estava ocorrendo. Até então, a maioria dos modelos de administração eram simples derivados de Taylor — linha de frente e assessoria. Mesmo que se haja escrito acerca de outros modelos, não houve prova concreta de outros modelos estarem dando certo e de estarem ligados ao sucesso."

O livro desafiou muito do conhecimento convencional e da prática administrativa. O diretor-geral da Confederação da Indústria Britânica, John Branham, diz: "*In Search of Excellence* mexeu com todas as vacas sagradas da administração. Disse às pessoas o que desejavam ouvir — que não havia nada no Japão que já não estivesse disponível nos Estados Unidos. É antiintuitivo: não estavam ensinando nada disso em Harvard."

In Search of Excellence originou-se do trabalho de Peters e Waterman com os consultores de administração da McKinsey. Um colega explicou: "Os clientes originais do estudo de eficiência organizacional eram multinacionais européias cujas operações nos Estados Unidos não estavam indo muito bem das pernas. Queriam saber como as melhores empresas nos Estados Unidos são dirigidas. Quando lhes foram apresentados os resultados do estudo, rejeitaram-nos. Só quando mostrados de volta às empresas norte-americanas que haviam participado da pesquisa foi que os resultados obtiveram reação entusiástica."

Peters esclarece: "McKinsey tinha de tornar-se mais intelectualizada e investir em Pesquisa e Desenvolvimento — em parte, devido a uma porção de estratégias estarem virando um desastre em nosso pobre mundo real. Recebi o encargo de fazê-lo. Fui trabalhar com eles em março de 1977. Era um levantamento de empresas, não destinado a buscar nada especificamente, apenas para saber o que as companhias estavam fazendo." Apresentando as conclusões iniciais à Royal Dutch Shell, na Holanda, Peters recebeu uma resposta fria — "impávidos, decidimos mostrar a pesquisa às pessoas com quem conversávamos. John Young, da Hewlett Packard, ficou entusiasmado".

Posteriormente, a pesquisa foi resumida em oito pontos essenciais, característicos e identificáveis em companhias com nível de excelência:

- *Uma propensão a agir*, dar seguimento aos assuntos
- *Proximidade ao cliente*, uma crença genuína de que o cliente é soberano
- *Autonomia e capacidade de iniciativa*, um ambiente que estimule a inovação
- *Produtividade através das pessoas*, tratar o pessoal da linha de frente como raiz da qualidade e dos aumentos de produtividade
- *Administração que transmite mensagens e é impulsionada por valores*, líderes que se fazem presentes e comuniquem aos empregados os valores que defendem
- *Apegar-se à cartilha*, ficar firme naquilo que se conhece
- *Forma simples, poucos assistentes*, estruturas bastante simples e o mínimo possível de burocratas
- *Características simultaneamente frouxas e apertadas*, elas são ao mesmo tempo centralizadas (no que tange a valores fundamentais) e descentralizadas (relativamente a outros valores)

A programação do lançamento de *In Search of Excellence* foi perfeita, admite Peters: "Ele chegou no momento em que o desemprego atingiu 10% nos Estados Unidos. Isso foi de enorme efeito simbólico. Dali a semanas, vimos livros sobre negócios em todas as livrarias." Um artigo de uma revista levou ao livro — o livro a uma indústria. "As pessoas achavam ser um tributo à excelência norte-americana. Não falamos do lado mau. Foi uma decisão consciente a de escrever acerca de coisas boas. Os livros existentes não continham capítulos tratando do tema clientes. Passamos a falar deles", diz Peters. "O livro não mudou nada por si mesmo, mas faz parte de algo maior que fez isso. Vemos isso continuar evoluindo. A maior mudança aconteceu nos últimos dois anos. Flexibilidade é a palavra-chave. Creio termos prestado serviço à indústria reintroduzindo o termo cliente ao linguajar."

A extensa lista que serviu de coluna vertebral ao livro originalmente foi aos poucos condensada nos subseqüentes trabalhos de Peters até que, em *A Passion for Excellence*, tendo Austin como co-autora, o conceito foi encapsulado em um simples triângulo. Um dos três lados do triângulo representa as preocupações principais de atenção aos clientes, inovação e pessoal; ao centro de tudo isso acha-se a liderança, exercida em grande parte pelo que Peters denomina "administração perambulante".

Foi durante dois anos trabalhando no Pentágono que Peters se tornou, segundo suas próprias palavras, "completa e irremediavelmente fascinado por organizações complexas". Ele recorda: "Observei pessoas sendo caluniadas pela burocracia; gente se infiltrando através da burocracia. Observei uma imensa organização de um pequeno canto." Trabalhar na capital federal tratou-se evidentemente de uma importante experiência. "Em Washington, quando eu estava com vinte e nove anos de idade, Kennedy criou uma 'panelinha' de jovens sem experiência alguma para dirigir operações. Todos uns cabeças-de-bagre — olho retrospectivamente com desagrado para mim mesmo. Tornei-me uma variedade cultivada de executor de projetos estratégicos adepto da matemática."

Depois do Pentágono, Peters foi para a Universidade de Cornell onde se tornou bacharel e mestre em Engenharia Civil, antes de seguir com a Marinha para o Vietnã. Em 1970 foi para Stanford, atrás de um MBA, e conseguiu doutorar-se em 1973 com seu trabalho sobre comportamento das organizações. Então, em suas próprias palavras, "voltou para Washington porque não tinha nada sobre que escrever e estava cansado de comer lentilhas". Trabalhou no Departamento de Administração e Orçamento e posteriormente entrou na campanha antinarcóticos.

Em dezembro de 1974, Peters ingressou na consultoria McKinsey. Cinco anos depois, começou a trabalhar no que iria se tornar *In Search of Excellence*, com o estudo de quarenta e três empresas. Desse trabalho surgiu um artigo publicado na revista *Business Week* de 22 de julho de 1980. Peters lembra-se dele como "o último dia de paz que algum dia tive".

Peters deixou McKinsey antes do livro ser publicado. "Saí porque nunca me adaptei bem em uma instituição. Fizeram-me sócio, mas nunca me senti à vontade", diz. Seu co-autor, Robert Waterman, permaneceu na companhia.

O talento de Peters é indiscutível. Diz Waterman: "Tom acredita em imensas doses de dedicação. É quase fanático." O colega dele, Lennard Arvedson, acrescenta: "O que eu gostaria que as pessoas entendessem a respeito de Tom é como ele dá duro. Nunca faz uma apresentação padronizada. Algumas histórias ou transparências são as mesmas, mas ele sempre adapta as coisas à platéia."

Tal como ocorre com outros autores sobre administração, não é apenas trabalhar duro que se indentifica como segredo do sucesso. Arvedson prossegue: "Ele tem uma curiosidade muito autêntica — quer aprender e descobrir; uma profunda empatia com as pessoas (apesar de ser capaz de discursar e esbravejar com seus auxiliares). Exige muito de si mesmo e isso não é fácil... Tem uma capacidade de produção enorme. Certa vez perguntei-lhe do que mais gostava. De escrever, confessou."

Waterman, certa vez classificado como "o Indiana Jones de um mundo de colarinhos-brancos com salários de seis dígitos", permaneceu sendo a metade menos evidente da dupla. Enquanto Peters viajava mundo afora pregando a excelência, Waterman preferia reuniões pequenas, íntimas. Avaliando sua própria motivação, ele diz: "Nunca se pode estar bem certo do que nos impele. Em princípio isso provém do por que, em primeiro lugar, entrei para a firma de consultoria McKinsey. Posso exercer maior impacto e ter mais prazer trabalhando com diversas empresas. Já fui gerente de linha — mas prefiro consultoria." De forma estranha, foi McKinsey que proporcionou experiência gerencial a Waterman. "Meu primeiro emprego importante como gerente de linha foi depois de eu ter me tornado diretor na McKinsey. Fui mandado para a Austrália para fazer o escritório de lá voltar a funcionar. Fui então meio consultor, meio gerente. Provei para mim mesmo que podia administrar um negócio. Gosto mais de agir como consultor, para auxiliar."

Inicialmente, o trabalho de consultoria de Waterman com McKinsey concentrou-se em reestruturação e descentralização, processo que muitas companhias haviam concluído em meados da década de 1970. "O que me pareceu intrigante foi como eram poucas as boas estratégias que estavam sendo realmente implementadas. O ideal era: primeiro consegue-se a estratégia certa, depois virá a estrutura. Não conseguia ver qualquer relação estreita entre estratégia e estrutura", recorda Waterman. "Tirei uma licença para lecionar no IMEDE e tive a oportunidade de ver o mundo fora da McKinsey. Quando voltei, conheci Tom Peters. Por algumas razões semelhantes e outras diferentes, nós dois achávamos que os problemas de organização eram bem mais importantes do que os consultores vinham admitindo."

Essas preocupações comuns formaram a base para a associação dos dois no livro *In Search of Excellence*. Isso era, à primeira vista, uma combinação curiosa — Peters, o gregário formador de opinião e Waterman, o contemplativo artista da aquarela, concentrando-se em consultoria de alto nível. Waterman diz que foi "um relacionamento simbólico — eu tinha uma porção de ótimos exemplos de consultoria. Tom estava se intelectualizando e abriu meus olhos para toda uma literatura de que eu nunca havia ouvido falar antes".

No último dos seus livros, *Thriving on Chaos*, Peters começa dizendo: "Não há excelência. Não existem companhias excelentes." Chamado por um crítico de "um livro de receitas para os anos 90", *Thriving on Chaos* engalfinha-se com os problemas e necessidades de mudança. "A época exige que flexibilidade e gosto pela mudança substituam nosso vetusto pendor pela produção em massa e mercados de massa baseados em um ambiente relativamente previsível agora já desaparecido. Nenhuma firma pode aceitar nada como garantido neste mercado."

Novamente, Peters ataca de frente a complacência gerencial, exigindo qualidade, flexibilidade e treinamento do mais elevado calibre. Sua nova receita para o sucesso exige "produtos ou serviços que priorizem um *design* inovador, ajustados a mercados restritos e decorrentes de uma atenção maior dada às opiniões dos clientes; qualidade superior; serviço de qualidade excepcional e receptividade aos clientes."

Cinco temas principais vêm à tona em *Thriving on Chaos*:

- obsessão com a receptividade aos clientes
- constante inovação em todas as áreas da firma, estimulando risco e algumas falhas
- participação: "obter flexibilidade atribuindo autoridade a pessoas"
- liderança, que goste de mudança e compartilhe uma visão inspiradora
- controle por meio de sistemas simples de apoio destinados a medir as coisas certas — freqüência de inovação, derrubada de linhas divisórias, qualidade, gastos para melhorar as capacidades, ritmo de mudança — com controles financeiros revistos a fim de certificar-se de que não estão indo contra esse dinamismo

Peters agora voltou-se para a estrutura da organização como meio de explicar a diferença entre companhias excelentes e as malsucedidas. A estrutura tradicional, diz ele, é um "produtor em massa inflexível, guiado pelas regras". É caracterizado por um pequeno centro empresarial ("encarquilhado") com restrito campo de ação e separado do restante da organização por grossas paredes — isto é, o centro tem relativamente escassa interação com os acontecimentos reais do quotidiano das divisões e do relacionamento com os clientes. As comunicações tendem a ser unidirecionais, via regulamentos e normas. Protegendo o muro ao redor do centro empresarial existe a "guarda pretoriana dos gabinetes do centro empresarial", que são freqüentemente "assessores brilhantes, com mestrado em Administração, orientados por análises, mas sem experiência de operação na linha". O gerente intermediário, em organizações tradicionais, tende a ser um especialista restrito, cujo papel é assemelhado ao de um "tira" — ele transmite ordens e informações para cima e para baixo ao invés de fazer as coisas acontecerem na horizontal. A estrutura inteira é encerrada dentro de outra muralha espessa entre operadores e clientes.

A muralha só é aberta em determinados pontos formais, onde informação aprovada é passada para fora ou informação especificada é recolhida por funcionários designados para tal.

Pelo contrário, Peters crê que a firma do futuro será "flexível, porosa, ágil... (onde) toda pessoa seja paga para ser rebelde, desrespeitadora de limites formais, para atropelar e estar plenamente engajada em gerar ação veloz e constantemente aperfeiçoar tudo". Nessa organização, o núcleo central é bem maior, abrangendo ampla variedade de pessoas que ajudam a criar e desenvolver a visão empresarial. Os limites com o centro não são fixados — as pessoas passam dum lado para o outro conforme necessário. A administração de cúpula, em particular, gasta muito de seu tempo fora do centro, observando o que realmente ocorre e atravessando limites tanto dentro quanto fora da firma. Gerentes de nível médio acompanham o exemplo, passando grande parte do tempo comunicando-se, através e não dentro, dos limites funcionais. Ao contrário de seus correspondentes em estruturas tradicionais, que são freqüentemente defensivos, suas comunicações por cima das barreiras funcionais são "naturais, informais, proativas e proveitosas". Este exemplo seguido por todas as camadas de gerenciamento estabelece o modelo do comportamento dos operadores e do pessoal da linha de frente. Freqüentemente de habilidades múltiplas, conseguem que as coisas sejam feitas utilizando redes de comunicação para irem até a pessoa que melhor lhes possa ajudar. Essa pessoa pode estar em correspondência horizontal com eles dentro da organização, ou mesmo várias camadas acima.

A nova estrutura também possui divisórias muito tênues face ao mundo exterior — "uma barreira fina, transparente, permeável", segundo a descreve Peters. Não só os empregados em todos os níveis interagem constantemente com clientes e fornecedores, como estes estranhos são atraídos ao máximo para ficarem íntimos da empresa. Isto implica em muito mais do que mera troca de informações. "Eles têm de tornar-se parte das negociações internas mais estratégicas da firma."

Para alcançar este tipo de organização exige-se uma perspectiva assaz diferente e "uma espantosa dose de trabalho árduo... perpetuamente esclarecendo a visão, vivendo a visão, perambulando, mantendo diálogo, escutando e fornecendo treinamento extraordinário e contínuo".

The Renewal Factor (1987), de Waterman, aborda temas semelhantes. Ele parte de *In Search of Excellence* com a idéia de aprender do que há de melhor. "A palavra-chave de hoje é mudança e tantas coisas ocorrem tão depressa que, a menos que se conte com oportunismo bem-informado, a mudança pode superar e derrotar o melhor conjunto de predições sobre o que irá acontecer no mercado", afirma Waterman.

Waterman vê *The Renewal Factor* como "um livro mais equilibrado". Produzi-lo foi evidentemente pesada tarefa; exigiu um grupo estimado em sete pessoas-ano e mais de vinte versões preliminares. O resultado são oito pontos essenciais sobre como tornar uma empresa "renovável":

- oportunismo informado
  "As empresas em renovação tratam informações como sua mais importante vantagem estratégica, e flexibilidade como a principal arma estratégica."
- direção e autorização
  "As empresas em renovação tratam a *todos* como uma fonte de contribuição criativa... Seus gerentes definem os limites e sua gente imagina a melhor maneira de dar conta do recado dentro desses limites."
- fatos amistosos, controles compatíveis
  "As empresas em renovação tratam fatos como amigos e controles financeiros como libertadores."
- um espelho diferente
  Dirigentes dessas empresas estão aptos a afastarem-se de seu negócio e colocá-lo em perspectiva suficientemente boa e freqüentemente o suficiente para prevenir uma crise.
- trabalho de equipe, confiança, política e poder
  As duas primeiras são comuns nessas firmas; as duas últimas são tabu. Isso representa a realidade de como sua gente se porta.
- causas e devotamento
  "O devotamento decorre da capacidade do gerente para converter grandes causas em pequenas ações de sorte a todos poderem contribuir."
- atitudes e atenção
  "Atenção visível do gerente, ao invés de exortações, consegue fazer com que as tarefas sejam realizadas."
- estabilidade em movimento
  Elas têm "um hábito de quebrar o hábito" que implica em constante revisão da linha de conduta.

Don Burr, fundador e ex-presidente de People Express, disse de *The Renewal Factor*, na revista *Inc.* de fevereiro de 1988:

> O livro de Waterman é estimulante — quiçá até demais. É elegante em sua simplicidade. É poderosamente convincente. E aí

> jaz o perigo. Minha experiência diz que muitos gerentes não compreenderão o grau de dificuldade implícito em aplicar tais idéias. Se são tão boas, então deveriam ser aceitas facilmente, verdade? Errado. O perigo então é que as pessoas ponham de lado rapidamente esse trabalho brilhante como uma peça de material absolutamente romântico, coisa irrealista. Nossa experiência é de que é material profunda e criativamente produtivo que exige grande dedicação, até mesmo heróica, ou se perderá facilmente ante as rígidas forças da burocracia conservadora.

Waterman disse-nos: "Estou muito satisfeito com o que fiz até aqui. Fazer coisas novas é importante na vida — mudei dimensões a cada três anos mais ou menos. Agora formei uma firma de consultoria, tentanto focalizar toda a questão da implementação. Parece que grande parte da batalha no futuro, que determinará em que medida as empresas poderão ou não conseguir ter as coisas feitas, se traduz por 'Como conseguem que o pessoal todo da empresa adote essas coisas por si mesmo?' "

Rosabeth Moss Kanter

Nascida em Cleveland, Estado de Ohio, 1943
Consultora e Professora na Harvard Business School

Em 1985, a revista *Ms* fez de Rosabeth Moss Kanter uma de suas "Mulheres do Ano", junto com Geraldine Ferraro e a campeã olímpica Joan Benoit. Embora as carreiras das outras duas não hajam capturado a atenção do mundo, Kanter tem progredido cada vez mais. Suas habilidades como consultora são requisitadas por algumas das principais empresas do mundo: a IBM levou-a de avião até Londres só para passar um dia ali; a CBS enviou um jato para apanhá-la; enquanto isso, a General Electric ofereceu-lhe um obstetra para ficar de plantão quando estava grávida de oito meses para que não faltasse a um discurso. O *Times* de Nova York referiu-se a ela como "uma espécie de supermulher" e alega-se estar ela entre os oradores mais requisitados do mundo quando se trata de administração. Em uma reunião do Management Centre Europe, em 1986, Kanter foi apresentada em termos altamente lisonjeiros: "Se pensam em Tom (*Excellence*) Peters como o cérebro direito e em Peters Drucker como o esquerdo, então Rosabeth Moss Kanter tem de ser o cérebro inteiro!" Agora professora de Harvard, ela é, nas palavras de um documentário da BBC sobre sua obra, "uma intimorata crítica da tradição administrativa".

Kanter formou-se em Bryn Mawr antes de obter seu doutorado na Universidade de Michigan. Permanecendo na vida acadêmica, ingressou na Universidade Brandeis como professora-adjunta de Sociologia antes de chegar ao programa de Comportamento Organizacional de Harvard em 1973. Deixando Harvard por Yale e o Massachusetts Institute of Technology entre 1977 e 1986, retornou a Harvard como professora titular de Administração com uma cátedra subvencionada dedicada a inovação e capacidade empresarial. Em 1977, também iniciou uma carreira de consultoria, estabelecendo a consultoria de gerência Goodmeasure com seu marido. Os clientes desta incluíram Procter and Gamble, Honeywell, IBM, Digital, General Electric, Apple e Xerox.

Os interesses não-tradicionais de Kanter são exemplificados por livros pioneiros sobre grupos utópicos, como os *kibbutzim* e os *Shakers*, e um sobre perspectivas feministas da sociedade.

Seu primeiro livro a causar verdadeiro impacto foi *Men and Woman of the Corporation* (1977). Baseou-se em cinco anos de vinculação estreita com uma empresa, na qualidade de consultora, e conquistou um prêmio como melhor livro do ano sobre problemas sociais. Mas foi em 1983 que o livro *The Change Masters* ("o *In Search of Excellence* do gerente pensador") que elevou Kanter ao estrelato. A *Harvard Business Review* comentou: "Grande é a profundidade do alcance aí. O merecidamente popular livro de Kanter refere-se não apenas a pormenores, que são abundantes, mas também à teoria. E é sob este último aspecto que Kanter contribui com um real serviço. Ela integra as oposições que atormentam os gerentes de empresas — indivíduo *versus* grupo, motivação pessoal *versus* ambiente, conseguir que as coisas sejam feitas *versus* ser indulgente."

Kanter define os mestres da mudança como "literalmente — as pessoas certas no lugar certo e na hora certa. As pessoas certas são aquelas com idéias que ultrapassam a prática consagrada na organização, idéias essas que conseguem transformar em visões. Os lugares certos são os ambientes integradores que apóiam a inovação, encorajam a formação de coligações e equipes para apoiar e concretizar visões. As horas certas são os momentos em que no decorrer da história da organização se torna possível reconstruir a realidade sobre a base de inovações acumuladas a fim de forjar um futuro mais produtivo e bem-sucedido". Kanter coloca a questão de quão constantemente mudar a realidade. Sua solução é que a realidade não é rígida, embora possam ser rígidas nossas percepções dela. Sua meta, alega, é ajudar os dirigentes a se manterem adiante da mudança em vez de se tornarem suas vítimas.

The Change Masters examinou 115 casos de inovação expressiva em companhias norte-americanas a fim de descobrir as estruturas necessárias para inovação e mudança. Para suscitar mudança, Kanter dá a seguinte receita:

"Primeiro, a organização tem de providenciar os sistemas, praxes, cultura e recompensas que incentivarão as pessoas a serem empreendedoras — a solucionar problemas e a enxergar e aproveitar oportunidades.

"A segunda característica das empresas mestras na mudança é terem uma estrutura formada ao redor de pequenas equipes de trabalho. As equipes têm autonomia para agir em áreas locais e são completas do ponto de vista funcional — isto é, possuem representantes de toda função e disciplina exigida para cumprir a tarefa. É o contrário de dividir o processo em um número infindável de departamentos e especialistas, cada um com um território para gerenciar.

"O terceiro aspecto digno de nota das empresas mestras na mudança é encontrado em sua cultura. As organizações que aproveitam as capacidades das pessoas para resolver problemas e suas habilidades empreendedoras têm o que eu chamo de cultura do orgulho, ao invés de uma cultura de mediocridade ou inferioridade."

Em *The Change Masters*, Kanter apresenta opiniões caracteristicamente sem rodeios sobre a situação da indústria norte-americana. Em 1987 ela declarou para a revista *Quality Progress*:

> Estamos sitiados como nação, e muitas de nossas empresas se acham sitiadas, porque estamos brincando de um jogo muito novo... Creio que o jogo que melhor descreve a maioria das empresas de hoje é o de croquê de *Alice no país das maravilhas*. Naquele jogo, nada permanece estável por muito tempo. Tudo está mudando em volta dos jogadores. Alice vai bater numa bola, mas o seu taco é um flamingo. Quando ela vai bater na bola, o flamingo levanta a cabeça e olha para outro lado. Isso é exatamente como a tecnologia e os instrumentos que utilizamos. Quando os empregados passam a dominá-los, parecem mudar exigindo conhecimentos e competência diferentes.

Kanter desafia a atitude das empresas face à mudança. "A mudança é sempre uma ameaça quando é feita para mim ou a mim imposta, quer eu goste ou não. Mas é uma oportunidade se for feita por mim. É minha chance para contribuir e ser admirada por isso. Esta e a chave singela para tudo isso: torne-a uma oportunidade para as pessoas e recompense-as por isso. Através de todos os escalões das organizações norte-americanas, temos de pensar sobre a solução de problemas, como os empreendedores fazem. Eles pensam em cada problema como uma oportunidade para fazer tudo funcionar melhor. Esta é a atitude de que carecemos", diz ela.

Como seria de esperar de uma mulher que escreveu livros sobre a vida comunitária, Kanter crê que todos devem participar da criação de idéias. A atitude tradicional e compartimentada diante de problemas serve meramente para encorajar uma reação do tipo "isso não é de minha conta". Criar uma comissão não é o modo de se conseguir mudança, afirma ainda; isso exige um líder com visão. "Foi chocante para mim saber que no final dos anos 70 a revista *Fortune* aplaudiu a General Motors por ter um 'conselho de anciães' — dirigentes graduados já aposentados que ficavam por perto para aconselhar os novos gerentes. Minha pergunta a eles, ao se verem subitamente chocados ante a incrível concorrência e mudança dos estrangeiros, foi: 'Onde está seu conselho jovem? Onde está sua fonte de entrada de novas idéias, de pessoas que ainda não compartilham das suposições de sua empresa?' ", ela falou para a revista *Personnel Management* (setembro de 1986).

Kanter também contesta o moderno método de recompensas: "O que é o capitalismo, senão o fato de pessoas deverem ganhar o que alcançam em vez de isso lhes ser automaticamente dado por ocuparem determinada mesa o tempo todo?"

Ela contribuiu com um esquema para sucesso ou insucesso na condução das mudanças. Suas regras para sufocar a inovação são:

1. Encare com desconfiança qualquer nova idéia vinda de baixo — por ser nova e por vir de baixo.
2. Insista que pessoas que precisam de sua aprovação prévia para agir passem primeiro por outros níveis de autoridade para conseguirem as assinaturas.
3. Peça aos departamentos ou indivíduos que contestem e critiquem as propostas uns dos outros. Isso lhe poupa o trabalho de decidir; você se limita a ficar com o que sobreviver.
4. Manifeste sua crítica livremente e refreie os elogios. Isso mantém as pessoas na ponta dos pés. Faça-as saber que podem ser despedidas a qualquer momento.
5. Trate a identificação de problemas como indício de insucesso, para desestimular as pessoas de trazer a seu conhecimento algo que não esteja certo na área delas.
6. Controle tudo cuidadosamente. Certifique-se de que as pessoas contem tudo que possa ser contado, freqüentemente.

7. Tome decisões sobre reorganização ou mudanças de orientação em segredo e lance-as sobre as pessoas inesperadamente. Isso as faz ficar sempre atentas.
8. Certifique-se de que os pedidos de informações se acham plenamente justificados e de que estas não sejam dadas à vontade aos gerentes. Não deve querer que dados importantes caiam em mãos erradas.
9. Atribua a gerentes de baixo escalão, a título de delegação e participação, responsabilidades quanto à redução, dispensa ou transferência de pessoal de um lado para outro ou quaisquer outras decisões ameaçadoras que tenha de tomar. E faça-os agir rapidamente.
10. E acima de tudo, nunca se esqueça de que você, e todos os maiorais, já sabem tudo que há de importante sobre a empresa.

Contrastando, as normas de Kanter para fortalecer o compromisso com a mudança são:

1. Reserve espaço para participação no planejamento das mudanças.
2. Deixe em aberto opções dentro da decisão global de mudança.
3. Forneça um quadro nítido da mudança, uma visão com minúcias da nova situação.
4. Dê informações mais amplas possíveis sobre os planos de mudança.
5. Divida uma mudança grande em etapas mais controláveis e conhecidas; deixe as pessoas darem um pequeno passo para começar.
6. Reduza as surpresas; dê um aviso prévio de novas exigências.
7. Dê margem para as necessidades de mudanças serem digeridas — uma oportunidade para se acostumarem à idéia de mudança antes de ter o fato consumado.
8. Demonstre reiteradamente seu próprio empenho na mudança.
9. Esclareça padrões e exigências — diga exatamente o que se espera das pessoas com a mudança.
10. Ofereça um reforço positivo à competência; deixe o pessoal saber que pode conseguir.
11. Procure e premie os pioneiros, inovadores e sucessos iniciais a fim de servirem como modelos.
12. Auxilie as pessoas a sentirem-se ou a serem recompensadas pelas horas e energias exigidas pela mudança.
13. Evite criar "perdedores" evidentes com a mudança.
14. Permita as manifestações de pesar e saudade pelo passado — e aí crie entusiasmo pelo futuro.

Kanter tem sido atuante na tentativa de conseguir mudanças nos Estados Unidos e trabalhou com Michael Dukakis na sua campanha presidencial. Juntos, eles produziram um livro, *Creating the Future* (1988), que descreve o sucesso econômico de Dukakis como governador do Estado de Massachusetts. É esse milagre, baseado no estímulo aos homens de iniciativa, que Kanter teria gostado de provocar em outras partes da indústria norte-americana. O seu mais recente livro examina como as empresas estão de fato começando a adaptar-se ao desafiador ambiente mundial dos negócios.

CAPÍTULO 7

OS DESAJUSTADOS

Difíceis de caracterizar, apesar da destacada atuação, há dois pensadores iconoclastas radicados na Inglaterra: E. Fritz Schumacher (1911-1977) e Edward de Bono (nascido em 1933).

E. Fritz Schumacher

Nascido em Bonn, 1911
Faleceu em 1977
Economista

Nascido na Alemanha, Schumacher chegou à Inglaterra em 1930 como detentor de uma bolsa de estudos Rhodes para estudar Economia no New College de Oxford. Com vinte e dois anos de idade, ensinava a matéria na universidade norte-americana de Columbia. Regressou à Grã-Bretanha em 1937, após breve intervalo na Alemanha onde sua falta de simpatia com o surto do nazismo lhe dificultou trabalhar. Na Grã-Bretanha, durante a guerra, Schumacher teve tratamento privilegiado graças à sua capacidade e, ao invés de ser aprisionado, trabalhou durante cinco anos como operário, em Oxfordshire. Seus serviços também foram usados pelo governo e esteve envolvido na formulação da estratégia econômica em Whitehall. Após a guerra, regressou para a Alemanha como conselheiro econômico da Comissão Britânica de Controle.

Reconhecido seu talento, em 1950 Schumacher foi recrutado pela Junta Nacional do Carvão como seu perito econômico. Ao deixá-la, vinte anos depois, orgulhou-se em comunicar que tinha o mesmo número de auxiliares — dois — de quando começara.

Foi no início da década de 1960 que Schumacher principiou a formular suas idéias. Criou um estreito relacionamento de trabalho com Lorde Rubens, presidente da Junta Nacional do Carvão, e começou a questionar a economia elementar e sua abordagem pessoal diante da vida. Inspirado por religiões orientais, aceitou um cargo como conselheiro do governo da Birmânia. "Fui para a Birmânia como um sedento peregrino e lá encontrei a água da vida", comentou posteriormente.

Schumacher formou o Grupo Internacional de Desenvolvimento Tecnológico em 1965 e viajou muito, aconselhando países do Terceiro Mundo sobre como superar os problemas econômicos com que se defrontavam. Defendia a produção em pequena escala, o trabalho com a natureza e o uso de "tecnologia intermediária", que considerava mais relevante para as necessidades do Terceiro Mundo. "As organizações deveriam imitar a natureza, que não admite uma única célula ficar grande demais. Quando ela se torna grande, se divide", argumentou ele. Mais tarde, chegou a diretor do Instituto Scott-Bader.

Small is Beautiful (1973) de Schumacher é uma coletânea de ensaios contendo suas idéias e, quiçá mais significativamente, capturando o espírito da época. Esse livro provou ser um antídoto contra a predominante mentalidade empresarial do início da década de 1970. Amplamente lido — inclusive por Jimmy Carter, entre milhões — e influente, o livro foi fruto da diversificada experiência de Schumacher como homem de negócios, trabalhador rural, funcionário público e economista. Diz Harold Bridger, do Instituto Tavistock: "Schumacher gerou uma idéia sobre a qual as pessoas podiam construir. Várias de suas idéias foram aproveitadas."

Edward de Bono

Nascido em Malta, 1933
Pensador

Edward de Bono introduziu a expressão "*lateral thinking*" ("pensamento lateral") na língua inglesa. Ela agora aparece no *Oxford English Dictionary*: "procurar resolver problemas por métodos não-ortodoxos ou aparentemente ilógicos".

De Bono observou recentemente, na *International Management* de fevereiro de 1988, que "não sou professor nem autor. Sou o que a filosofia deixou de ser 600 anos atrás. Sou um pensador do pensamento. Coisas como lingüística, psicologia, teoria da informação têm a ver com o que estou fazendo. Mas nenhuma delas realmente a abrange".

Seus vinte e oito livros provocaram constantemente surpresa e, de vez em quando, críticas. Seja qual for a reação, sempre há curiosidade em torno das últimas reflexões e progressos do pensamento de de Bono. Seus livros foram traduzidos para vinte e uma línguas, do russo ao coreano, do hebraico ao japonês. O mais conhecido permanece sendo *The Use of Lateral Thinking* (1967), reimpresso treze vezes.

Diplomado em Medicina, Psicologia e Fisiologia, de Bono lecionou nas Universidades de Londres, Harvard, Oxford e Cambridge. O Fundo de Pesquisa Cognitiva, que ele criou em Cambridge, é a maior instituição do gênero no mundo. De Bono tem sido seu diretor desde 1971. Grande parte do restante de seu tempo é dedicado à SITO (Supernational Independent Thinking Organization), baseada em Haia.

CONCLUSÃO

O QUE FAZ UM GURU DA ADMINISTRAÇÃO?

Nesta última década, o pensamento administrativo emergiu, em grande parte, das sombras da vida acadêmica. Livros sobre administração são agora orientados para um público mais amplo e menos especializado. Com gerentes tais como John Harvey Jones e Lee Iacocca assumindo contornos mais elevados, os estilos individuais de gerência são bem mais acessíveis do que em qualquer outra época. Entretanto, essa empreitada de idéias significa que marketing e autopromoção podem ser tão importantes quanto pensamento original. Se a embalagem estiver certa haverá boa colheita. "Alguns gurus simplesmente acondicionam as coisas para o nível mais rudimentar. Em conseqüência, têm mais influência do que escritores requintados como Drucker", diz Tom Horton da American Management Association.

As recompensas são grandes enquanto os gerentes continuam a mudar rapidamente de uma tendência para outra, atrás de uma panacéia universal. Mas, o que faz um guru da administração? Os próprios teóricos da administração não dão bola para o termo (em sânscrito, "guru" quer dizer pesado, sério, influente) — "Detesto o termo guru pois acho que coloca um sentido não-profissional nas coisas", certa vez proclamou Robert Blake, criador da grade gerencial. "Atribuo a popularidade desse nome horrível a caber melhor numa manchete de jornal do que seu antigo sinônimo — charlatão" — disse Peter Drucker. Frederick Herzberg também encara cinicamente isso: "Pode-se dizer se alguém é um guru pelo grau de ciúmes e hostilidade acadêmicos que provoca."

Segundo John Banham, diretor geral da Confederação da Indústria Britânica, os gurus precisam de cérebro, coragem e sorte. Pode até ser o fato de estar no lugar certo com a idéia certa na hora certa — "Há poucas pessoas com autoconfiança e coragem suficientes para encarar o modernoso de frente e dizer que não passa de tolice, provando que estão com a razão." Esse fator sorte é confirmado por John Chadwick, diretor do Sundridge Park Management Centre na Grã-Bretanha. "É por estarem lá na hora certa que se tornam gurus", diz Chadwick. E Valerie Hammond, diretora de pesquisas de uma instituição rival, o Ashridge Management College, concorda: "É o fato de estar atualizado — respondendo os problemas de hoje ao invés dos de ontem ou do amanhã."

As percepções variam muito, mas no entanto há claramente uma diferença entre mentes prodigiosas e influentes como as de Peter Drucker, Lyndall Urwick ou Michael Porter de um lado e do outro pessoas que se limitaram a explorar uma boa idéia. Há igualmente uma diferença entre o verdadeiro guru da administração e o herói do mundo dos negócios. Sir Michael Edwardes, por exemplo, exerceu uma influência oportuna na administração britânica ao condensar o tipo de qualidades necessárias para renascer de uma crise e encaixou-as em sua biografia, porém ele não é encarado como um guru da administração.

Kirsty Ross, presidente da IBP Consultants, delineia duas diferenças entre gurus: "Creio haver duas espécies de guru. O distante, a quem provavelmente só se conhece através de seus livros e ensinamentos e cujo impacto é de âmbito mundial, assim como também a influência. O outro é o guru a quem todos conhecem, cujo impacto é bastante pessoal e que também pode mudar o mundo, mas não forçosamente. As características dominantes do primeiro tipo são a capacidade intelectual; o apelo visionário; a capacidade de falar em nível bastante elevado. O segundo é um professor bem mais anedótico. Humano e humanitário, que se agarra na gente, provocando boas gargalhadas."

Um acadêmico com quem conversamos define um guru como "Alguém que foi ou ainda é bem-sucedido na prática gerencial e modificou eficientemente uma organização, de sorte a esta servir de modelo para outras." Ou, ao contrário: "Um erudito, tendo sido anteriormente, em muitos casos, um executivo ou consultor bem-sucedido, que contribuiu enormemente para o desenvolvimento da administração."

Uma das mais ponderadas análises do que faz um guru devemos a John Humble, da Grã-Bretanha, que identifica seis características essenciais:

1. Capacidade integrativa
   "Mesmo que seu tema seja bastante difundido, o guru é capaz de inseri-lo no contexto de um quadro mais amplo do desenvolvimento econômico e das tendências dos negócios."

2. Um extraordinário senso intuitivo de oportunidade
"Eles possuem notáveis sistemas de alarme prévio que os avisam sobre as tendências muito antes de outras pessoas as perceberem. Geralmente não sabem como isso ocorre, mas se convencem de dever dedicar-se a investigar e a difundir suas percepções."
3. Longevidade
"Tem-se de ficar por aí bastante tempo. Uma boa idéia não basta. A pergunta decisiva é: eles continuam a trazer contribuições?"
4. Influência internacional
"As idéias realmente valiosas na área do gerenciamento de negócios tendem a conseguir rápida difusão pelo mundo afora. Na maioria dos casos isso acontece pelo fato de um entusiasta as ter adotado, cujos horizontes sejam internacionais, em vez de domésticos."
5. Um zelo de missionário para com tudo em que acredita
"As exaustivas viagens realizadas pelos grandes gurus da administração não são motivadas por dinheiro — a maioria deles fica bem de finanças rapidamente, ou encontra meios bem mais fáceis de ganhar suas polpudas diárias. Os gurus de verdade estão genuinamente interessados em falar de suas descobertas para os outros. Anos após o fato, ainda se acham entusiasmados por causa delas e dispostos a falar a respeito para pessoas sobre o que aprenderam, dentro ou fora do seminário pago."
6. Uma capacidade para escutar
"Todos os gurus que conheci, incluindo Urwick, Drucker, Levitt e Schumacher, associavam uma confiança na correção do que tinham a dizer com uma humildade que lhes permite continuar aprendendo. Nunca fecharam suas mentes a sugestões vindas de estudantes, colegas ou qualquer outra pessoa que tenha uma idéia para discutir."

Outros ressaltam a necessidade de uma personalidade robusta, integridade e boa comunicação. A competição intensa significa que boa apresentação e habilidade no palanque são decisivas. "Se você não cativa uma audiência nos primeiros sessenta segundos, está perdido", diz Peter Drucker. Fervor de evangelista é cada vez mais comum entre os gurus. "A publicidade faz um guru. Ele tem de ter algo a dizer de maneira interessante", afirma Martyn Hobrough do Grupo de Consultoria PA.

As pressões da concorrência significam que a atualidade é também de importância primordial. Michael Goold, do Strategic Management Centre do Ashridge Management College, afirma: "O aparecimento de um guru exige a interação de um tema atual de preocupação dos gerentes com um indivíduo que possua idéias novas sobre o tema." Idéias novas talvez não sejam forçosamente abrangentes. Tom Peters comentou a respeito do que escreveu no *best-seller In Search of Excellence* e que pode ser encontrado no livro de Drucker *The Practice of Management*, publicado quase trinta anos antes.

"Idéias genuinamente novas acerca dos perenes problemas de administração são raras. Há muitos aspirantes a guru e resmas de resultados de pesquisa, mas pouca parte disso realmente consegue prender a atenção dos ocupados gerentes", diz Goold. "Em parte, isto pode refletir a qualidade das relações públicas do aspirante a guru; mais ainda depende de saber se ele realmente tem algo a dizer. O desaparecimento dos gurus de ontem é igualmente compreensível. Os problemas não permanecem relevantes para sempre, e idéias novas em breve ficam bem conhecidas. Só os supergurus podem continuamente aparecer com idéias novas acerca da mutável agenda da administração de cúpula ano após ano."

Os profissionais da administração podem achar difícil afastar-se dos problemas do quotidiano. "Muito freqüentemente os gurus têm a capacidade de articular o que uma série de profissionais conhecem intuitivamente e nunca foram capazes de enunciar", diz Hobrough. "A capacidade para identificar problemas que estão surgindo é algo que os gurus fazem bem. Possuem boas antenas — eles olham para o mundo exterior e vêem os modelos."

Gerentes profissionais, estando constantemente sem tempo, querem idéias que possam ser apreendidas e colocadas em prática. John Chadwick assinala que a pesquisa intensiva é muito boa, mas os gerentes querem perguntar: "O que tem isso a ver com vender caminhões com engate de forquilha contra o *Deutschmark*?"

Diversos observadores creditam os gurus da gerência bem-sucedidos com um talento especial. Um diretor do Urwick Management Centre, Rodney Morton, explicou: "Uma coisa que todos os gurus têm é um modelo conceitual facilmente compreensível, voltado para um problema em foco. Eles fazem as pessoas sentir isso vivamente. Sua sabedoria soa como bom senso." Analogamente, Valerie Hammond, do Ashridge, conclui: "Gurus são pessoas que condensam em poucas palavras algo que se sabe ser verdade. Eles expõem uma filosofia completa que faz sentido para as outras pessoas, tanto do ramo quanto de outras áreas."

Permanece de pé a eterna pergunta — podem ser aprendidas as boas práticas de gerenciamento? Escolas de administração permanecem sendo a fonte primordial do conhecimento administrativo e estão longe de ser aceitas universalmente como a fonte da sabedoria. Peter Drucker não perde tempo com elas, Henry Mintzberg muito menos para a tradicional oferta dos Mestres em Administração. Harold Geneen é igualmente sarcástico: "Pode-se ser ensinado sobre os instrumentos relacionados a qualquer tipo de negócio na escola de administração. De fato, se se passar em todos os exames, ter-se-á a recompensa do título 'Mestre em Administração'. Porém, a legião de jovens que saem das escolas de administração anualmente, armados com calculadoras e ciência dos computadores, são, na melhor hipótese, administradores esclarecidos, mas não líderes." A experiência, assevera Geneen, é tudo.

Há um número lamentavelmente pequeno de mulheres entre os gurus da administração. Das mulheres que apresentamos, Mary Parker Follett permaneceu como uma heroína não-celebrada do pensamento administrativo. Recente biografia ajudou a promover-lhe as idéias, mas de modo geral permaneceu como uma figura secundária e negligenciada. A maioria das mulheres que foram proeminentes em teoria administrativa tenderam a fazer parte de uma equipe mista — homem e mulher — Lilian Gilbreth por exemplo, ou Jane Mouton, co-autora de *The Managerial Grid* com Robert Blake.

Nos últimos anos, as mulheres desempenharam papel bem mais amplo na teoria e na prática administrativa. Nos Estados Unidos, destacamos o trabalho de Rosabeth Moss Kanter e Kathryn Rudie Harrigan. Na Grã-Bretanha, Joan Woodward e Rosemary Stewart foram altamente influentes em círculos relativamente restritos. Um tanto mais controvertida, Anita Rodick, fundadora do Body Shop, está utilizando o sucesso comercial como plataforma para despertar a consciência do mundo dos negócios para com questões ambientais. Mas parece que os homens continuarão sendo a fonte maior do pensamento administrativo, enquanto predominarem nas posições mais elevadas de universidades e do mundo dos negócios.

Menos evidentes, porém igualmente notáveis, são os antecedentes realmente internacionais dos principais teóricos da administração. Se bem que a maior parte dos pensadores contemporâneos sejam americanos, número expressivo tem origens estrangeiras, geralmente européias — o especialista em controle de qualidade J.M. Juran nasceu na Romênia; Theodore Levitt, na Alemanha; Peter Drucker, na Áustria; Igor Ansoff, na Rússia; Harold Geneen, na Inglaterra; Elton Mayo, na Austrália.

Uma possível explicação para o predomínio dos Estados Unidos no pensamento administrativo inovador é dada por John Banham. "A idéia da administração como disciplina ou profissão por direito próprio é uma característica particularmente norte-americana. O que há de mais próximo de um guru da administração no Japão é Ken Ohmae. Na alemanha, a questão gerencial liga-se à engenharia; no Reino Unido tem sido vinculada à contabilidade. Só nos Estados Unidos ela foi posta à parte dessas disciplinas."

Entre os britânicos, há também forte influência estrangeira. De Bono e Schumacher nasceram em Malta e na Alemanha, respectivamente. Lyndall Urwick passou seus últimos anos na Austrália, enquanto C. Northcote Parkinson conseguiu avançar em seu conhecimento lecionando no Extremo Oriente. Se a colossal experiência de viagens internacionais dos autores sobre o tema for acrescida a isso, o padrão fica ainda mais evidente. Virtualmente todos tiveram certa experiência de viver e trabalhar no estrangeiro. Uma perspectiva internacional ajuda a indicar as principais diferenças de que podem ser extraídos grandes ensinamentos.

Aparentemente inesgotáveis, tais pessoas são realizadores compulsivos com uma extraordinária soma de realizações. A expressão "homem do Renascimento" foi empregada para muitos deles. Warren Bennis também foi comparado com Dom Quixote, Bob Waterman com Indiane Jones. O autodidata Frederick Taylor tirou patente de mais de uma centena de invenções e se gerenciou de modo a ter tempo para ganhar o campeonato de duplas de tênis dos Estados Unidos. Reg Revans foi recordista do salto em distância em Cambridge e figurou na equipe olímpica do Reino Unido de 1928. Gurus recentes prosseguiram nessa tendência. Michael Porter financiou e gerenciou diversos espetáculos musicais. Também é excelente golfista e poderia até ter jogado profissionalmente. Kathryn Harrigan fez teatro e serviu de modelo para a atriz Diane Keaton formar seu personagem no filme *Baby Boom*, enquanto Bob Waterman é um pintor consagrado.

É bastante comum entre eles o *workaholism* ("o vício do trabalho"). Suas publicações, sem dúvida ajudadas pelas equipes de entusiáticos pesquisadores e alunos, são em grande número. Warren Bennis escreveu quinze livros e mais de quinhentos artigos. Edward de Bono acorda às seis da manhã e inicia uma produção diária de vinte e seis páginas. Peter Drucker, agora com setenta e nove anos, está comprometido com discursos e artigos para os próximos dois anos. Harold Geneen conquistou fama internacional por seu ritmo de trabalho. Ele disse que o trabalho de um executivo deveria começar às 5 da tarde — de nove às cinco seria para reuniões.

A despeito dessa incrivelmente pesada carga de trabalho, os gurus vivem por tempo incrivelmente longo. Seu ímpeto é tamanho que parecem achar difícil parar. Mesmo os pioneiros da administração atingiram idade avançada. Robert Owen viveu até os oitenta e sete anos; Fayol, até oitenta e quatro; Sloan, noventa e um; Urwick, noventa e dois. Da safra atual, Deming está com oitenta e sete; Juran, oitenta e quatro; Revans, oitenta e um.

O mundo acadêmico ainda produz a maioria dos gurus. As universidades norte-americanas contribuem com salários para grande proporção de nossa seleção. Só em Harvard estão Porter, Hayes, Argyris e Levitt dos nossos principais perfis, e numerosos outros que citamos com menos pormenores. Bennis, Herzberg e Mintzberg também se acham baseados em universidades pelos Estados Unidos e o Canadá. Cinicamente, pode-se argumentar que a academia não proporciona o *stress* do mundo dos negócios que encurta a vida. É mais fácil teorizar com uma cátedra universitária, um condomínio e um lugar para fins de semana em New Hampshire.

Os pensadores e teóricos da administração não seduzidos pela vida universitária podem geralmente ser encontrados em suas próprias consultorias. Da nossa relação, Lyndall Urwick talvez seja o primeiro a poder ser verdadeiramente classificado como consultor, se bem que Taylor e Fayol tivessem praticado isso até certo ponto ao encerrarem suas carreiras empresariais. Agora, a consultoria é lucrativa — um setor vital de Relações Públicas para transmitir teorias para uma audiência mais ampla. Ansoff, Waterman, Peters e Kanter têm suas próprias empresas oferecendo consultoria baseada em suas próprias teorias. Praticamente, todos os acadêmicos passam parte do tempo como consultores.

Essas consultorias comumente são pequenas e baseadas em uma personalidade. Os gurus que trabalharam em consultorias grandes geralmente constataram só poder emergir para fora da crisálida quando saíram da organização. As grandes consultorias sufocam o pensamento criativo ou este vira um processo coletivo, não atribuível a indivíduos. Isto é uma notável evolução face aos pioneiros da administração. Owen era dono de um moinho; Fayol, encarregado de uma grande companhia mineradora e metalúrgica; Taylor, gerente de uma siderúrgica. Alfred Sloan passou sua carreira na General Motors e Chester Barnard quarenta anos com a Bell Telephones. Mas suas teorias só foram postuladas após a aposentadoria.

Heróis do mundo dos negócios não são forçosamente gigantes intelectuais. Todo tipo de gente tem gerenciado desde o princípio da história; mas tem intelectualizado a respeito disso há bem menos tempo. Os mais bem-sucedidos gerentes freqüentemente acham difícil expor seus princípios gerenciais — para começo de conversa, é provável nem terem sequer pensado neles, mas também é provável não terem disposto de tempo para isso, sendo homens de ação mais do que de reflexão. Entretanto, muitos dos gurus atuais têm uma experiência pessoal no ramo dos negócios. Robert Hayes trabalhou na IBM antes de ingressar na McKinsey; Igor Ansoff, com a Rand e a Lockheed.

John Chadwick insiste em que os gerentes provavelmente darão mais atenção a alguém que fale de experiência semelhante à deles próprios. "No final dos anos 80, os gurus têm de ter as credenciais de terem feito o trabalho", diz ele. "A administração atravessa no momento um difícil processo de descontinuidade. Gurus de administração equilibrados são agora rejeitados. Os Iacoccas atravessaram o caos." Quanto ao futuro, ele prediz: "Será mais analítico — menos preocupado com personalidades e com o que elas fizeram; mais interessado em saber como a equipe foi posta a funcionar."

Kirsty Ross, da IPM Consultants, prevê: "Os gurus do amanhã terão de estar cônscios do mundo e de seu ambiente na mais ampla acepção. Precisarão ser pessoas completas — não apenas intelectuais. Precisarão cuidar dos problemas em acepção mais ampla. Precisarão estar cônscios de como os seres humanos estão mudando. Terão de estar cônscios também de ambos os gêneros. Os gurus do amanhã não poderão falar apenas para homens com uma perspectiva masculina. Terão de estar cônscios do condicionamento de gênero de mulheres e homens e precisarão ensinar liderança em uma perspectiva do amanhã, num mundo em rápida mudança."

Brian Patterson, presidente da Ireland's Waterford Glass Group, acrescenta: "Precisarão ser capazes de integrar fatores os mais diversos e lidar com mais complexidade, porém com simplicidade. Pelo fato de as ondas do ar estarem sendo invadidas, terão de concorrer por mais espaço através de comunicação constante, de alta qualidade e enérgica, utilizando todos os veículos."

O pensamento administrativo, assim como os próprios negócios, está agora altamente competitivo. Sejam quais forem a natureza e o talento dos gurus da administração de amanhã, eles não poderão sobreviver — ou sequer aparecer — sem a aclamação e aceitação tácitas dos gerentes do mundo real. À medida que aumenta o desafio de gerenciar complexos e turbulentos negócios, os gerentes do amanhã terão de aprender a ser mais discriminativos, separando o irrelevante do profundo e o teórico do prático. Livros como este, esperamos, os ajudarão a encontrar um tal nível de discriminação, possibilitando-lhes identificar algumas das diferenças entre os verdadeiros inovadores e impulsionadores e os mistificadores sem originalidade nem inspiração, que no próximo ano estarão apregoando um outro remédio miraculoso.

Para o verdadeiro guru da administração, homem ou mulher, seu trabalho transcende obstáculos geográficos ou setoriais; é um devotamento para a vida inteira, um fascínio permanente pela natureza dos problemas relacionados aos negócios e por cooperar em sua superação.

APÊNDICE

CRONOLOGIA DO PENSAMENTO ADMINISTRATIVO

séc. XVI *O Príncipe* de Maquiavel, e o apelo de Thomas Moore por maior especialização das tarefas

1776 Sai *A Riqueza das Nações* de Adam Smith

1798 Ely Whitney consegue um contrato de fabricação de armas que leva a uma das primeiras experiências com peças intercambiáveis

final séc. XVIII O economista francês Jean-Baptiste Say examina a capacidade empresarial e, na Grã-Bretanha, James Watt e Matthew Robinson Boulton introduzem técnicas de controle em sua fundição no Soho

1800 Robert Owen muda-se para New Lanark como gerente de fábrica e inicia suas experiências com gerenciamento de pessoal mais humano

1825 A experiência de Owen em New Lanark se encerra

1832 Aparece *On the Economy of Machinery and Manufactures* de Charles Babage

1853 Titus Salt estabelece Saltaire

1861 Surge o livro *Representavive Government* de John Stuart Mill

1888 Henri Fayol torna-se diretor administrativo da companhia mineradora francesa Comambault

1895 Vem à luz o livro *A Piece Rate System* de Frederick Taylor

1903 Publicado o livro *Shop Management* de Taylor

1911 *The Principles of Scientific Management* de Taylor e *Motion Study* de Frank Gilbreth

1912 Gilbreth instala sua própria firma de consultoria

1914 Henry Ford introduz o salário diário de 5 dólares

1916 Aparece *Administration Industrielle et Générale* de Henri Fayol
1917 Morre Frederick Taylor
1918 A Faculdade de Tecnologia da Universidade de Manchester criou um departamento de administração industrial
1919 Mayo publicou seu primeiro livro, *Democracy and Freedom*
1920 Ford produz um automóvel por minuto
1923 Alfred Sloan torna-se presidente da General Motors
1924 Thomas Watson Senior rebatizou sua companhia como International Business Machines — IBM
1927 Início das Investigações Hawthorne
1933 Publicado *The Human Problems of an Industrial Civilization* de Elton Mayo
1934 Instala-se a consultoria britânica de Urwick, Orr e Sócios
1936 A Comissão sobre Gerência Administrativa, criada pelo presidente Roosevelt, instala-se com Luther Gulick e Louis Brownlow
1938 Vem à luz *The Functions of the Executive* de Chester Barnard
1939 O primeiro livro de Peter Drucker, *The End of Economic Man; Management and the Worker* de Fritz Roethlisberger e W.J. Dickson
1941 *Dynamic Administration* de Mary Parker Follett
1945 *The Social Problems of an Industrial Civilisation* de Mayo e criação do treinamento de grupo T dos National Training Laboratories em Bethel, Estado do Maine
1946 Surge *The Making of Scientific Management* de Urwick e Brech
1947 Relatório de Urwick sobre Educação para a Gerência. Criação do Instituto Tavistock
1948 Inicia-se o Projeto Glacier do Instituto Tavistock
1949 Aparece *Cybernetics* de Norbert Wiener
1950 Marvin Bower torna-se diretor administrativo da consultoria MacKinsey
1951 O Prêmio Deming por melhoria de qualidade é instituído no Japão. Surge *The Changing Culture of the Factory* de Elliott Jacques
1954 Vem à luz *The Practice of Management* de Drucker
1957 Publicado *Personality and Organization* de Chris Argyris
1958 Instalação da firma de consultoria Kepner-Tregoe; surge o livro *Organizations* de James March e H.A. Simon
1959 Publicado *The Motivation to Work* de Frederick Herzberg, Mausner e Snyderman. Harold S. Geneen torna-se presidente e diretor geral da ITT

1960 Publicados: *The Human Side of Enterprise* de Douglas McGregor; *Motivation and Personality* de Abraham Maslow; e o artigo "Marketing Myopia" de Theodore Levitt na *Harvard Business Review*

1961 Lançado *New Patterns of Management* de Rensis Likert

1962 Publicado *Strategy and Structure* de Alfred Chandler

1963 *A Behavioral Theory of the Firm* de Robert Cyert e James March

1964 *The Managerial Grid* de Blake e Mouton

1965 *My Years with General Motors* por Alfred P. Sloan; *Corporate Strategy* por Igor Ansoff; inauguração das duas primeiras escolas de administração britânicas, em Londres e Manchester

1966 *The Effective Executive* de Peter Drucker

1967 *The Use of Lateral Thinking* de Edward de Bono; *Organization and the Environment* de Paul Lawrence e Jay Lorsch

1970 *Comparative Management: Organizational and Cultural Perspectives* de Stanley Davis; *Up the Organization* de Robert Townsend

1971 Geert Hogstede entra para o IMEDE e inicia seu estudo clássico de valores internacionais do empregado

1972 Lançado *Brain of the Firm* de Stafford Beer

1973 Publicado *The Nature of Managerial Work* de Henry Mintzberg

1974 *Management* de Peter Drucker

1977 Artigo "Managers and Leaders: Are They Different?" de Abraham Zaleznick na *Harvard Business Review*

1978 *The Gods of Management* de Charles Handy

1979 *Action Learning* de Reg Revan; *Strategic Management* de Igor Ansoff

1980 Artigo "Managing Our Way to Economic Decline", de Robert Hayes e William Abernathy, na *Harvard Business Review*. O "White Paper" da NBC "If Japan Can, Why Can't We?" marcou o reaparecimento da conscientização de qualidade nos Estados Unidos

1982 *In Search of Excellence* de Peters e Waterman; *The Mind of the Strategist* de Kenichi Ohmae, e *Corporate Culture: The Rites and Rituals of Corporate Life* de Terence Deal e Allen Kennedy.

1983 *Effective Leadership* de John Adair; *The Marketing Imagination* de Theodore Levitt; *The Change Masters* de Rosabeth Moss Kanter

1984 *Restoring Our Competitive Edge* de Rober Hayes e Steven Wheelwright; *The Situational Leader* de Paul Hersey; *Beyond the Quick Fix* de Ralph Kilmann

1985 *Leaders* de Warren Bennis e Burt Nanus; *Competitive Advantage* de Michael Porter; *Triad Power* de Kenichi Ohmae

1986 *The Frontiers of Management* de Peter Drucker; *High Involvement Management* de Edward Lawler.

BIBLIOGRAFIA

Abernathy, W.J. e Utterback, J.M. "Patterns of Industrial Innovation", *Technology Review*, 80, 7, 1978

Abernathy, W.J., Clark, K.B. e Kantrow, A.M. *Industrial Renaissance*, Nova York, Basic Books, 1983

Ackoff, R. *The Art of Problem Solving*, Nova York, Wiley, 1978

Adair, J. *Effective Leadership,* Londres, Gower, 1983

Ansoff, H.I. *Corporate Strategy*, Nova York, McGraw-Hill, 1965

____ *Business Strategy*, Harmondsworth, Penguin, 1969

____ *Strategic Management*, Londres, Macmillan, 1979

____ *Imparting Strategic Management*, Prentice-Hall, 1984

Argyris, C. *Personality and Organization*, Nova York, Harper and Brothers, 1957

____ *Understanding Organizational Behavior,* Homewood, Ill., Dorsey Press, 1960

____ *Integrating the Individual and the Organization*, Nova York, Wiley, 1964

____ *Intervention Theory and Method*, Reading, Mass., Addison Wesley, 1970

Argyris, C. e Schon, D.A. *Organizational Learning: A Theory of Action Perspective*, Reading, Mass., Addison Wesley, 1978

Barnard, C.I. *The Functions of the Executive*, Cambridge, Mass., Harvard University Press, 1938

____ *Organization and Management*, Cambridge, Mass., Harvard University Press, 1948

Beer, S. *Brain of the Firm*, Harmondsworth, Penguin, 1972

Bennis, W. *Organization Development: Its Nature, Origins and Prospects*, Reading, Mass., Addison-Wesley, 1969

Bennis, W. e Nanus, B. *Leaders*, Nova York, Harper and Row, 1985

Bennis, W. e Slater, P.E. *The Temporary Society*, Nova York, Harper and Row, 1968

Berne, E. *Games People Play*, Londres, André Deutsch, 1964
Blake, R. e Mouton, J. *The Managerial Grid*, Houston, Texas, Gulf Publishing, 1964
Boisot, M. *Information and Organizations*, Londres, Fontana, 1987
Bower, J.L. "Simple Economic Tools For Strategic Analysis", Harvard Business School Case Study No. 9-373-094
Burns, J.M. *Leadership*, Nova York, Harper and Row, 1978
Burns, T. e Stalker, G.H. *The Management of Innovation*, Londres, Tavistock Institute, 1966
Chandler Jr, A.D. *Strategy and Structure*, Nova York, Doubleday-Anchor, 1966
Coverdale, R. *Training for Development*, Londres, Training Partnerships, 1967
Cyert, R.M. e March, J.G. *A Behavioral Theory of the Firm*, Englewood Cliffs, NJ, Prentice-Hall, 1963
Davis, S.M. *Managing Corporate Culture*, Cambridge, Mass., Balinger Publishing Company, 1984
de Bono, E. *Lateral Thinking for Management*, Maidenhead, McGraw-Hill, 1971
Deal, T.E. e Kennedy, A.A. *Corporate Cultures: The Rites and Rituals of Corporate Life*, Reading, Mass., Addison-Wesley, 1982
Drucker, P.F. *Concept of the Corporation*, Nova York, John Day, 1946
____ *The Practice of Management*, Nova York, Harper and Row, 1954 [Ed. bras.: *Administração lucrativa*, Rio, Zahar, 5a. ed., 1977]
____ *The Effective Executive*, Nova York, Harper and Row (Harper/Colophon Books), 1967 [Ed. bras.: *O gerente eficaz*, Rio, Zahar, 9a. ed., 1981]
____ *Management*, Londres, Pan, 1977
____ *Managing in Turbulent Times*, Nova York, Harper and Row, 1980
____ *Innovation and Entrepreneurship*, Nova York, Harper and Row, 1985
Fayol, H. *Administration industrielle et générale*, Paris, 1916, 1925, tradução para o inglês por Coubrough, Genebra, 1930, e tradução por Storrs, Londres, Pitman, 1949
Fiedler, F.E. *A Theory of Leadership Effectiveness*, Nova York, McGraw-Hill, 1967
Fiedler, F.E. e Chemers, M.M. *Leadership and Effective Management*, Glenview, Ill., Scott, Foresman and Company, 1974
Follett, M.P. *The New State: Group Organization — The Solution of Popular Government*, Londres, Logmans, Green and Co., 1918
____ *Creative Experience*, Londres, Longmans, Green and Co., 1924
____ *Freedom and Coordination*, Londres, Pitman, 1949

Geneen H. *Managing*, Nova York, Doubleday, 1984

Gilbreth, F.B. *Motion Study*, Nova York, D. Van Nostrand, 1911

____ *Primer of Scientific Management*, Nova York, D. Van Nostrand, 1912

Gilbreth, F.B. e Gilbreth, L. *The Psychology of Management*, Nova York, Sturgis and Walton, 1914

Goldsmith, W. e Clutterbuck, D. *The Winning Streak*, Londres, Weidenfeld e Nicolson, 1984

Goold, M. e Campbell, A. *Strategies and Styles*, Oxford, Basil Blackwell, 1987

Graham, P. *Dynamic Managing — the Follett Way*, Londres, Professional Publishing, 1987

Handy, C.B. *Understanding Organizations*, Harmondsworth, Penguin, 1976

____ *Gods of Management*, Londres, Pan, 1979

____ *The Making of Management*, Londres, Longman, 1988

Harrigan, K.R. *Strategies for Declining Businesses*, Lexington, Mass., Lexington Books, 1980

____ *Strategic Flexibility*, Lexington, Mass., Lexington Books, 1985

____ *Revitalising Troubled Operations*, Lexington, Mass., Lexington Books, 1988

Hayes, R. "Why Japanese Factories Work", *Harvard Business Review* (julho-agosto de 1981)

Hayes, R. e Albernathy, W.J. "Managing Our Way to Economic Decline", *Harvard Business Review* (julho-agosto de 1980)

Hayes, R., Clark, K.B., e Wheelwright, S. *Dynamic Manufacturing: Creating the Learning Organization*, Nova York, Free Press, 1988

Hayes, R. e Wheelwright, S. *Restoring Our Competitive Edge*, Nova York, Wiley, 1984

Herzberg, F. "One More Time: How Do You Motivate Employees?", *Harvard Business Review* (janeiro-fevereiro de 1968)

Herzberg, F., Mausner, B. e Snyderman, B. *The Motivation to Work*, Nova York, Wiley, 1959

Hofstede, G. "Motivation, Leadership and Organization: Do American Theories Apply Abroad?", *Organizational Dynamics*, 9, 1, 1980

____ *Culture's Consequences* (ed. resumida), Londres, Sage Publication, 1980

Hunt, J. *Managing People at Work*, Londres, Pan, 1981

Iacocca, L. *Iacocca: An Autobriography*, Nova York, Bantam Books, 1984

Jacques, E. *The Changing Culture of a Factory*, Londres, Tavistock Publications, 1951

____ *Equitable Payment*, Londres, Wiley, 1961
____ *A General Theory of Bureaucracy*, Londres, Heinemann, 1976
James, B. *Business Wargames*. Tunbridge Wells, Abacus Press, 1984
Kanter, R.M. *Commitment and Community*, Cambridge, Mass., Harvard University Press, 1972
____ *The Change Masters*, Nova York, Simon and Schuster, 1983
Kotter, J.P. *The General Manager*, Nova York, Free Press, 1982
____ *The Leadership Factor*, Nova York, Free Press, 1988
Lawrence, P.R. e Lorsch, J.W. *Organization and Environment*, Cambridge, Mass., Harvard University Press, 1967
Leavitt, H.J. "Some Effects of Certain Communicative Patterns on Group Performance", *Journal of Abnormal Psychology* (1951)
____ "Unhuman Organizations", *Harvard Business Review* (1962)
____ "Applied Organizational Change in Industry", in March, J.G. (org.) *Handbook of Organizations*. Nova York, Rand McNally, 1965
____ *Managerial Psychology*, 4a. ed., Chicago, Ill., University of Chicago Press, 1978
Levitt, T. "Marketing Myopia", *Harvard Business Review* (julho-agosto de 1960)
____ *Innovations in Marketing*, Nova York, McGraw-Hill, 1962
____ *The Marketing Mode*, Nova York, McGraw-Hill, 1969
____ *The Marketing Imagination*, Nova York, Free Press, 1983
Lewin, K. *Resolving Social Conflicts*, Nova York, Harper and Row, 1948
Likert, R. *New Patterns of Management*, Nova York, McGraw-Hill, 1961
____ *The Human Organization: Its Management and Value*, Nova York, McGraw-Hill, 1967
Lindblom, C.E. *Politics and Markets*, Nova York, Basic Books, 1977 [Ed. bras.: *Política e mercados*, Rio, Zahar, 1979]
McClelland, D.C. *The Achieving Society*, Nova York, Van Nostrand, 1961
Maccoby, M. *The Leader*, Nova York, Simon and Schuster, 1981
McGregor, D.V. *The Human Side of Enterprise*, Nova York, McGraw-Hill, 1960
McGregor, D. *The Professional Manager* (org. por W.E. Bennet e C. McGregor), Nova York, McGraw-Hill, 1967
MacGregor Burns, J. *Leadership*, Nova York, Harper and Row, 1978
Machiavelli, N. *The Prince* (trad. G. Bull), Harmondsworth, Penguin, 1967
Mant, A. *Leaders We Deserve*, Londres, Martin Robertson, 1983

March, J.G. *Handbook of Organizations*, Nova York, Rand McNally, 1965
March, J.G. e Simon, H.A. *Organizations*, Nova York, Wiley, 1968
Maslow, A.H. "A Theory of Human Motivation", *Psychological Review*, 50 (1943)
____ *Motivation and Personality*, Nova York, Harper and Row, 1954
Mayo, E. *Democracy and Freedom*, Melbourne, Macmillan, 1919
____ *The Human Problems of an Industrial Civilization*, Nova York, Macmilllan, 1933
____ *The Social Problems of an Industrial Civilization*, Cambridge, Mass., Harvard University Press, 1945
Mill, J.S. *System of Logic*, Londres, Longman, 1971
Mintzberg, H. *The Nature of Managerial Work*, Nova York, Harper and Row, 1973
____ *The Structuring of Organizations*, Englewood Cliffs, NJ, Prentice-Hall, 1979
____ *Structures in Fives*, Englewwod Cliffs, NJ, Prentice-Hall, 1983
____ *Power In and Around Organizations*, Englewood Cliffs, NJ, Prentice-Hall, 1983
Naisbitt, J. *Megatrends*, Nova York, Warner, 1983
Nelson, D. *Frederick W. Taylor and the Rise of Scientific Management*, Madison, Wisconsin, University of Wisconsin Press, 1980
Ohmae, K. *The Mind of the Strategist: The Art of Japanese Business*, Nova York, McGraw-Hill, 1982
____ *Triad Power: The Coming Shape of Global Competition*, Nova York, Free Press, 1985
____ *Beyond National Borders*, Nova York, Dow-Jones Irwin, 1987
Ouchi, W. *Theory Z, How American Business Can Meet the Japanese Challenge*, Reading, Mass., Addison-Wesley, 1981
Parkinson, C.N. *Parkinson's Law and Other Studies in Administration*, Londres, Murray, 1958
Peters, T.J. *Thriving on Chaos*, Nova York, Alfred A. Knopf, 1987
Peters, T.J. e Austin, N. *A Passion for Excellence*, Londres, Collins, 1985
Peters, T.J. e Waterman, R.H. *In Search of Excellence*, Nova York, Harper and Row, 1982
Pettigrew, A.M. "On Studying Organizational Cultures", *Administration Science Quarterly*, 24 (1979)
Porter, L.W. e Lawler, E.E. *Managerial Attitudes and Performance*, Homewoold, Ill., Irwin-Dorsey, 1968
____ "What Job Attitudes Tell About Motivation", *Harvard Bussiness Review* (janeiro-fevereiro de 1968)

Porter, M.E. *Competitive Strategy: Techniques for Analyzing Industries and Competitors*, Nova York, Free Pess, 1980

____ *Competitive Advantage*, Nova York, Free Press, 1985

Porter, M.E. (org.) *Competition in Global Industries*, Cambridge, Mass., Harvard Business School Press, 1986

Prahalad, C.K. e Doz, Y.L. "Managing Managers: The Work of Top Management", sétima Conferência sobre Liderança da OTAN, 12-17 de julho, St. Catherine's, Oxford, 1982

Quinn, J.B. *Strategies for Change: Logical Incrementalism*, Homewood, Ill., Richard D. Irwin, 1980

Reddin, W. *Managerial Effectiveness*, Maidenhead, McGraw-Hill, 1970

____ *The Best of Bill Reddin*, Londres, Institute of Personnel Management, 1985

Revans, R. *Action Learning*, Londres, Blond and Briggs, 1979

Roethlisberger, F.J. *Man-in-Organization*, Cambridge, Mass., Belknap Press of Harvard University Press, 1968

Roethlisberger, F.J. e Dickson, W.J. *Management and the Worker*, Cambridge, Mass., Harvard University Press, 1939

Scanlon, B. *Principles of Management and Organizational Behavior*, São Francisco, Jossey-Bass, 1973

Schein, E.H. *Process Consultation*, Reading, Mass., Addison-Wesley, 1969

____ "Management Development as a Process of Influence", *Industrial Management Review*, maio de 1969

____ *Organizational Culture and Leadership*, São Francisco, Jossey-Bass, 1985

Schein, E.H. e Bennis, W.G. *Personal-Organizational Change Through Group Methods*, Nova York, Wiley, 1965

Schoenberg, R. *Geneen*, Nova York, W.W. Norton, 1985

Schon, D. *Beyond the Stable State*, Nova York, Random House, 1978

Schumacher, E.F. *Small is Beautiful*, Londres, Blond & Briggs, 1973 [Ed. bras.: *O negócio é ser pequeno*, Rio, Zahar, 4a. ed., 1983]

Simon, H.A. *Administrative Behavior: A Study of Decision-Making Processes in Administrative Organization*, Nova York, Macmillan, 1947

____ *The New Science of Management Decision*, Nova York, Harper and Row, 1960

Sloan, A.P. *My Years with General Motors*, Nova York, Doubleday, 1954

Smith, A. *An Inquiry into the Nature and Causes of the Wealth of Nations*, Nova York, Modern Library, 1937

Stewart, A. e Stewart, V. *Tomorrow's Managers Today*, 2a. ed., Londres, Institute of Personnel Management, 1981

Stewart, R. *The Reality of Management*, Londres, Pan, 1970
____ *Choices for the Manager*, Maidenhead, McGraw-Hill, 1983
Tannenbaum, R., Weschler, I.R. e Massaryk, F. *Leadership and Organization*, Nova York, McGraw-Hill, 1961
Taylor, F.W. *A Piece Rate System*, Nova York, McGraw-Hill, 1985
____ *Shop Management*, Nova York, Harper, 1903
____ *The Principles of Scientific Management*, Nova York, Harper, 1911
Tichy, N.M. e Devanna, M.A. *The Transformational Leader*, Nova York, Wiley, 1976
Toffler, A. *Future Shock*, Londres, Bodley Head, 1970
Townsend, R. *Up the Organization*, Londres, Michael Joseph, 1970
Trist, E.L., Higgin, G.W., Murray, H. e Pollock, A.B. *Organizational Choice*, Londres, Tavistock Institute, 1963
Urwick, L. *Scientific Principles of Organization*, Nova York, American Management Association, 1938
Urwick, L. (org.) *The Golden Book of Management*, Londres, Newman Neame, 1956
Urwick, L., e Brech, E.F.L. *The Making of Scientific Management*, Londres, Management Publications Trust, 1946
Vroom, V.H. *Work and Motivation*, Nova York, Wiley, 1964
Vroom, V.H. e Deci, E.L. (orgs.) *Management and Motivation*, Harmondsworth, Penguin Books, 1970
Waterman Jr., R.H. *The Renewal Factor*, Nova York, Bantam, 1987
Watson, T. *A Business and Its Beliefs: The Ideas That Helped Build IBM*, Nova York, McGraw-Hill, 1963
Weber, M. *The Theory of Social and Economic Organization*, Nova York, Free Press, 1947
____ *The Protestant Ethic and the Spirit of Capitalism*, Nova York, Charles Scribner's Sons, 1958
Weber, M. in *Economy and Society*, org. por by G. Roth e C. Wittich, Nova York, Beadminster Press, 1968
Wiener, N. *Cybernetics*, Cambridge, Mass., MIT Press, 1948
Woodward, Joan. *Industrial Organization: Theory and Practice*, Oxford, Oxford University Press, 1965
Zaleznik, A. *The Managerial Mystique*, Nova York, Harper & Row, 1989
____ "Power and Politics in Organizational Life", *Harvard Business Review* (maio-junho de 1970)
____ "Managers and Leaders: Are They Different?", *Harvard Business Review*, 55, 5, 1977
____ "The Leadership Gap", *Washington Quarterly*, 6,1,1983

ÍNDICE